Elvira Hoffmann, Max Kruse,
Rainer-Maria Schröder

Die Pizza-Bande als Umweltschützer

CIP-Titelaufnahme der Deutschen Bibliothek

Die **Pizza-Bande als Umweltschützer** / Elvira Hoffmann ; Max
Kruse ; Rainer-Maria Schröder. – München : F. Schneider, 1991
  ISBN 3-505-04482-2

© 1991 by Franz Schneider Verlag GmbH
Frankfurter Ring 150 · 8000 München 40
Alle Rechte vorbehalten
Titelbild: Gisela Könemund
Umschlaggestaltung: Claudia Böhmer
Herstellung: Gabi Lamprecht
Satz/Druck: Presse-Druck Augsburg, 10˙ Garamond
ISBN: 3-505-04482-2

Dieser Sammelband enthält die drei ungekürzten Einzelbände
aus der Reihe „Die Pizza-Bande":
Elvira Hoffmann: Tragen Füchse Trainingshosen? (Band 4)
Max Kruse: Das Paradies der Frösche (Band 5)
Rainer M. Schröder: Pfeffer für Pistazien-Paule (Band 12)

Inhalt

Tragen Füchse Trainingshosen?
oder Die Müllaktion   13

Das Paradies der Frösche
oder Der Bandenkrieg   119

Pfeffer für Pistazien-Paule
oder Die Extratour   235

Die vier von der Pizza-Bande

Tommi, 13 Jahre alt, dunkle Haare, dunkle Augen. Lustig, schnell und mutig, verantwortungsbewußt. Tommi ist aufbrausend, beruhigt sich aber schnell wieder. Er schmaust gern, besonders die Köstlichkeiten aus der Pizzeria seiner Eltern. Sie sind Italiener. Also ist Tommi auch Italiener – aber in Deutschland geboren. In der 6. Klasse der Realschule ist er als Tommaso Carotti bekannt.

Schräubchen, 12 Jahre alt, wird so gerufen, weil sie schon als kleines Kind in der Autowerkstatt ihres Vaters mit Schrauben spielte. Kurze, blonde Haare, blaue Augen. Liebt Radfahren, Schwimmen und Skifahren. Wer sie ärgern will, ruft sie „Schreckschraube". In der Schule rufen sie die Lehrer „Stephanie Wagner".

„TH", 13 Jahre alt (wenn er seinen Vornamen Walther nennt, sagt er immer „mit TH, bitte"): sehr groß, sehr dünn, blondes, glattes Haar. Trägt eine Brille. Spielt furchtbar gern Gitarre, aber nicht sehr gut. Walthers Eltern sind geschieden. Er lebt beim Vater, der einen tollen Posten in einer großen Keksfabrik hat. In der Schule schreiben die Lehrer auf das Zeugnis von TH „Walther Roland" und darunter mittelmäßige Zensuren.

Milli, 12 Jahre alt. Wird Milli genannt, weil sie furchtbar gern viel Milch trinkt. Klein und zierlich. Hat langes, blondes Haar. Milli ist zuverlässig und verantwortungsbewußt. Liebt Tiere über alles. Ihre Lieblinge sind der Hund Moritz und Kater Max, die dicke Freunde sind. Milli will einmal den Bauernhof ihrer Eltern übernehmen. Sie hat Angst vor Geistern und Gespenstern. Die Lehrer, die sie als Anna Obermaier kennen, geben ihr gute Zensuren.

ELVIRA HOFFMANN

Tragen Füchse Trainingshosen?

oder
Die Müllaktion

Ideen,
die im Traum entstehen

Milli radelte die Königstraße entlang, bremste scharf und brachte das klapprige Damenrad vor dem Mietshaus Nummer 19 zum Stehen, in dem „TH" mit seinem Vater in einer Dreizimmerwohnung lebte. Sie betätigte kurz die rostige Fahrradklingel und wartete. An einem schulfreien Samstagmorgen kam es nicht auf die Sekunde an.

Auf der gegenüberliegenden Straßenseite wurde ein Fenster aufgerissen, und Herrn Knopflochs hufeisenförmig bekränzte Glatze tauchte neben der Gardine auf. „Kannst du nicht an der Türe schellen? Muß die ganze Straße mitbekommen, daß die Pizza-Bande ihr Treffen hat?"

Milli schwieg. Ihr Blick schweifte über die verwitterten Einheitsfassaden. Aus einigen Fenstern hingen Federbetten wie riesige Zungen aus eckigen Mäulern. Ein beglückendes Gefühl ergriff Milli bei dem Gedanken an ihr eige-

15

nes Zuhause. Es lag am Rande der mittelgroßen Waldstadt Sommerberg in einer hügeligen Bilderbuchlandschaft. Zu ihrem Bauernhof gehörten saftige Weiden und blühende Gärten, uralte Bäume und ein Teich, Rinder, ein Pony, Kleinvieh ... und Moritz, die heißgeliebte Promenadenmischung. Milli konnte sich nicht vorstellen, daß es irgendwo schöner sei als auf dem Maierhof.

Die Haustür öffnete sich, und ein Vorderrad wurde sichtbar. Hinter dem Lenker kam ein langer, fadendünner Junge mit umgehängter Gitarre zum Vorschein. Er schob das Fahrrad stürmisch die Außentreppe hinunter, daß die Reifen wie Gummibälle von Stufe zu Stufe hüpften und die Schutzbleche schepperten. „Grüß dich", sagte TH und stieß einen klangvollen Fluch aus, weil das Band aus seinem Joggingschuh in die Speichen geraten war.

„Auch so", erwiderte Milli seinen Gruß. „Halt mein Rad, ich bringe das da unten in Ordnung." Schon hockte sie am Boden. „Übrigens hast du Sommersprossen auf den Gläsern. Daß du damit überhaupt was sehen kannst! Mann, nun halt den Fuß still!"

Walther lehnte sein Rad an die Hüfte und nahm mit der freigewordenen Hand die Brille ab. „Zahnpastaspritzer", tat er gleichgültig. „Hast du zufällig ein Tuch dabei?"

„Also ehrlich, TH!" Das zierliche Mädchen stand auf, schüttelte ihren sorgfältig geflochtenen Zopf in den Nakken und ergriff beide Fahrräder. „Schmierbrille und dann nichts zum Putzen! Hier." Sie wies mit dem Kinn auf ihre Blusentasche.

Walther zupfte ein blaues Taschentuch mit bunten Streublümchen heraus, spuckte treffsicher und kreiste –

16

Daumen oben, Finger unten – über die Gläser.

„Behalte das Tuch", bot ihm Milli an. „Bist du dann endlich soweit? Die andern werden denken, wir hätten zum Eisholen den Umweg über Prag genommen. Sie warten nämlich schon in der Pizzeria!"

„Die andern können mich mal", meinte TH und schnitt dem Haus Nummer 17 eine Fratze. Er wußte, daß zwei weitere Freunde ungeduldig auf die versprochene Portion Mango-Maracuja-Eis warteten. Mit Rücksicht auf seine Gitarre stieg er wie ein Mädchen mit dem rechten Fuß zuerst aufs Fahrrad. „Das wird heute keine gewöhnliche Sitzung", kündigte er an, während er sein Rad auf gleiche Höhe mit dem ihren brachte. „Ich mache euch einen Vorschlag, da bleibt euch die Spucke weg!"

„Hoffentlich ist es nicht wieder eine Idee, die irre Zeit klaut. Denk daran, daß ich zu Hause helfen muß. Ich kann nicht so oft die Mücke machen."

Im Eissalon *Romeo* herrschte Hochbetrieb. Seit der Maestro jeden Becher mit einer Soße krönte, die er „Geheimnis" nannte, und für des Rätsels Lösung fünfzig Eisportionen nach Wahl ausgesetzt hatte, war sein Geschäft eine Goldgrube.

Gespannt gab Walther den Tippzettel der Pizza-Bande ab. „Walnußsplitter, Karamelcreme und Mokkalikör", stand darauf. Der Geheimnishüter legte seine Stirn in Falten und schüttelte betrübt den Kopft. „Leider knapp daneben, mein Freund. Aber du wirst es noch herausbekommen, ich weiß es sicher."

„Wenn ich fünfzigmal geraten habe", entgegnete TH enttäuscht. Als er zahlen wollte, war sein Geld weg. Er kehrte seine Hosentaschen um, suchte den gefliesten Fußboden ab, alles vergeblich. Argwöhnisch maß er die Kunden. Hatte er den Schein vielleicht daheim liegenlassen? Jetzt erinnerte er sich: Das Geld steckte in der Jeansjacke, und die hing im Flur am Garderobenhaken. Plötzlich erhellte sich seine Miene. „Romeo, Sie haben mir eben geweissagt, daß ich demnächst fünfzig Eis gewinnen werde. Kann ich einen Vorschuß bekommen?"

Der dunkelhaarige Mann im blütenweißen Kittel lamentierte in seiner Muttersprache, rang die Hände und schickte einen hilflosen Blick zur Decke. Dann faßte er den bebrillten Jungen scharf ins Auge und sagte auf deutsch: „Man kann keine ungelegten Eier essen."

„Wenn Sie doch aber vorhersagen, daß ich viele Eier gewinnen werde, können Sie mir wohl ein paar gelegte vorab..."

„Fünfmalmangomaracujamitgeheimnis." Ein tiefer Seufzer. „Der Nächste!"

Walther verließ den Eissalon versöhnt. Er hätte kaum zufriedener sein können, wenn er das Geheimnis um die Soße gelüftet hätte.

„Bravo!" beglückwünschte ihn die Freundin. „Das war nicht uneben."

In einem kleinen Raum, der zur Pizzeria *Mamma Gina* gehörte, trommelte ein stämmiger dunkelhaariger Italienerjunge abwechselnd mit den Knöcheln und den Fingerspitzen auf den Tisch. Er tat es rhythmisch im Takt der Musik, die aus dem Kassettenrecorder dröhnte. Auch die

Füße waren ständig in Bewegung. Vor seinem Platz rockten ausgelassen zwei Mädchen. Das eine war acht Jahre alt und sah aus wie eine Miniaturausgabe des Jungen am Tisch. Kein Wunder, denn Nele und Tommi waren Geschwister, Kinder des schnauzbärtigen Pizza-Bäckers Francesco Carotti. Die zweite Rocktänzerin hieß Stephanie Wagner, wurde allerdings wegen der Autowerkstatt ihres Vaters sei jeher Schräubchen gerufen. Sie wohnte nicht weit von den Carottis entfernt in der Gartenstraße und zählte genau wie Tommi, Milli und der Anführer TH zur Pizza-Bande. Schräubchen war sowohl deren größtes als auch sportlichstes Mitglied.

Der Blondkopf schlug zu Neles quietschendem Vergnügen auf engstem Raum ein Rad. In diesem Augenblick stießen Anna und Walther die Türe auf und posaunten: „Der Eismann ist da!"

Die Sportskanone mit den zahlreichen Ehrenurkunden landete unsanft vor Tommis Füßen.

„Leichte Verbeugung hätte genügt", frotzelte Milli.

„Euer Anblick haut einen glatt um", konterte das Mädchen mit den langen Beinen.

TH streckte seinen Arm aus und zog Schräubchen mit einem Ruck hoch. „Fallen kann man lernen. Wie wär's mit einem Judokursus?"

„Wenn du noch einen Wochentag dazu erfindest."

Tommi klatschte in die Hände. „Nele, schnapp dein Eis und verdufte, unser Verein muß tagen."

„Und zwar unter Ausschluß der Öffentlichkeit", ergänzte TH und wedelte mit der Hand.

Widerwillig trollte sich Nele. An der Tür streckte sie die

Zunge heraus und rief: „Ihr seid mir viel zu doof!"

TH angelte mit dem Fuß einen Stuhl. Er schob jedem einen Becher mit Eis hin. „Lagert euch, Freunde, es wird spannend!"

„Woher willst du das im voraus wissen?" fragte Schräubchen und rieb ihr schmerzendes Steißbein.

Tommi grinste so breit, daß man fürchten mußte, sein Gesicht könnte platzen.

TH rückte die Brille zurecht und fuhr sich durch das glatte mittelblonde Haar, dem man ansah, daß eine Wäsche überfällig war. „Was hat der Jäkel gestern gesagt?" Forschend blickte er in die kleine Runde.

„Der Pauker hat 'ne Menge getönt", maulte Schräubchen. „Der quatscht überhaupt immer viel zuviel."

„Was habt ihr bei dem Jäkel?" fragte Tommi dazwischen. Er besuchte die 6 b der Realschule; seine Freunde gingen gemeinsam in die Parallelklasse.

„Geschichte", entgegnete Walther. „Also, der Jäkel hat behauptet, früher seien Jugendliche für 'ne gute Sache zu haben gewesen. Wir dagegen rotteten uns nur noch zusammen, um zu protestieren."

„Ach so, das meinst du. Milli winkte ab. „Der hat uns Neinsager, Verweigerer und Selbstsüchtige genannt, um uns aufzusticheln, weil die meisten schon wieder pennten."

„Jetzt weiß ich, woher der Wind weht", strahlte Tommi. „TH will dem Pauker für die Beleidigung eins auf den Zinken geben."

„Du hast eine Phantasie! Also wirklich, Tommi." Milli zupfte den Anführer am Ärmel. „Weiter, TH."

„Mit meinem Vater verstehe ich mich sonst ganz gut",

fuhr der Junge fort. „Aber gestern sind wir aneinanderge-
raten, weil er mit dem Jäkel in ein Horn blies. Mein Vater
behauptete, junge Leute lebten wie die Maden im Speck
und würden überall geschont und vorn und hinten be-
dient. Der Dank sei, daß sie sich auch noch beschwerten."

„So einen Quatsch verbreiten die Alten seit der mittleren
Steinzeit", unterbrach ihn Schräubchen. „Das nennst du
spannend?"

„Motz nicht – laß mich lieber ausreden! Ich bin dafür,
wir beweisen dem Pauker und der ganzen Stadt, daß wir
anders sind, als die behaupten. Wir müssen was Tolles
unternehmen."

„Was denn zum Beispiel?" erkundigte sich Tommi.

„Sollen wir bei Nacht einen Kerl in den See schmeißen
und ihn in letzter Sekunde retten?"

„Wenn ich deine Mutter wäre", bemerkte Milli, „ich
würde mir um dich Sorgen machen." Das sagte ihr großer
Bruder öfter zu ihr.

„Ich finde Tommis Vorschlag gar nicht schlecht", ergriff
Schräubchen die Partei des Freundes. „Zwei von uns pu-
sten einen Surfer vom Brett, die beiden andern retten ihn."

„Wie kann man bloß so fürchterlich spinnen." Walther
nahm zum Trost die Gitarre und spielte ein paar Akkorde
seines Lieblingsstückes: „Take me home Country Roads."
Dazu sang er: „G-Dur, e-Moll, D-Dur, C-Dur, G-Dur,
e-Moll, h-Moll, Deee…"

„Zugabe", forderte Tommi.

„Später", versprach TH und legte das Instrument auf den
Tisch. „Wir müssen was auf die Beine stellen, hab ich mir
gesagt. Mitten in der Nacht bin ich aufgewacht und wuß-

te, was wir tun werden.“

„Sag schon“, drängte Schräubchen. „Nun wird's spannend!“

„Hattest du eine Erleuchtung?“ fragte Tommi ehrfürchtig.

„So ungefähr. Wir leihen uns Doppelzelte, nehmen die
Fahrräder und starten eine Müllsammelaktion in den Wäldern.“ Bereit, Lob und Zustimmung entgegenzunehmen,
lehnte er sich zurück. Aber da war nichts mit Huldigung.

Begriffsstutzig erwies sich zu seinem Kummer sogar
Milli. Sie murrte: „Kannst du mir verraten, was Zwei-
mannzelte mit Müll zu tun haben?“

Walther verbarg seine Enttäuschung. „Sehr einfach. In
den Wäldern und an den Flußläufen liegt massenhaft Unrat. Mit ein paar Stunden Müllsammeln ist nicht viel aus-
zurichten. Wenn wir allerdings unterwegs übernachten
und gleich am nächsten Morgen weiterziehen, können wir
in einer Woche ganz schön was wegschaffen.“

„Eine Woche? Das darf ich nie!“ vermutete Milli. „Aber
mal angenommen, es klappt, wie denkst du dir das mit den
Zelten und mit dem Müll?“

„Wir bauen die Zelte am Ende der Strecke auf, die wir
uns am Tag vornehmen wollen. Den Müll transportieren
wir in Plastiksäcken auf den Gepäckträgern.“

Schräubchen empörte sich. „Wie käme ich dazu, anderer Leute Mist wegzuräumen?“

„Sei friedlich“, sagte Milli. „Du kennst genau unsere Lo-
sung: Einer für alle, alle für einen. Aktionen finden nur
gemeinsam statt. Bei uns wird keine Extrawurst gebraten.“

„Ich bin mit allem einverstanden“, meldete Tommi gutmütig. „Ihr müßt mir nur versprechen, daß wir uns das

Essen nicht selber angeln und schießen müssen."

„Großes Ehrenwort", schwor Milli.

„Ich denke, du darfst nicht mit", stänkerte Schräubchen. Sie sah viel Arbeit auf sich zukommen, noch dazu von besonders schmutziger Art. Solchen Unbequemlichkeiten ging sie nach Möglichkeit aus dem Wege. „Laßt uns lieber einen Flohmarkt veranstalten und den Erlös nach Afrika schicken oder sonst wohin."

TH war wütend. „Du mußt dich wieder drücken, das war doch klar! Ich sag dir was: Der Jäkel hat dich gemeint, als er von den Faulenzern sprach."

„An wen hat dann wohl dein Alter gedacht, als er von Undank redete?"

Tommi schlug mit der Faust auf den Tisch. „Hört auf mit dem Krach, sonst kündigt uns mein Vater den Vereinsraum!"

„Beruhige dich", wandte sich TH an ihn. „Hol Bleistift und Papier, damit wir aufschreiben können, was wir für unser Unternehmen brauchen."

Die Freunde schrien durcheinander: „Schlafsäcke!" – „Kochstelle!" – „Taschenlampe!" – „Feuerzeug!"

Als Tommi die Schreibutensilien auf den Tisch legte, fragte Schräubchen versöhnlich. „Sag mal, Walther mit ,th', was hieltest du davon, wenn mein Vater uns das Essen mit dem Geländewagen in den Wald brächte?"

„Eine ganze Menge", antwortete TH, und in seiner Stimme schwang Anerkennung mit. „Ich fände es sozusagen *die* Lösung."

Millis neunzehnjähriger Bruder Georg war bei Schräubchens Vater als Kraftfahrzeugmechaniker beschäftigt. An

23

ihn dachte Walther, als er vorschlug: „Dein Vater kann ja einen von seinen Leuten schicken, falls er selbst zu beschäftigt ist." Er hob den Zeigefinger. „Wißt ihr was? Wir schwingen uns auf die Räder und machen eine Ortsbesichtigung. Je eher, um so besser."

„Wieso Ort?" wunderte sich Tommi. „Hast du nicht gesagt, wir wollten den Wald aufräumen?"

„Das heißt auch dann noch so, wenn die Besichtigung auf dem Mond stattfindet, ich kann's nicht ändern", beschied ihn TH ungeduldig. Er hoffte, Milli werde ihm nicht wieder mit einer genauen Worterklärung zu Hilfe kommen. Sie war unbestritten die Intelligenteste der Pizza-Bande. Aber Walther ertrug es schwer, wenn er das zu spüren bekam. Der Anführer hungerte nach Anerkennung, die er weder zu Hause noch in der Schule fand.

Diesmal hätte er sich die Sorge sparen können. Milli war in Gedanken daheim und legte sich die Worte zurecht, mit denen sie ihre Eltern von der Wichtigkeit der geplanten Unternehmung überzeugen wollte.

Viermal ja für den „TH"

Tags darauf versammelten sich die Freunde kurz vor Mittag auf einen Moment in der Pizzeria. Sonntags trafen sie sich gewöhnlich nicht.

„Wer hätte das gedacht?" freute sich Milli. „Vier Eltern – und eine Meinung!"

Schräubchen schüttelte den Kopf. „Das denkst du aber

auch nur. Mein Vater hatte wieder seinen Koller. Er veranstaltete ein Affentheater wegen des Zeltens. Wenn er jeden Tag für uns kilometerweit querbeet kutschiere, wolle er mich auf demselben Wege auch über Nacht mit nach Hause nehmen, brüllte er."

„Das könnte ihm so passen", grollte Walther. „Wir rakkern uns den Tag über für die Allgemeinheit ab, da wollen wir wenigstens abends ein bißchen Spaß machen und Abenteuer erleben, verdammt."

„Ich hab mich ja mit ihm geeinigt", beruhigte ihn Schräubchen. „Meine Mutter hat mal wieder mit Erfolg vermittelt. Also, er schickt uns jeden Abend den Geländewagen an eine abgesprochene Stelle. Die Müllsäcke nimmt er mit, mich läßt er da."

„Bringt er was zu essen?" forschte Tommi.

„Natürlich nicht", antwortete Schräubchen trocken.

„Der kommt nur, um zu sehen, ob schon einer verhungert ist."

„Er muß vorher zur Pizzeria fahren, Schräubchen, bestell ihm das. Meine Mutter kocht für uns. Sie sagt, sie packt das Essen in Alufolie. Wir brauchen es nur im Wasserbad aufzuwärmen. Jeden Tag bereitet Mamma was anderes Leckeres zu. Für mittags und abends! Ist das gut?"

„Mein Vater stiftet einen Spirituskocher und etwas Süßes", berichtete Walther unsicher.

Milli sah ihm an, daß er den Angeboten der andern gern Gleichwertiges entgegengesetzt hätte. Ihr Freund fühlte sich ständig benachteiligt. Daß seine Mutter ihn und den Vater verlassen hatte, daß man mit einem Hausverwalter als Vater keinen Eindruck machen konnte, daß seine

25

Kindheit wie ein Notbehelf verlief – all das belastete den Jungen und ließ ihn besonders bei Milli und der lauten, fröhlichen Nachbarfamilie Carotti nach Wärme und Geborgenheit suchen. „Einen Spirituskocher? Das ist gut, den brauchen wir unbedingt! Meine Eltern spendieren Obst und Most, Butter, Brot, Käse und Milch."

„Milli!" schrien alle im Chor. Das taten sie jedesmal, wenn Anna Obermaier das Wort „Milch" aussprach, das ihr den Spitznamen eingetragen hatte.

Die Bespöttelte nahm es gelassen hin. Solange die Freunde sie nicht wegen ihrer Furcht vor Geistern und Gespenstern auslachten, war alles zu ertragen. „Hör mal, TH, sagtest du nicht mal, dein Vater könne toll zeichnen?"

„Schon", bestätigte Walther. „Soll er dich malen?"

Lautlos öffnete sich die Tür. Die Düse eines quietschbunten Wäschesprengers richtete sich auf die Häupter der Sitzungsteilnehmer und bescherte jedem eine kalte Dusche.

Vier Stühle kippten um. „Haltet das Biest!"

Die Bande stürmte aus dem Raum, doch das Treppenhaus war verlassen wie die Keksfabrik nach Feierabend.

„Laßt das Baby", forderte Walther die Freunde auf.

„Einmal erwische ich das kleine Aas, stecke es in die Mülltonne und setze mich auf den Deckel."

Milli fächelte sich mit einem mehrfach gefalteten Blatt Luft zu. „Das hier ist eine Wanderkarte. TH, dein Vater könnte danach eine Skizze anfertigen, auf der unsere sieben Tagesstrecken und die Lagerplätze eingezeichnet sind. Die Skizze fotokopieren wir dann für Herrn Wagner, damit er uns im Wald findet, und natürlich für jeden von uns."

„Das macht er bestimmt", glaubte Walther. Es gefiel

26

ihm, daß seinem Vater ein Ehrenposten zugedacht war.

Milli faltete die Karte auseinander und strich sie auf dem Tisch glatt. Die vier Freunde beugten sich interessiert über das Blatt.

TH nahm einen Bleistift und malte einen Kringel um ein „P". „Bis zu diesem Parkplatz an der Burg kommt das Städtische Fuhr- und Reinigungsamt regelmäßig. Dahinter gabeln sich ein großer und zwei kleine Wege; genau dort werden wir mit dem Aufsammeln beginnen."

Schräubchen fuhr hoch. „Beinah hätte ich was Wichtiges vergessen", sprudelte sie hervor. „Erstens wechselt sich mein Vater ab und zu mit dem Georg Obermaier ..."

„Den kenne ich nicht", flachste Milli. „Ihr vielleicht?"

„Mein Bruder ist es nicht", grinste Walther.

„Jedesmal, wenn der Georg mit dem Fahren dran ist", fuhr Schräubchen im Flüsterton fort, damit es die an der Tür lauschende Nele nicht hörte, „muß er uns rasch zum See fahren, damit wir ein bißchen schwimmen können." Laut erzählte sie weiter: „Mein Vater ist plötzlich Feuer und Flamme für unsere Aktion! Er hat was von Werbewirkung oder so gesagt. In den nächsten Tagen will er beim Kreisanzeiger anrufen und einem Lokalredakteur unseren Plan verraten. Wir werden berühmt! Mein Papa möchte allerdings, daß die Meldung erst später in die Zeitung kommt, damit uns niemand die Idee klauen kann."

„Wäre denn das so schlimm?" überlegte Tommi laut. „Je mehr Leute helfen, desto sauberer wird der Wald. Oder etwa nicht?"

Innerlich gaben ihm alle recht. Doch TH meinte: „Wir würden von den andern in die Ecke gedrängt, obwohl wir

27

die Erfinder der Idee sind. – Aber mit einem Zeitungsbericht über uns, au, das wäre ein Ding! Ich sehe unsere Namen schon in sooo großen Buchstaben auf der ersten Sommerberg-Seite." Seine Hände umfaßten eine Spannweite von einem halben Meter.

Milli wiegte den Kopf hin und her. „Von solchen Buchstaben passen gerade dreizehn auf eine Zeitungsseite: W-a-l-t-h-e-r R-o-l-a-n-d."

„Das reicht auch vollkommen." TH blickte auf die Uhr. „Los, wir markieren schnell die Strecke, die wir gestern früh abgefahren sind! Dann kann ich meinem Vater die Karte gleich mitnehmen. Noch etwas: Kein Sterbenswörtchen zum Jäkel oder zu irgendwem sonst."

Bevor sie sich trennten, verkündete Milli, die Johannisbeeren in ihrem Garten seien überreif. „Wer hilft mir morgen beim Pflücken?"

„Ich hab Schwimmtraining", gab Schräubchen mit unverhohlener Freude bekannt.

„Wann soll ich bei euch sein?" fragte TH. Seine Begeisterung für derlei Tätigkeiten hielt sich in bescheidenen Grenzen.

„Fahr gleich von der Schule mit zu uns. Es gibt Knödel mit aufgewärmtem Sauerbraten."

„Um drei komme ich nach", versprach Tommi. „Vorher muß ich bei Mamma Gina zu Mittag essen. Ich schwöre euch, sie kocht besser als zehn Präsidentenköche."

„Was wünscht ihr euch zum Nachmittagskaffee: Sahnewaffeln oder Obsttörtchen?" erkundigte sich Milli bei ihren Helfern.

„Natürlich beides", erklärten sie einstimmig.

Schräubchen drängte zur Tür. „Laßt mich durch, ich muß los! Ach du Schande, das gibt wieder Ärger! Um diese Zeit sitzt mein Vater bei der Suppe. Tschüs." Weg war sie.

„Warum hat die bloß solchen Bammel vor ihrem Alten?" wunderte sich Milli.

Tommi raufte sich das dichte schwarze Haar. „Warum?" rief er wie ein Schauspieler auf der Bühne. „Warum haben gewisse Leute Angst vor ... sagen wir mal ... Nachtgespenstern?" Seine dunklen Augen waren rund wie Hosenknöpfe und kamen immer näher.

Da hatte es Milli plötzlich ebenfalls sehr eilig.

Während sich Millis Furcht auf Unsichtbares bezog, waren Tommis Ängste nur zu irdisch. Der Anblick von Tieren, seien sie winzig wie Mücken oder groß wie Elefanten, versetzte ihn in Aufregung. Ob Mamma Gina ein wenig daran schuld war? „Tiere sind nicht dazu da, verhätschelt zu werden", sagte sie oft.

Am Montag schien sich alles gegen Tommi verschworen zu haben. Aus Wut darüber, daß sie dauernd abgeschoben wurde, hatte ihm seine kleine Schwester das Fahrrad versteckt, mit dem er sich zum Maierhof begeben wollte. Er tat Nele nicht den Gefallen, stundenlang zu suchen, sondern nahm den Bus. Da Tommi die öffentlichen Verkehrsmittel nur selten benutzte, war ihm nicht bekannt, daß die Linie 84 meist am Friedhof endete und nur dreimal täglich weiter bis zur Stadtgrenze fuhr. Was blieb ihm übrig, als den Rest der Strecke zu Fuß zurückzulegen ... Tommi wählte die Abkürzung über Felder und Wiesen.

Er kraxelte gerade mühsam die Böschung hoch, als ihm

29

der kräftige Geruch von Kühen in die Nase stieg. Und da standen sie auch schon, die gehörnten Riesen – Tommi fühlte förmlich ihren heißen Atem! Er kam sich klein und wehrlos vor, den großen Tieren schutzlos ausgeliefert. Denn selbstverständlich gab es für ihn jetzt kein Zurück. Die anderen würden sich totlachen, wenn er wegen ein paar Rindern den Umweg über die Landstraße in Kauf nahm und sich erheblich verspätete. Auf in den Kampf!

Tommi schlurfte vorsichtig durch das hohe Gras. Kuhmist verfing sich an seinen Schnürsenkeln, und Kletten und Grassamen klammerten sich an Socken und Hosenbeine. Stur blickte er geradeaus. Sein Herz klopfte. Die ersten zehn, zwölf Kühe brachte er glücklich hinter sich. Vorsicht, kein Grund zum Aufatmen ... Er spürte nur zu deutlich ihre Blicke in seinem Rücken und wußte, ohne sich umdrehen zu müssen, daß ihre weichen Mäuler unaufhörlich in Bewegung waren. Wann würden die Riesen ihre Hörner senken und angreifen wie eine Büffelherde?

Noch acht Rinder, sieben, sechs. Tommi wurde immer kribbeliger. Die Nähe zum Hof war ja nur scheinbar die Rettung. Denn nun konnten ihn die Freunde deutlich sehen, falls sie bereits beim Beerenpflücken waren. „Jetzt bloß ganz ruhig bleiben!" befahl er sich laut. „Die andern werden dich sonst wieder einen Angstschisser nennen. Wobei sie gar nicht so unrecht haben ... Wenn ich nicht bald aufs Klo komme, garantiere ich für nichts mehr."

Noch drei Kühe. Fliegen müßte man können! Herrje, dort hinten winkten Milli und TH. Noch zwei Kühe! Tommi wußte nur zu gut, daß die Freunde nur darauf warteten... Er setzte sein fröhlichstes Grinsen auf, winkte mit beiden Händen und rief: „Hallo, da wär ich! Mein Drahtesel? Geklemmt worden!" Mutig näherte er sich der letzten Kuh. Jetzt oder nie mußte er das Bild vom Angsthasen zerstören! Mit zitternder Hand berührte er das wiederkäuende Maul, als eine der schon „überwundenen" Kühe unvermutet einen tolpatschigen Satz auf ihn zu tat.

Tommis angespannte Nerven gingen durch. Er preschte los. In seinen Ohren rauschte es. Er stürzte, rappelte sich auf und rannte weiter, rannte wie nie zuvor! Wie ein Hürdenläufer setzte er über den Weidezaun. Im Obsthof legte der Hahn seiner Lieblingsfrau gerade einen fetten Wurm vor, als Tommi zwischen die Hühnerschar geriet, die ihn mit gackerndem Geschrei umflatterte, daß er dachte, er werde sein Leben an Ort und Stelle aushauchen.

Ausgerechnet vor Moritz kam der Gehetzte zum Stehen, vor diesem Superhund, der genau wußte, wohin er beißen mußte, um sein Opfer auszulöschen. Tommi sank zu Boden. Er fühlte sich, als habe man ihn der graubraungescheckten Promenadenmischung zum Fraß vorgeworfen. Er wünschte sich, es käme ein Adler, griffe ihn und trüge ihn über alle Berge davon. Nur fort, weit fort von dem kreischenden Hohngelächter am Ort der jämmerlichen Blamage.

Aber da lachte ja gar keiner! Tommi lauschte angestrengt und blinzelte nach oben. Gab es so ein Glück?

„Mann, hast du mir einen Schrecken eingejagt." Milli beugte sich über das Elendshäufchen. „Komm unter die Pumpe, Tommi, ich spritze deine Birne ab. Bei der Bullenhitze so zu rennen! Ich dachte, dich hätte der Schlag getroffen."

„Laß die Pumpe, ich will ins Bad."

Noch hatte TH keinen Kommentar abgegeben.

Tommi schaute den Anführer so traurig an wie ein waidwundes Reh seinen Jäger. Nun schieß sie los, die Wortkanonen!

„Carotti, was ist bloß in dich gefahren? Wolltest du eine Show abziehen, oder bist du einfach nur übergeschnappt?"

Tommi schloß die Augen. Das konnte doch nicht möglich sein! Hatten die wahrhaftig beide nicht mitgekriegt, aus welchem lächerlichen Grunde er plötzlich losgesprintet war? Ihm fiel ein Felsblock vom Herzen. Sein Temperament kehrte augenblicklich zurück, und er vollführte Luftsprünge wie Nele beim Gummitwist. „Verrückt bin ich nicht. Ich hatte plötzlich Lust, Schräubchen Konkurrenz zu machen."

„Dann bist du sogar knatschverrückt", bestimmte TH.

Tommi brach in unbändiges Gelächter aus; er konnte gar nicht wieder aufhören.

Am vorletzten Schultag trafen sich die vier Freunde, um die Liste der mitzunehmenden Gegenstände noch einmal durchzugehen.

„Hat jeder einen Schlafsack?" vergewisserte sich Walther.

Ein dreifaches „Ja"! schallte zurück. TH malte ein Häkchen hinter den ersten Punkt.

Schräubchen spähte dem Anführer über die Schulter. „Seil mußt du noch aufschreiben! Mein Vater hat mir vorgeführt, daß die Säcke nicht auf dem Gepäckträger halten. Wir müssen sie festbinden."

„Wenn sie runterfallen", überlegte Milli, „können wir sie

32

irgendwo abstellen und große Tüten zum Müllsammeln nehmen, die wir dann später in die Säcke ausleeren."

„Band brauchen wir trotzdem", sagte Schräubchen. „Die Säcke müssen zugebunden werden, und wir wollen sie mit den Fahrrädern zu den Zelten befördern."

Während die Freunde nach der Besprechung zu Schräubchen nach Hause fuhren, um sich von Herrn Wagner einige Tricks beim Zeltaufschlagen zeigen zu lassen, radelte Milli auf dem schnellsten Wege zum Bauernhof. Obwohl die andern ihr einreden wollten, sie habe ein Recht auf Freizeit und dürfe sich nicht so schrecklich ausnutzen lassen, drückte sie das Gewissen. Übermorgen würde sie für eine Woche fortgehen und die Mutter vor einem Berg Arbeit allein lassen. Zum Glück hatte sie ihr noch bei der Erdbeer- und Johannisbeerernte helfen können. Über hundert Gläser Gelee und fünf Kisten Most kündeten von ihrem Fleiß.

Milli hatte bereits mit zehn Jahren sicher gewußt, daß sie einmal den Hof übernehmen werde. Etwas ungewöhnlich war es schon, daß nicht der älteste Sohn, sondern die Tochter das Erbe antreten sollte. Aber wie hatte der Vater so treffend bemerkt: „Wenn der Georg Maierhofbauer wird, setzt er in den Besen und in den Apfelpflücker Motoren ein, aber das Vieh verhungert. Unsere Anna hat die nötige Liebe zu den Tieren und die Freude am Wachsen in der Natur."

Milli war stolz, wenn die Eltern so von ihr sprachen. Sie taten es jedesmal, wenn Gäste da waren. Gewiß, sie hörte auch andere Stimmen: mitleidige und warnende. Die gaben ihr zu verstehen, daß es keinen geregelten Feierabend und keinen Sommerurlaub für sie geben werde, daß eine Mißernte oder eine Viehseuche jahrelange Mühe zunichte machen könne, daß die Zeiten der billigen Arbeitskräfte ein für allemal vorbei seien ... Was wußten die!

Freudig kläffend sprang Moritz an seiner Freundin hoch und begleitete sie, als sie das Fahrrad in die Scheune brachte. „Dem Pony gegenüber ist es zwar nicht gerecht", sagte Milli vertraulich zu dem gescheitesten Hund weit und breit, „aber ich habe mich entschlossen, dich zum Zelten mitzunehmen."

Moritz jagte zum Haus, als müsse er unbedingt der erste sein, der die Neuigkeit verbreitete.

Spaß als Preis für Müh und Fleiß

Am Montag morgen kurz nach sechs rumpelte Herrn Wagners Kleinlastwagen über steile Waldwege. Neben dem breitschultrigen blonden Mann saßen, hübsch der Größe nach geordnet, Schräubchen, Milli und Moritz. Wenn der Wagen über Baumwurzeln oder durch Vertiefungen holperte, stießen die zweibeinigen Insassen mit dem Kopf unters Dach. Die Mädchen quittierten die Hopser unter prustendem Lachen mit den Worten: „Gruß von der Achse – sie lebt noch!" Moritz sprang auf, legte den Kopf schief und nahm erst wieder Platz, wenn Milli ihm zunickte.

„Endstation!" rief der Fahrer und stoppte in der Nähe einer baumbestandenen Waldwiese.

Milli und Schräubchen sprangen aus dem Fahrerhaus und liefen hinter den Wagen. Sie schoben die Riegel beiseite, ließen die Klappe herunterfallen und kletterten behend auf die Ladefläche. Der mittelgroße Hund mit dem drahtigen Fell klopfte mit dem Schwanz auf den Boden. „Abenteuer", hieß das. „Herrlich, daß ich dabei bin!"

Herr Wagner ließ sich Fahrräder und Zelte anreichen. „Ein bißchen flott!" trieb er die Mädchen an. „Ich möchte um Punkt sieben in der Werkstatt sein. Schwätzchen halten könnt ihr heute abend im Zelt."

Milli hatte sowohl von ihrem Bruder als auch von den Freunden farbige Schilderungen der Ausbrüche des leicht erregbaren Handwerksmeisters erhalten. Sie schenkte dem Pulverfaß ein mißtrauisches Lächeln.

Da brachen mit Indianergeheul zwei Jungen aus dem Gebüsch. Die Begrüßung fiel ohrenbetäubend aus.

„Donnerwetter, ihr seid schon da?" wunderte sich der Werkstattbesitzer.

„Seit Stunden", übertrieb TH.

„Habt ihr schon den genauen Platz für die Zelte ausgesucht?" fragte Schräubchen.

„Alles klar! Unten, am Rand der Wiese. Weit genug weg vom Wanderweg. Sogar das Loch für den Spirituskocher ist gegraben."

Tommi vergewisserte sich, daß Moritz brav neben seiner Herrin stand, lud die Kühltasche auf seine linke Schulter und raffte mit der rechten Hand einen Packen Plastiktüten. „Wir haben dicke Steine um das Loch gestapelt, damit der Wind abgehalten wird und kein einziger Grashalm verbrennen kann."

„Prächtig, prächtig", schmunzelte der Mann im Overall. Er öffnete den oberen Knopf seines Hemdes und krempelte sich die Ärmel hoch. „Das wird heiß heute. Sollte es ein Gewitter geben, wißt ihr hoffentlich, wie ihr euch verhalten müßt?"

„Es wird keins geben", behauptete Milli. „Im Landfunk haben sie für die nächsten Tage trockenes Sommerwetter versprochen."

„Um so besser. So, Walther und Schräubchen, ich helfe euch jetzt noch einmal beim Zeltbau, danach müßt ihr's allein schaffen."

„Papa, für wen hältst du uns? Walther und ich stellen notfalls ein Zirkuszelt auf."

„Mit dem Mund, das will ich wohl glauben", entgegnete ihr Vater. „Also, wenn ihr mich nicht braucht, verschwinde ich. In ungefähr zwölf Stunden bin ich wieder hier. Laßt mich dann nicht warten."

„Sonst noch einen Wunsch?"

„Schräubchen, sei nicht so frech." Er hob grüßend die Hand. „Macht's gut, Kinder! Daß mir keine Klagen kommen."

„Bis heute abend! Die Freunde atmeten auf. Sie fühlten sich frei wie die Vögel unter dem Himmel.

Eine Stunde später standen die beiden Giebelzelte, und alles war verstaut.

„TH hat seine Gitarre dabei", erwähnte Tommi mit leuchtenden Augen. „Wollen wir nicht einen schmettern,

36

bevor wir an die Arbeit gehen? Singen durften sogar die Neger auf den Baumwollfeldern."

„Wunschkonzert", kündigte TH an und zog sein Instrument aus dem Schlafsack. „Was soll's denn sein?"

„Keinen Schlager", wünschte sich Milli. „Ich finde, das paßt jetzt nicht."

„Tommi?"

Der Junge schlenkerte mit den Armen, wiegte sich in den Hüften und sang: „I come from Alabama with my banjo on my knee."

„Du und deine Susanna", hänselte ihn Schräubchen. „Danach singen wir aber das Nonsens-Lied, ja?"

„Du und dein Polly Wolly Doodle", lachte Tommi. Er stieß den Gitarristen an. „Leg los, Alter." Sein Fuß gab den Takt vor.

„Wißt ihr", meinte TH versonnen, „darauf freue ich mich am allermeisten: abends vorm Zelt sitzen, sich was erzählen und Musik machen."

„Für mich ist das größte, daß ich mal 'ne Weile von der Leine bin", sagte Schräubchen. „Keine Meckereien hören: von meinen Eltern, von Tante Ilse, von Heinrich dem Vierten und den Leuten in der Werkstatt."

„Und wer findet es am schönsten, daß der Wald sauber wird?" wollte Tommi wissen.

„Hörst du, wie sie alle *ich* schreien?" fragte TH.

Milli schüttelte kleine Zettel in einem Trinkbecher. „Weggucken und ziehen", befahl sie jedem und hielt ihm das Gefäß entgegen.

Tommi zog den Schnipsel mit der Aufschrift *Zeltnähe/ Essen;* die drei anderen erwischten *Rechts vom Haupt-*

37

wanderweg, links vom Wanderweg und *Geradeaus.*

„Vergeßt nicht, einen Kreis zu laufen", erinnerte TH. „Außen herum bis zum Parkplatz, innen wieder zurück. Mal sehen, wie weit wir bis zum Mittag gekommen sind. Wir müssen jede halbe Stunde unseren Bandenpfiff losschicken, denkt daran! Tönt von einer Seite kein Echo, machen sich die übrigen sofort auf die Suche. Wenn jemand was Tolles findet, pfeift er zwischendurch. Tommi, du bleibst heute in der Umgebung des Zeltes. Hau jedem eins über die Rübe, der meine Gitarre klauen will. Du sorgst dafür, daß wir um eins essen können. Natürlich ist dein Müllsack bis zum Abend genauso voll wie meiner, capito?"

„Si, si. Mamma Gina hat uns italienische Nudelpfanne gekocht. Hmh! Mit Hackfleisch und Speck und Majoran und zerkrümeltem Schafskäse. Und für ..."

„Hilfe!" schrie Schräubchen, so daß Moritz erschrocken zu knurren begann. „Rette sich, wer kann! Carotti betet das Kochbuch herunter."

„Dich soll ein fünf Meter langer Bandwurm von innen auffressen", wünschte ihr Tommi.

Ausgerüstet mit Taschenmesser und Seil, Gummihandschuhen, großen Tüten, einem Müllsack und Heftpflaster, schwirrten die Bandenmitglieder aus. Sie schoben die Fahrräder ein Stück, lehnten sie dann an einen Baum und begannen mit dem Müllsammeln.

TH und Milli gingen eifrig ans Werk, Schräubchen tat ihre Pflicht unter Vermeidung jeder unnützen Kraftvergeudung. Es war keine Stunde vergangen, da drang aus ihrer Gegend ein dumpfes *Plong*. Das Geräusch rührte vom Bau eines praktischen Hilfsgerätes her, das Schräubchen den Freunden später als „Pickstock" vorstellte. Zur Herstellung hatte sie einen langen Zimmermannsnagel zwei Zentimeter weit in das Ende eines spazierstocklangen Knüppels getrieben. Mit diesem Werkzeug spießte sie spielerisch Bonbonpapier und Coladosen, Pappbecher und Plastikbeutel auf. Den Unrat streifte sie in einer gelben Tüte ab, in der sie kürzlich ein zusammengefaltetes Postpaket erworben hatte.

Schräubchen dachte an die Berge Müll, die sie auf den nächsten sechs Strecken von morgens bis abends würde aufsammeln müssen. Der heutige Tag bot die einmalige Gelegenheit, den Rest des Tages zur Verfügung zu haben. Sie brauchte nur gleich nach dem Mittagessen zum Parkplatz zu fahren und den Inhalt der vier Müllkörbe in ihren Sack zu kippen. Keiner aus der Pizza-Bande würde ihr hinter die Schliche kommen.

Kaum hatte sie sich mit dem Gedanken angefreundet, als das Gesicht des Vater vor ihrem inneren Auge auftauchte ... „Dann eben nicht", sagte sie patzig. Sie verwarf auch schweren Herzens die Idee, den Sack bis zur Hälfte mit Blättern und Zweigen zu füllen. Der Vater hatte davon gesprochen, den Müll nach ihrer Rückkehr auf einen Haufen zu schütten und den Zeitungsmachern und ihren Lesern auf diese Weise sowohl den Fleiß der Pizza-Bande als auch die Gleichgültigkeit und das rücksichtslose Verhalten vieler Spaziergänger augenfällig zu machen. Wenn dann Zweige und Laub zum Vorschein kämen, konnte sie sich auf etwas gefaßt machen.

Nach zwei Stunden pfiff Schräubchen die beiden Freunde zu sich.

„Hast du eine Goldmine entdeckt?" rief Walther schon von weitem.

„Wer weiß", tat Schräubchen geheimnisvoll. Sie führte die Freunde an einen Abhang oberhalb eines Holzabfuhrweges. Unter Brombeergestrüpp verbarg sich die Öffnung eines Fuchsbaus. „Greift nur in die Goldmine!"

TH langte zögernd mit dem Arm hinein und förderte staunend eine blaue Trainingshose zutage.

„Wer hätte das gedacht? Füchse tragen Trainingshosen", spaßte Schräubchen. Und die Kinder lachten sich schief.

Milli stocherte mit einem morschen Ast in dem Loch herum. „Rauskommen, Fähe und Rüde! Wir möchten sehen, was Reineke Fuchs am Montag trägt, wenn seine Trainingshose auslüftet!"

TH verteilte Kaugummi. „Wenn ich so meine Müllsammlung ansehe", zog er Bilanz, „dann müßte eigentlich jeden Tag irgendein Trottel die Hälfte seiner Klamotten im Busch vergessen. Socken und Schuhe, Hemden und Jacken, sogar einen löchrigen Sombrero habe ich aufgelesen."

„Her damit, ich trage ihn", bat Schräubchen.

„Das tust du nicht, wenn ich dir erzähle, daß die berühmten schwarzen Perlen darin lagen!"

„Die vom Hasen?" fragte Milli. „Na, die sind doch appetitlich! Da schlagen Kühe und Vögel ganz anders zu." Milli nahm die abgestellte Plastiktüte auf. „Ich weiß ja nicht, wie das links und rechts vom Wanderweg ist", sagte sie. „Mittendrauf zieht halb Sommerberg. Mir gehen die dauernden Fragereien der Spaziergänger mehr auf den Geist als meinem Rücken das viele Bücken."

„Jetzt hast du gereimt", freute sich Schräubchen.

„Was wollen die Leute denn wissen?" fragte TH.

„Ob ich im Wald Kaninchenfutter suche, ob ich Pilze gefunden habe, ob ich für ein Pflanzengesteck eine besondere Wurzel suche, ob ich meinen Hund begraben wolle – die fragen einem ein Loch in den Strumpf."

„Du hast hoffentlich nicht verraten, was wir wirklich machen?"

„Aber nein."

„Na, morgen ziehe ich bei der Verlosung vielleicht den Wanderweg, dann werde ich den neugierigen Vögeln schon die passenden Antworten servieren." TH stopfte die Trainingshose in seine Tüte. „Wenn wir uns beeilen, sind wir in zwei Stunden am Parkplatz. Dann gehen wir erst mal zum Futtern. Heute nachmittag nehmen wir uns die andere Hälfe vor."

Schräubchen meinte hoffnungsvoll: „Je weiter wir in den nächsten Tagen nach oben kommen, desto weniger Müll werden wir finden."

„Glaub das nur nicht!" versetzte Walther. „Ich habe gelesen, was Bergsteiger auf den Gipfeln alles finden. Man sollte denken, wo nur so wenige hinaufsteigen, wär's blitzsauber. Von wegen!"

„Dann ist unsere ganze Arbeit für die Katz", klagte Schräubchen. „In einer Woche haben die Mistfinken den Wald wieder genauso versaut, wie er bis heute war."

„Irrtum – das, was wir weggesammelt haben, liegt nicht mehr da! Logisch?" TH schaute sich suchend um. „Wo steckt Moritz?"

Milli wies zum Weg hoch. „Den habe ich neben meinem

Fahrrad angebunden. Mein Vater kennt den Förster Hüttl, der in diesem Revier seinen Dienst tut. Der knallt wildernde Katzen und Hunde ab, bevor du dich's versiehst."

„Der Moritz bleibt doch bei Fuß."

„Darauf würde ich hier im Wald kein Ohr wetten. Wenn er manchmal so schnürt und schnuppert, kommt es mir vor, als ob auch Jagdhunde unter seinen Vorfahren gewesen wären. Da kann man nie wissen."

Moritz gebärdete sich rein närrisch, als Milli kam.

Sie nahm ihn auf den Arm, doch zu ihrer Verwunderung zappelte er sich frei, sprang zurück, soweit es die Leine zuließ, und blickte seine Herrin bittend an. „Du willst mir was sagen, Moritz. Aber was?" Das Mädchen ließ den Blick schweifen. Dort, wo sie vor wenigen Minuten gründlich für Sauberkeit gesorgt hatte, vielleicht zehn Meter wegaufwärts, leuchtete weißes Papier. „Meinst du das helle Ding, Moritz?"

Der Hund machte Anstalten loszurennen, setzte sich hechelnd, macht erneut einen Satz in Richtung auf den weißen Bogen.

„Ach so, du willst mir beim Aufsammeln helfen, nicht, Moritz? Ferkel sind das, die alles auf die Erde schmeißen! Drecksäcke, wenn du mich fragst." Sie nahm ihre Tüte und ging die wenigen Schritte zurück. Da lag neben der Papierserviette ein leckeres Kotelett, in das ein einziges Mal gebissen worden war. Milli schnippte einen Laufkäfer vom Fleisch. „Du hast den Braten gerochen, was Moritz? Mann, was die Leute alles wegschmeißen! Wenn das Vater wüßte!"

42

Der kluge Hund legte sich lang hin und vergrub die spitze Schnauze zwischen den Pfoten.

Milli umarmte den geliebten Vierbeiner. „Kluger Moritz, du hast mich genau verstanden. Du bist dreimal schlauer als die Angeber auf dem Dressurplatz mit ihren seitenlangen Stammbäumen."

Der Hund jaulte Zustimmung.

Milli löste die Kruste aus Semmelmehl, Eiern und Gewürzen mit dem Taschenmesser vom Kotelett. „Das Zeug bekommt dir nicht", versicherte sie dem Hund, der enttäuscht an der Tüte scharrte. Sie reichte ihm das schiere Fleisch. „Laß es dir gut schmecken! Später gehen wir zum Zelt, da kriegst du Wasser zum Nachspülen und ein bißchen Obst, das du so magst."

„Was gibt das denn, wenn's fertig ist?" rief Walther aus, als er mit den Mädchen auf dem Zeltplatz eintraf.

„Ach du dicker Vater!" lachte Schräubchen.

Direkt neben dem Jungenzelt hatte Tommi ein Warenlager eingerichtet. Zwei zerrissene Matratzen, ein Sessel, mehrere Autositze, ein Auspuffrohr, Schonbezüge und zwei Kinderwagen vermittelten den Ankömmlingen den Eindruck, als zelteten sie auf einer Müllhalde.

Walter stöhnte und kratzte sich am Ohr. „Tommi, kannst du mir mal sagen, was du dir dabei gedacht hast?"

„Und ob ich das kann. Es wird eine Gaudi!"

„Verbrennen", vermutete Milli. „Du hast vor, im Wald ein Freudenfeuer …"

„Hältst du mich für einen Vollidioten? Nein, wir warten bis zur Tagesschauzeit, dann wimmelt es auf dem Wan-

43

derberg nicht mehr wie beim ‚Volkslauf rund um Sommerberg'. Und dann binden wir den Schrott wie einen Anhänger an unsere Gepäckträger und rasen den Berg hinunter! Den Plunder laden wir auf dem Parkplatz ab. Dort kann ihn die Müllabfuhr wegholen. Gute Tat plus Mordsspaß, ist das nichts?"

Die Freunde bejubelten seine Idee, bis Schräubchen einwarf: „Aber was sagen wir meinem Vater nachher?"

„Wie wär's mit der Wahrheit?" schlug Milli vor.

„Dann mach dich auf was gefaßt! Der stellt sich vor, was alles dabei passieren könnte, und dann hat er soviel Humor wie ein Fußabtreter."

„Mein Magen hängt hier." Tommi berührte seine Knie. „Wenn wir gegessen haben, ziehen wir den Schrott ins Gebüsch und holen ihn wieder raus, wenn Herr Wagner weg ist."

„Tommi", lobte TH, „in manchen Dingen bist du nicht zu schlagen."

Als Herr Wagner – diesmal mit dem kleinen Geländewagen – über die Waldwiese rollte, erwartete ihn mustergültige Ordnung. Er wurde mit fröhlichem Hallo empfangen, und im Gänsemarsch zogen die fleißigen Arbeiter zum Fahrzeug. Jeder schleppte einen prallgefüllten Müllsack.

„Respekt", bekundete der Vater. Freundlich betrachtete er die Kinder und schmunzelte über den lustigen Vierbeiner, der ihm Schräubchens Pickstock zur Begutachtung vor die Füße legte.

„Hand aufs Herz, Papa: Hättest du das erwartet? Ich meine nicht nur den Stock, sondern alles hier."

„Dich hatte ich jedenfalls nicht so arbeitswütig in Erinnerung. Und so ordnungsliebend", ergänzte er.

„Wir werden eben immer verkannt", beklagte Walther und schaute Herrn Wagner diesmal durch blitzblanke Brillengläser an.

„Mal sehen, ob der Eifer bis zum Wochenende anhält." Der Vater holte einen Block aus dem Handschuhfach. „Wer hat Lust, die wichtigsten Ereignisse des Tages niederzuschreiben?"

Beredtes Schweigen.

„Ich biete für jede beschriebene Seite fünfzig Pfennig."

„Zum Schreiben, fürchte ich, werden wir nicht kommen", beschied ihn TH schließlich höflich. „Sie glauben ja nicht, wie das schlaucht, sich nach jeder leeren Zigarettenpackung bücken zu müssen. Wir sind abends einfach fertig."

„Ihr wollt euch nicht in die Karten sehen lassen? Dann nicht, liebe Tante." Er hob eine Kühltasche mit Getränken, Obst und Brotbelag und eine zweite mit Gerichten aus der Pizzeria vom Beifahrersitz. „Tommis Vater hat jedem für heute abend eine Piratenpizza gebacken. Sie ist noch warm. Ran an den Speck!"

Wie die Löwen fielen sie über die flachen Pakete her. Herr Wagner stand daneben und freute sich am kräftigen Appetit der Kinder.

Milli bot eisgekühlte Milch an. „Von glücklichen Kühen, die ich persönlich kenne. Wer will?"

„Wovon sprichst du?" stellte sich Schräubchen dumm.

Aber Milli fiel nicht darauf herein. „Hiervon", antwortete sie lachend und leerte den Becher in einem Zug.

Herr Wagner verstaute die Säcke im Wagen. „Ich gebe

euch einen Rat, Kinder. Brecht die Zelte nicht morgen früh ab, sondern laßt sie bis zum Abend stehen. Wenn ich sie euch Dienstag ans Ende der Mittwochsstrecke und am Donnerstagabend ans Ende der Freitagsstrecke transportiere, müßte ihr nur noch zweimal neu aufbauen. Jeden Morgen einen Umzug zu veranstalten, kostet Kraft und Zeit."

„Das verstehe ich nicht ganz", sagte Walther.

„Ihr wolltet die Zelte siebenmal aufbauen und abbrechen – richtig?"

„Ja."

„Das ist nicht nötig, wenn ihr von drei Lagerplätzen aus den einen Tag in die rückwärtige Richtung lauft und am nächsten Tag vom Zelt aus vorwärts. Ich bringe eure Sachen also morgen abend an den Platz, wo ihr euer Zelt eigentlich Mittwoch früh aufschlagen wolltet. Begriffen?"

Milli nickte. „Darauf hätten wir eigentlich selbst kommen müssen." Nach kurzem Nachdenken fügte sie hinzu: „Es ist aber noch irgendwas falsch. Bei Ihrer Rechnung fehlt der Sonntag."

„Vom Sonntag war keine Rede. Hat euch Stephanie etwa verschwiegen, daß ich von vornherein gesagt habe, am Samstag sei Schluß?"

„Ich war doch so sicher, daß du es dir noch überlegen würdest, Papa", schmeichelte seine Tochter und hakte ihn unter.

Er schüttelte sie ab. „Das ist ja ein starkes Stück!" Er wandte sich an die andern. „Wollt ihr mir weismachen, eure Eltern hätten erlaubt, Sonntag zu arbeiten und wie die Strauchdiebe herumzulaufen?"

46

Die Kinder schwiegen betreten.

„Sonntag ist Ruhetag. Das war, ist und bleibt so.“

„Also … richtige Arbeit kann man das eigentlich nicht nennen, was wir hier tun“, druckste Milli. „Zu Hause müssen wir sonntags das Vieh füttern und ausmisten und sogar die Ernte einbringen, wenn sie sonst verderben würde.“

„Paps“, umschmeichelte Schräubchen ihren Vater, „du erlaubst, daß ich bis Sonntag bleibe, ja?“ Sie drückte ihm einen Kuß auf die Wange.

„Das habe ich nicht behauptet. Soll ich euren Eltern etwas bestellen?“

„Grüße“, sagte Walther.

„Danke und viele Grüße“, bat Milli.

„Werd’s ausrichten.“

Tommi behielt Herrn Wagner höflich die Fahrertür auf. „Sagen Sie meinen Eltern, daß ich sie liebe! Mamma hat unser Mittagessen wieder ganz toll zubereitet.“ Er küßte seine Fingerspitzen. „Und Papas Pizza war ein Gedicht! Werden Sie das ausrichten?“

„Wenn ich alles behalte“, versprach der Vater. „Du redest ein bißchen wie ein Schlemmeratlas. Ab geht’s! Morgen um diese Zeit bringe ich eure Zelte also wohin?“

„Ans Ende der Mittwochsstrecke“, antwortete die Pizza-Bande wie aus einem Mund.

„Sehr richtig! Gute Nacht, laßt es nicht zu spät werden!“

„Bitte, Papa, besprich’s mit Mutti. Du weißt schon.“

Das Motorengeräusch schluckte seine Antwort.

Pioniere, Mond und Tiere

Kaum hatten sich die Auspuffgase verflüchtigt, sprangen die Kinder ins Gebüsch und schleiften die sperrigen Teile heraus. Die Matratzen wurden wie Pakete verschnürt und an Millis und Schräubchens Gepäckträger geknotet.

„Auf die Plätze, fertig, los!"

Die Kinderwagen rollten auf insgesamt sechs Rädern als Unterbau für die Autositze vor Tommi her. Walther ratterte mit dem Auspuffrohr und einem Sessel im Schlepptau bergab. Eine wilde, verwegene Jagd auf Drahteseln.

Der Eichelhäher schrie sich heiser, so laut und aufgeregt warnte er die übrigen Waldbewohner vor dem vierköpfigen Drachen, der da plötzlich sein Unwesen trieb.

Das Fernsehprogramm muß wohl an diesem Abend nicht jedermanns Geschmack getroffen haben. Es hatten sich wider Erwarten viele Leute für einen Spaziergang entschieden. Sie wurden unfreiwillig Zeugen eines ungewöhnlichen Mülltransports … Beim Nahen des ersten Gefährts sprangen sie erschrocken an den Wegrand und machten ihrer Empörung durch Schimpfworte Luft.

Ein älterer Abendspaziergänger wetterte besonders hartnäckig und fuchtelte mit seinem Krückstock. Er eilte den Kindern bis zum Parkplatz nach.

Sein Pech, daß auch TH nicht auf den Mund gefallen war! Der Anführer der Pizza-Bande konnte sogar ausgesprochen ungemütlich werden, wenn ihn jemand dazu zwang. „Sie pfeffern Ihren Schrott in den Wald und nörgeln rum, wenn wir ihn wegschaffen? Wir helfen dem Förster. Der hat es nicht gern, wenn die Rehe nachts über Ihren Dreck stolpern."

„Ich verbitte mir solche Beschuldigungen. Von mir stammt das Zeug nicht."

„Doch, sonst ließen Sie uns in Ruhe."

Der Mann, rot vor Zorn, drängte seine Frau ins Auto und brauste davon. Den zurückgelassenen Wortfetzen entnahmen die Kinder, daß er sich unverzüglich beschweren wolle.

Tommi machte Schattenboxen. „Spätestens an der Steinbrücke fällt ihm ein, daß er vergessen hat, zu überlegen, wo man sich in Sommerberg nach acht beschweren kann. Dann fährt er vor Wut einen saufen, wird erwischt und ist den Führerschein los. So einfach ist das." Er klopfte dem Freund auf die Schulter. „Du warst groß in Form, Alter!"

Moritz begrüßte die Müllrennfahrer schweifwedelnd und vollführte Freudensprünge.

„Ist das nicht toll", rief Milli im Überschwang der Gefühle aus, „wenn einen jemand erwartet und sich so freut?" Sie kraulte den anhänglichen Hund zärtlich hinter den Ohren.

„Das hört sich aber verdächtig nach Heimweh an", stellte Schräubchen fest.

„Quatsch!"

„Na, wenn du einen Katzensprung von eurem Hof entfernt solche Ausbrüche bekommst!"

Milli holte einen kleinen Apfel aus der Kühltasche und ließ ihn hinten in Schräubchens T-Shirt rollen. Als die

Freundin aufgehört hatte zu quieken, riet Milli: „Mampf nur friedlich deinen Apfel und schluck damit den Ärger runter. Du hast dich vorhin am Parkplatz über den alten Kerl gegiftet und mußt deine Wut loswerden."

„Ich weiß gar nicht, was du hast. Meine Laune ist bestens."

„Wie schön für dich", mischte sich TH ein. „Die kannst du auch brauchen. Sieh dir mal deinen Hinterreifen an."

Schräubchen machte eine abwehrende Handbewegung. „Walther mit ‚th', ein Plattfuß ist für mich kein größeres Unglück als für dich ein gerissenes Schuhband. Denkst du, ich flicke noch? Ich bin nie ohne Ersatzschlauch unterwegs. Wozu bekommt mein Vater solche Teile spottbillig?"

„Wer hat, der hat", entgegnete Walther.

„Was meint ihr?" fragte Tommi. „Sollen wir zum Waschen und Zähneputzen noch zum Bach laufen, oder begnügen wir uns mit dem Fingerhut voll, der noch im Wasserbeutel ist?"

„Ich gehe erst morgen früh zum Bach." TH nahm einen kräftigen Schluck aus der Sprudelflasche. „Und ihr?"

„Ich auch", schloß sich Schräubchen an.

„Allein mag ich natürlich auch nicht im Wald rumlaufen", sagte Milli.

Seit die Dämmerung hereingebrochen war, gab TH ein Wunschkonzert.

Schräubchen saß im Schneidersitz neben dem Gitarristen. „Kannst du nun endlich *Yesterday?* Seit einer Woche übst du doch schon."

„Na, Schräubchen, wer auf dem Klavier nicht mal den Flohwalzer hinkriegt, der sollte lieber still sein."

50

„Pfeif was auf *Yesterday*", meinte Milli. „Spiel statt dessen das Lied, das wir auf der Klassenfahrt so gern gesungen haben: *Mich brennt's in meinen Reiseschuh'n.*"

„Das kennt Tommi nicht. Der war doch nicht mit unserer Klasse auf Tour."

„Legt los!" drängte der kleine Italiener. „Spätestens nach der zweiten Strophe kann ich mitsingen."

„Ich haue mich in die Falle", verkündete Walther endlich. Schräubchen, die ihre Freiheit auskosten wollte, protestierte. Doch Milli warf ihr den Schlafsack über den Kopf. „Wenn einer pennen geht, tun es alle!"

„Ich bin aber noch nicht müde. Schlafen kann ich sowieso nicht."

Tommi lachte. „Das sagt mein Vater auch immer, und dann schnarcht er schon, während er sich die Socken auszieht."

TH gähnte ausgiebig. „Hundemüde bin ich."

Tommi streckte seinen Schopf noch mal rasch aus dem Zelt, um Milli zuzuraunen: „Binde den lieben Moritz gut fest, hörst du? Ich kriege einen Herzschlag und bin auf der Stelle tot, wenn er mich nachts mit seiner langen Zunge auf die Wange schlabbert."

„Keine Sorge, dich küßt er nicht."

„Wann stehen wir morgen auf?" fragte Schräubchen.

„Nicht vorm Wachwerden", erwiderte TH und gähnte, daß der Kiefer knackte.

Tommi tat so, als lasse er ein Würmchen in den weitgeöffneten Rachen gleiten. Den Müden rührte es nicht. „Was meinst du, TH, ob ein Hirsch oder ein Wildschwein es fertigbringen, das Mädchenzelt aufzuspießen?"

„Woher soll ich das wissen?" entgegnete Walther träge. „Ich bin kein Zwölfender und keine wilde Sau."

„Aha", sagte Tommi

Der Mond stand klar am Himmel und drang mit seinem hellen Schein durch die winzigen Hartzellophanscheiben der Zelte. Besonders für Milli war es beruhigend, nicht völlig im Dunkeln zu sein. Sie hätte auch nicht allein im Zelt liegen mögen, wenn die Schatten der belaubten Zweige, vom Nachtwind sanft bewegt, wie Gespenster vor der Luke herzogen. Von fern rauschte der Bach, den man jetzt deutlicher hörte als am Tage.

„Was hat dein Moritz? Ist er tollwütig?" wunderte sich Schräubchen. „Er geht dauernd im Kreis."

„Das tun alle Hunde, bevor sie sich hinlegen. Als sie noch Wölfe waren und in der Wildnis lebten, traten sie das Gras nieder, bevor sie sich lagerten."

„Hat dir das ein alter Wolf im Traum erzählt?"

„Nicht nötig, ich wußte es bereits aus Büchern, als ich sieben war. Falls du das Wort nicht kennst: Ein Buch ist ein Stapel weißer Blätter, und das Schwarze sind die Buchstaben."

„Ehrlich?"

Moritz hatte am Fußende von Millis Schlafsack endlich den richtigen Platz gefunden. Er legte sich mit wohligem Seufzer hin.

Schweigen senkte sich über die Zelte.

Im Wald dagegen wurde es lebendig. Das Rotwild traf sich am Bach, die Käuzchen schrien einander Neuigkeiten zu, und Nachtfalter und Glühwürmchen schwirrten geschäftig durch die laue Luft.

Plötzlich gellte ein Schrei durch die Nacht. Moritz war mit einem Satz am Eingang des Zeltes. Der Schreckensruf rührte aus dem Zelt der Jungen.

„Schräubchen, was war das?" Regelmäßige Atemzüge kündeten von seligem Schlummer. „Du und nicht müde? Daß ich nicht gackere! Pennt wie ein Murmeltier." Milli schlüpfte aus dem Schlafsack, nahm Moritz an der Leine und huschte barfüßig ins Nachbarzelt. Dort beleuchtete eine Taschenlampe die unheimliche Szene. Tommi hockte angstschlotternd in einer Ecke, und Walther suchte mit der Lampe Boden und Wände ab.

„Was ist passiert?"

„Nichts weiter, als daß Tommi von einer Mörderspinne gebissen worden ist."

„Wwwau", machte Moritz. Seine spitze Schnauze fuhr an der Zeltstange auf und ab.

Milli griff zu. „Wenn du diesen harmlosen Stechrüssel meinst, der dich angefallen haben soll, dann kann ich Entwarnung geben." Sie hielt das langbeinige Gliedertier triumphierend hoch.

„Das war sie nicht. Ihr Leib war tausendmal dicker. Und die Beine …! Sie steckt in meinem Schlafsack! Bestimmt ist sie drin. Es war eine Mörderspinne!"

„Es gibt hier keine Mörderspinne. Hast du das Tier überhaupt gesehen?"

„Natürlich! Als es über mein Gesicht spazierte, habe ich es mit der Taschenlampe weggeschlagen und angeleuchtet."

„Spinnen haben acht Beine. Hatte das Ding überhaupt…?"

53

„Ich habe sie nicht gezählt! Nun sucht doch!"

„Gib den Schlafsack her."

„Sei vorsichtig", klang es kläglich.

„In unseren Ställen sind massenhaft Spinnen. Ich wäre längst bei den Radieschen, wenn auch nur eine Sorte gefährlich werden könnte." Auf der Waldwiese kehrte sie den Schlafsack um, aber er war leer. „Also, Tommi, die angebliche Mörderspinne ist auf und davon! Für den Rest der Nacht hast du Ruhe."

„Was ist, wenn die Spinne was dagegen hat?"

„Dann werde ich sie ermorden, obwohl sie so nützlich ist. Bei uns auf dem Hof gibt es sogar Fledermäuse – na, die solltest du mal hier im Zelt haben, dagegen ist eine harmlose kleine Krabbelspinne ein Kuscheltier."

„Hör auf", jammerte Tommi.

Das Mädchen trat ins Freie und betrachtete den leuchtenden Nachthimmel. Der unromantische Moritz zerrte an der Leine. „Guck dir bloß den Himmel an", flüsterte Milli. Je länger sie nach oben blickte, um so mehr Sterne entdeckte sie. Der goldene Mond schien durch ein Meer aus silbernen Pünktchen zu schwimmen. Milli fand die Milchstraße, diesen breiten Lichtgürtel, von dem ihr der Vater erzählt hatte, daß mehr als hundert Milliarden Sonnen zu ihrem spiralförmigen System gehörten. Der Hund neigte den Kopf so schräg, daß sein rechtes Ohr umklappte. „Die Sterne, Moritz, sind alle größer als unsere Erde. Dagegen sind wir beide wirklich nur winzige Pünktchen."

Leise kroch sie in das Zelt zurück und war eingeschlafen, bevor der Nachfahre der Wölfe sein weiches Lager bezogen hatte.

Gefahr erkannt,
Gefahr gebannt

Die beiden Jungen kamen erfrischt und munter vom Bach zurück, als die Mädchen verschlafen aus ihrem Lager krochen.

„Putzt euch die Zähne lieber mit Sprudel", riet ihnen Walther, als sie mit ihren Handtüchern loszogen. „Der Bach ist mir nicht geheuer. Er riecht muffig."

„Wenn wir weiter oben im Gebirge sind", schlug Milli vor, „waschen wir uns an der Quelle. Die ist garantiert noch nicht verschmutzt."

Schräubchen schaute beim Frühstück verständnislos von einem zum andern, als von den Ereignissen die Rede war, die ihre Freunde zunächst um den Schlaf gebracht hatten. „Wenn was los ist, muß ich dabeisein! Warum hat mir kein Mensch Bescheid gesagt?"

Milli konnte es nicht lassen, Tommi mit seiner Angst vor Tieren aufzuziehen. Sie wollte unbedingt wissen, welches Insekt den Jungen denn nun wirklich gebissen habe. „Die normale Hausspinne hat acht rauhe, behaarte Beine. Aber die feine Kankerspinne, Tommilein, sie heißt übrigens auch Weberknecht, die geht auf langen Bogenbeinen, die zweimal so hoch sind, wie der dicke Leib groß ist. Überleg mal: Waren die Beine glatt oder behaart?"

Tommi stellte den Teller mit Cornflakes beiseite, nahm

eine Scheibe Knäckebrot, zerbiß sie und spuckte die Krümel unverhofft aus, Milli genau ins Gesicht. Sie wollte wütend aufspringen, aber er drückte sie auf die Wiese zurück. „Nun sind wir quitt!"

„Du tückisches Lama!" fauchte Milli. „Ich helfe dir im Leben nicht mehr, wenn du nachts winselst, du Angstschisser!"

„Nimm das sofort zurück!"

„Ich denk nicht dran!"

„Dann nenne ich dich auch Angstschisser!" Er zog sein Polohemd über den Kopf, und begann fürchterlich zu heulen. „Huuuhuuu, ich bin Brutalowitsch, das würgende Nachtgespenst."

TH deutete auf den knurrenden Hund. „Gleich springt der Köter in die Arena, dann möchte ich nicht Tommi sein."

„Laß doch", stachelte Schräubchen die Streithähne auf, „ein Kämpfchen ist immer was Lustiges. Los, macht weiter!"

Anna Obermaier trat den Rückzug an. „Du bist aber wirklich zimperlich, Tommi, das ist mal sicher."

„Und du bist eine Giftspritze."

„Gewonnen", sagte Milli.

„Wer?" fragte TH.

„Such's dir aus."

An diesem Tag erwischte der Anführer den Zettel, der ihm die Zubereitung des Essens und die Zeltbewachung auferlegte. Neidisch sah er die drei davonziehen. Na ja, das Los mußte jeden einmal treffen ... Aber das Gefühl des Zurückgesetztseins blieb. Ein Kloß saß Walther im Hals. Er rupfte mit beiden Händen Gras und Knöterich und Schafgarbe aus und feuerte sie auf den Boden. Danach fühlte er sich besser.

Die Freunde waren ja auch nicht aus der Welt. Zu den Mahlzeiten würde er mit ihnen zusammensein, und vor allem jeden Abend! Und morgen, übermorgen und noch ein paar weitere Tage. Es bestand kein Grund, sich verrückt zu machen und sich den Aufenthalt zu vergällen. Hatte er nicht im Gegenteil Anlaß zu Stolz und Freude? Seine Idee war verwirklicht worden. Er hatte etwas Besonderes mit den Freunden machen wollen – und das war ihm gelungen! Bei seinen Freunden von der Pizza-Bande galt er etwas, dort war er wer.

Nein, er wollte nirgends anders sein als hier. Es ging schon in Ordnung, so wie es war. Kein Alleinsein in der Wohnung, die immer ein bißchen wie bei anderen Leuten am Umzugstag aussah; kein Vater, der sich abends mit ihm darum stritt, wer die Pfanne abwusch, in der sie die Eier gebraten hatten; keine putzwütigen und keine keifenden Nachbarn – frei sein und doch dazugehören, das war's.

Walther ließ das Fahrrad stehen und machte sich auf den Weg zum Felsen hinter der Waldwiese. Dort hatten gestern radauschlagende Gruppen ein Picknick veranstaltet. Es fiel Walther nicht schwer, sich vorzustellen, in welchem Zustand sich der Lagerplatz befand.

Unterwegs begegneten ihm Wanderer mit Rucksäcken. Es juckte Walther, den Leuten nachzurufen: „Unterstehen Sie sich nur nicht, Ihren Abfall in den Wald zu pfeffern!" Aber er sagte nichts, sondern schaute den Wanderern nur argwöhnisch nach.

57

TH füllte mühelos zwei Tüten, brachte sie zum Zeltplatz und schüttete sie in den Müllsack. Mit spitzen Fingern fischte er ein Nachthemd heraus. Er beschloß, sich für jeden ungewöhnlichen Fund eine Geschichte auszudenken, die das Rätsel um die Herkunft löste.

Ein Nachthemd? Tommi würde nicht zögern zu behaupten, es stamme von einer Ermordeten. Walther verabscheute es, überall Verbrechen zu sehen. Schlimm genug, daß sie tagtäglich als Tatsachenberichte in der Zeitung standen, man mußte nicht noch welche dazulügen ... Wie kam ein Nachthemd ins Gebüsch? Eins aus wärmendem Winterstoff, innen flauschig wie Vaters lange Unterhosen, rosa, mit braunen Blättchen. Keine Frage, eine ältere Frau hatte es getragen. Und eines Tages war ihr Enkel gekommen, hatte einen weichen Lappen gesucht, um sein Moped damit zu putzen, da war ihm Omas Nachthemd im Wäschekorb gerade recht erschienen. Als die alte Frau später gezetert hatte, wo ihr Nachthemd geblieben sei, das sie gerade von der Leine genommen und in den Korb gelegt habe, da war der Enkel mit dem Nachthemd unter der Jacke davongebraust und hatte es im Wald versteckt.

TH war zufrieden mit seiner Fassung vom Nachthemd unterm Nußbaum. Fast überzeugt, glaubte er, daß die Geschichte sich so und nicht anders zugetragen habe.

Walther blickte in die Richtung, in der die Freunde verschwunden waren. Er wünschte sich ein Walkie-Talkie, damit hätte er ihnen sein neues Spiel gleich erklären können. Das Suchen machte so gleich mehr Spaß! Und ein wenig Kurzweil konnte man gebrauchen, wenn man sich nach dem hundertsten Ringverschluß und dem hundertuntersten Kronkorken bückte. Überhaupt: die kleinen Abfälle! Damit war es wie mit dem Blaubeerenpflücken. Es brachte einfach nichts! Apfelernte, ja, die war eine lohnende Sache. Da sah man, wie sich die Körbe füllten.

Das Sammeln der winzigen Teile war etwas für Leute mit starkem Charakter. Gummiringe und Bonbonpapier machten sich im Sack nicht mal bemerkbar, wenn sie zu Dutzenden auf einmal hineingeworfen wurden. TH hatte gestern mehrere Kronkorken in den Waldboden getreten. Später war er sich deswegen faul vorgekommen, sogar ein schlechtes Gewissen hatte er gehabt.

Während TH um die Mittagszeit Ravioli aufwärmte und auf den Tellern Tomaten, Petersilie und Eissalat verteilte, glaubte er, ein anhaltendes Pfeifen zu hören. Angestrengt horchte er. Kein Zweifel, es war der verabredete Pfiff der Pizza-Bande. Jemand hatte anscheinend etwas Besonderes gefunden und rief die Freunde zu sich.

Der Sekundenzeiger wanderte fünf Runden übers Zifferblatt. Das Pfeifen brach nicht ab. Walther wurde unruhig. War da nicht plötzlich Hundegebell? Sollte einer in Not sein? Milli vielleicht? Nein, wahrscheinlicher war, daß Schräubchen, die Waghalsige, sich den Knöchel verstaucht hatte. TH löschte die Spiritusflamme, schüttete alles, was auf den Tellern lag, in die Kühltasche zurück und schnappte sein Fahrrad.

Nach einem halben Kilometer begann er, abwechselnd zu pfeifen und zu rufen. Er brauchte nicht lange auf ein dreifaches Echo zu warten. Doch in dem Augenblick, in dem er es vernahm, hätte es seiner nicht mehr bedurft.

Brenzliger Geruch drang ihm in die Nase und wies ihm den Weg.

Um Himmels willen, brannte der Wald? TH trat mit aller Kraft in die Pedale. Da sah er die Freunde.

„Schnell!" schrie ihm Tommi zu. „Buschbrand! Katastrophenalarm!" Wie gebannt starrte er auf die züngelnden Flämmchen, die sich ins Gras, in Wurzeln und Laub fraßen.

Walther sah die Mädchen schon mit wassergefüllten Plastiktüten vom Bach kommen. Achtlos warf er sein Rad an die Böschung und raste den Hang hinunter. Er riß Schräubchen die große gelbe Tüte aus der Hand, goß den Inhalt auf die Flammen, daß es zischte und dichter Qualm emporstieg. Dann riß er sich die Schuhe von den Füßen und schlug auf das Feuer ein, das noch hinter den Rauchschwaden aufflackerte.

„Tommi, nun tu endlich was!" brüllte Milli. Sie leerte ihre Plastiktüte und stob davon.

Schräubchen mit ihren flinken Beinen hatte bereits wieder Wasser geschöpft und kam der Freundin auf halbem Wege keuchend entgegen. „Dem Tommi mache ich gleich Dampf. Er steht rum und spielt den Feuermelder, anstatt zu helfen."

TH schlug immer noch wild um sich. Die Brille war heruntergerutscht, und sein Gesicht sah aus wie das eines Schornsteinfegers. „Verdammt, Tommi, hol Wasser oder hilf mir."

„Was sagst du? Was denn wo?"

„Herrje, dann pinkele wenigstens in die Flammen, aber tu was!" schnaufte TH und schlug und schlug.

Schräubchen goß die nächste Ladung über das Feuer,

und dann kam Milli. Es dampfte wie in einer Waschküche.

„Das Feuer ist aus!" rief Tommi ungläubig. „Seht doch, wir haben es wahrhaftig gelöscht! Das Feuer ist aus!" Er sprang in die Luft und schlug sich auf die Schenkel, er kugelte den Hang hinunter und lachte in unbändiger Freude und Erleichterung.

Völlig außer Atem standen die Freunde um die qualmende Fläche, rangen nach Luft in der sengenden Hitze unf fielen einander glücklich in die Arme. Das Feuer war aus. Tatsächlich!

„Himmel noch mal, wer hat das getan?" TH warf sich erschöpft in die Waldbeersträucher. „Ich hätte gewettet, daß ein Quadratkilometer gebrannt hat. Jetzt sehe ich, daß die Fläche nicht größer war als unser Wohnzimmerteppich."

„Es roch auf einmal kokelig", berichtete Schräubchen atemlos, „und im gleichen Moment sah ich es qualmen. Da habe ich gepfiffen und gepfiffen. Dann ist Milli gekommen und hat auch gepfiffen, aber das hätten wir uns schenken können, denn der Tommi war keine Hilfe. Seht ihn euch an, der ist übergeschnappt!"

„TH ist gekommen", sagte Milli, „drum war es gut, daß wir gepfiffen haben. Ohne ihn hätten wir's nicht geschafft. Bei der Trockenheit brennt alles wie Zunder."

„Wer hat das Feuer gelegt?" forschte Walther erneut.

Die Mädchen zuckten die Achseln.

„Zwei Typen kamen vorhin aus dem Birkenwald", erinnerte sich Schräubchen. „Vielleicht haben die beiden hier gesessen und geraucht und die Zigarette nicht sorgfältig ausgedrückt."

„Heißt das, wer's getan hat, kommt ohne Strafe davon?"

TH ballte die Fäuste. „Ich hätte große Lust, zur Kripo zu fahren und die Täter suchen zu lassen. Bei den zwei Leuten sollen sie anfangen. Wie sahen die aus?"

„Beschreiben kann ich sie nicht. Ich weiß nur, daß sie hell gekleidet waren."

„Mehr fällt dir nicht ein? Das ist zuwenig."

Dürres Reisig knackte. Moritz, der an einem Baum festgebunden war, bellte. Ein fremder Hund antwortete mit tiefem Wuff.

Da trat mit raschen Schritten ein Forstmann aus der Lichtung. „Stehenbleiben!" rief er.

Die Kinder fuhren zusammen und duckten sich unwillkürlich. Der Anblick des Wachtelhundes und der Flinte verstärkte die Wirkung des Kommandos.

„Habt ihr etwa gezündelt?"

Walther nahm seine angesengten Schuhe und schlug damit verzweifelt auf die verkohlte Erde. „Das nicht auch noch!" heulte er auf.

Milli sah, wie fertig er war, und ihr selbst ging es nicht viel besser. „Sind Sie Förster Hüttl?"

„Leibhaftig."

„Ich bin Anna Obermaier vom Maierhof draußen. Sie kennen meinen Vater. Das hier", sie zeigte neben sich und dann hinunter zum Bach, „sind meine Freunde. Wir kamen zufällig vorbei und sahen das Feuer. Dann sind wir hingerannt und haben es gelöscht."

„Wer von euch hat Streichhölzer dabei?"

„Glauben Sie mir etwa nicht?"

„Liebes Kind, das würde ich gern. Aber die Geschichte mit dem großen Unbekannten, der einen Waldbrand legt und spurlos verschwindet, während ihr just im rechten Augenblick vorbeikommt, um zu löschen, erinnert mich an Märchen."

„Das war für dieses Jahrhundert meine letzte gute Tat", stieß TH wütend hervor. „Wenn das der Dank dafür ist, daß ich meine Schuhe geopfert und meine Kleider versaut habe, dann tut es mir leid um jede einzelne Minute, die ich mich abgehetzt habe."

„Sie tun uns unrecht, Herr Hüttl", versicherte Milli. „Wenn Sie wüßten, wie sehr, würden sie wahrscheinlich ..."

„... im Boden versinken", half ihr Schräubchen.

„Würden Sie uns glauben, wenn wir beschwören, daß wir mit dem Feuer nichts zu schaffen haben?" fragte Milli.

„Vielleicht ... Vom Maierhof, sagtest du, bist du?"

Milli nickte. „Ich kann ihnen leicht beweisen, daß wir für diesen Wald mehr tun als irgendeiner sonst."

„Kein Sterbenswörtchen! Du hast es versprochen!"

„Es geht nicht anders, TH."

Tommi kam strahlend den Hang hoch. Er stutzte, als er den Revierförster sah. „Freund oder Feind?" wisperte er dem Anführer ins Ohr.

„Wenn ich das wüßte!"

Haben sie meinen Freunden schon gratuliert?" wandte er sich an Herrn Hüttl. „Ohne uns wäre Ihr ganzer Wald futsch, kaputt, tot. Bei der Suche nach dem Täter kann ich Ihnen helfen. Zwei von diesen ...", er breitete die Arme aus, umschloß ein nicht vorhandenes Wesen und begann die Luft abzuküssen, „... Sie wissen schon, die kamen vorhin den Holzfällerweg entlang. Der Mann wollte sich eine Zigarette anzünden, da war die Schachtel leer. Was tat dieser Kerl da? Er schmiß mir die zerknüllte Packung vor die Füße. ‚Bei Ihnen zu Hause muß es aber prima aussehen‘, sagte ich zu ihm und bückte mich. Da hat er mich eine halbe Portion genannt und sein Mädchen geküßt, weil er doch keine Zigarette mehr hatte.“

Milli, der die Ungeduld des Försters nicht entgangen war, trieb zur Eile.

„Bin gleich fertig! Also, der Wegwerfteufel hat hier – wetten? – eine Pause gemacht und seine letzte Zigarette vor lauter Liebe vergessen auszutreten. Wenn ich die leere Packung hole, findet die Kripo Fingerabdrücke.“

Der Forstmann richtete einen Birkenschößling auf und bemerkte ganz ernst: „Gute Detektivarbeit, lieber Junge. Dadurch wurde immerhin eine Zigarettenschachtel verhaftet.“

Alle brachen in befreiendes Lachen aus.

„Anna“, wandte sich der Förster dann schmunzelnd um, „ich verzichte auf eine Vereidigung. Die Ausführungen deines Freundes haben mich restlos überzeugt.“

„Wovon?“ fragte Tommi. „Sagen Sie nicht, Sie hätten auch nur einen Augenblick angenommen, wir …“

„Tja, irren ist menschlich.“

„Ich verzeihe Ihnen“, entgegnete Tommi gütig. „Und wenn Sie einmal wieder die Feuerwehr brauchen: Pfeifen genügt, wir kommen sofort.“

Mit Trillerpfeifen rollt der Reifen

Sehnsüchtig blickte Schräubchen zum blauen Sommerhimmel, über den vereinzelt weiße Wattewölkchen zogen. „Heute abend ist der Georg mit dem Fahren an der Reihe. Da gibt es keine Gnade: Er muß uns zum See bringen! Wenn ich heute nicht schwimmen darf, bin ich morgen verdorrt."

Milli hatte kein gutes Gefühl bei dem Gedanken. „Warum hast du deinen Vater nicht gefragt, ob er das erlaubt? Nachher kriegt mein Bruder den ganzen Ärger."

„Stell dich nicht an. Das wird er wohl mal für uns tun können. Der ist doch froh, wenn er mit dem Geländewagen kutschieren darf."

„Wenn er bloß neue Treter mitbringt!" Walther lief seit dem Brand in Schräubchens Ersatzschuhen herum, die ihm sogar noch eine Nummer zu groß waren.

„Ob dein Vater auch eine Tüte mit Süßigkeiten dazulegt?" fragte Milli gespannt.

„Er hat's versprochen, also macht er's auch. Ich verstehe nicht, daß du das klebrige Zeug bei der Hitze nicht Leid wirst. Man bekommt solchen fürchterlichen Durst danach, daß man den muffigen Bach austrinken könnte."

„Ich nicht."

Schräubchen zerrte Tommi zur Kochstelle. „Erklär mir das noch einmal mit dem Futtermachen. Also, ich schmeiße diese vier Pakete ins heiße Wasser und lasse sie drin, bis ihr kommt. Was dann?"

„Du brichst das Stangenbrot und teilst jedem einen Pfirsich und ein Kefir-Dessert als Nachtisch zu. Kochen für Doofe, Lektion eins."

„Ich will ja kein Koch werden und auch kein Pizza-Bäkker oder so was ähnliches."

„Ob du als Hausfrau vielleicht auch mal kochen mußt?" mischte sich Milli ein.

„Wer behauptet, daß ich je eine werde? Ich habe euch hundertmal gesagt, daß ich nie heirate, sondern erst Spitzensportlerin werde und später die Werkstatt übernehme."

„Na gut", entschied Tommi. „Wir machen das später so bequem wie jetzt. Du zahlst mir zwanzigtausend im Jahr, und dafür liefere ich dir jeden Tag zwei Packungen weltmeisterverdächtiger Gerichte. Die Folien ins Wasser zu schmeißen, wirst du noch schaffen."

„Zwanzigtausend Mark für eine wäßrige Minestrone und ein paar billige Ravioli? Dann würge ich mir lieber für tausend Mark Fritten rein."

„Du hast mein Restaurant beleidigt! Nun bist du nicht mehr würdig, einen einzigen Fladen Carta di musica von mir zu bekommen."

„Was ist denn das?"

„Brot, so dünn wie Notenpapier. Von einer Portion Abbacchio Brodettato mal ganz zu schweigen, tollem Lammfleisch mit gehackten Knoblauchzehen und zwanzig edlen Zutaten."

„Von mir aus kannst du mich später beliefern", bot ihm TH an. „Ich heirate ja bekanntlich auch nicht. Die Weiber hauen einem doch ab."

„Du mußt eben die Richtige nehmen! Ich heirate eine, die genauso ist wie Mamma Gina. Sie singt und kocht und ist immerzu gut aufgelegt und würde nicht mal dann weglaufen, wenn ihr ein Prinz einen Palazzo in Venedig verspräche."

„Dann such mal." Schräubchen hängte die Plastiktüte an die Lenkstange, klemmte den Müllsack auf den Gepäckträger und fuhr los.

„Stell dir vor, du hättest einen Riesenzirkel", hatte TH ihr mit Händen und Füßen erklärt, „und damit piektest du auf unseren Zeltplatz und zögst mit einem Radius von fünfhundert Metern einen Halbkreis bergabwärts. Dieses Gebiet, Schräubchen, das suchst du ab – und keinen Zentimeter woanders, sonst kommen wir uns ins Gehege."

Schräubchens Rad besaß alle technischen Raffinessen, unter anderem einen Kilometerzähler, der einen Summton abgab, wenn er die vorher eingegebene Entfernung gemessen hatte. Als das Surren fünfhundert Meter signalisierte, stand Schräubchen vor einer Wildfutterstelle, die jetzt im Sommer verwaist war. Ein paar vertrocknete Halme erinnerten an ihre winterliche Bedeutung. Schräubchens Gedanken sprangen gerade von der äußeren Form der Futterstelle über die Krippe bis hin zur Weihnachtsgeschichte, als sie einen Augenblick lang dachte, ihre Phantasie spiele ihr einen Streich: Da lag ganz unten in der trichterförmigen Futterstelle ein Baby! Irgendein kleines Mädchen hatte vermutlich einen ähnlichen Gedankenflug vollzogen wie sie und ihr Püppchen später vergessen, als die Eltern ungeduldig riefen.

Schräubchen legte die Babypuppe erst in die Tüte. Dann holte sie sie wieder heraus. Obwohl sie sich früher viel lieber mit Schrauben und Werkzeug umgeben hatte als mit Puppen, brachte sie es nicht übers Herz, diese Puppe im Müll zu begraben. Sie band sie an die Fahrradlampe, so daß sie aussah wie eine Kühlerfigur.

Auf einem freien Platz fühlte sich Schräubchen kurz darauf fast wie in der heimischen Werkstatt. Hier schienen regelmäßig Fahrzeugreparatur- und -lackierungsarbeiten durchgeführt zu werden. Sprühdosen und Farbeimer, Spachtel und Klebefolie, Pinsel und meterlange Folie. Dort lag noch ein gerissener Keilriemen, hinten vier verrostete Radkappen. So machte das Müllsammeln beinahe Spaß!

Ein Moped mit ausgebautem Schalldämpfer näherte sich dem Platz. Schräubchen versuchte gerade, einen dicken Abluftschlauch, wie er zu Wäschetrocknern gehörte, in Stücke zu schneiden, damit er in den Sack paßte. Der wilde Fahrer drehte einige Runden über das freie Feld. Dann zog er immer enger werdende Kreise um das Mädchen. Der ungepflegte Bursche mit weit auseinanderstehenden Augen hielt vor Schräubchen an und musterte sie von oben bis unten.

Das Mädchen spürte, daß der etwa siebzehnjährige Mopedfahrer nichts Gutes im Schilde führte. Sie mußte zusehen, daß sie zu ihrem Rad kam und einen Blitzstart vollzog!

Der knatternde Motor erstarb. Schräubchen nutzte den Moment, den der Junge zum Ausklappen des Kippständers gebrauchte. Sie schnappte ihr Rad, raste los und sprang in den Sattel. Doch sie hatte noch keinen Fuß auf den Pedalen, als der Junge sie einholte und zurückzog.

Schräubchen trat mit voller Wucht nach dem Verfolger und flüchtete zu Fuß. Sie lief den Berg hinab in die Richtung, in der sie von den Freunden Hilfe erwarten konnte. Schräubchen schlug Haken wie ein Kaninchen. Sie hörte das Fluchen hinter sich. Als sie sich einmal umdrehte, stolperte sie und stürzte. Der Junge holte auf. Sie pfiff, so laut sie konnte, sprang auf und rannte weiter. Dann lagen ihr gefällte Bäume im Weg, und sie verlor wertvolle Zeit beim klettern. Der Verfolger umlief das Hindernis, erwischte das Mädchen und warf es zu Boden.

Schräubchen schrie aus Leibeskräften. Ihre Zähne bohrten sich in den Oberarm des Jungen, der kaum größer war als sie. Er schrie auf und lockerte seinen Griff für den Bruchteil einer Sekunde. Es genügte dem Mädchen, sich herumzuwerfen und mit beiden Knien auf den Rücken ihres Angreifers zu springen. Er zappelte wie ein Fisch auf dem Trockenen.

Schräubchen pfiff und rief verzweifelt um Hilfe.

Auf einmal war Moritz da. „Faß!" schrie Schräubchen wie von Sinnen. „Faß! Faß! Faß!" Es war, als gebe es nur noch dies eine Wort. In ihren Knien war keine Kraft mehr. Ihre Hände schlugen ins Leere. Nichts kam von ihr als der Befehl an den Hund.

Der Junge trat nach dem Tier und schlug auf Schräubchen ein, dann stand er torkelnd auf. Moritz knurrte und legte die Ohren an. Der Junge wollte verschwinden, da schnappte der Hund zu. Es war unglaublich: Sobald der Junge stehenblieb, ließ Moritz ihn los, machte er den Versuch zu entkommen, griff das Tier sofort an.

Nicht lange, da kamen sie von allen Seiten: erst Milli, dann der kleine Tommi und zuletzt Walther in seinen schlappenden Schuhen.

Und Schräubchen, der das Blut aus der Nase tropfte, begann vor Freude zu weinen. Schluchzend berichtete sie, was vorgefallen war. Ihr Verfolger quittierte jeden Satz mit dem Ausruf. „Die spinnt, die blöde Gans!"

Tommi trat ihn ans Schienbein. „Das ist für die blöde Gans. Los, TH, Milli – auf ihn! Den kochen wir weich!"

„Ich mache das", schniefte Schräubchen. „Der kriegt noch eine Abreibung von mir. So billig kommt der nicht weg, das wollen wir gleich mal sehen!"

„Schräubchen, du blutest. Was willst du denn noch?" Milli reichte ihrer Freundin ein Taschentuch. „Jetzt sind wir dran! Dafür hast du schließlich deine Freunde."

Moritz stand da wie ein Schiedsrichter und ließ den Jungen nicht aus den Augen.

Auf Walthers Zeichen hin schlugen die drei auf den Mopedfahrer ein. Immer wenn er dachte, er sei den Rächern entwischt, stand Moritz vor ihm und fletschte die Zähne.

„Genug!" rief TH endlich. „Wenn wir noch eine Minute weitermachen, müssen wir das Brechmittel mit einer Tragbahre in die Stadt bringen."

Tommi verabschiedete den Burschen mit einem letzten Tritt in den Hintern. „So, du Mistkerl, hau ab und vergiß uns nicht!"

Als sie endlich beim Mittagessen saßen, zerrupft wie Hähne nach einem Kampf, stellte Milli fest: „So schmuddelig wie heute haben wir selten ausgesehen. Ich glaube, da nützt der Bach nicht viel, wir müssen zum See."

„Sag ich doch", stimmte ihr Schräubchen zu und erneuerte das kühle Tuch auf der Nase. „Wenn der Georg anrückt, hocken wir schon in den Startlöchern."

„Wer paßt auf unsere Sachen auf?" überlegte Milli.

„Niemand", erwiderte Walther. „Meine Gitarre nehme ich mit, alles andere können sie von mir aus klemmen." Er nahm einen Bissen Stangenweißbrot und fuhr mit vollem Mund fort: „Was das bringt, wenn wir doch einen zum Zeltbewachen allein lassen, haben wir vorhin gesehen. Mensch! Wäre der Kerl stärker gewesen, oder hätte er eine Waffe gehabt, könnten wir Schräubchen …"

„… auf dem neuen Friedhof besuchen", vollendete Tommi. „Mit weißen Nelken und einem wehmütigen Lied."

„Wir gehen nur noch zu zweit los", stellte TH klar und tastete das Horn auf seiner Stirn ab, das er sich im Kampf zugezogen hatte. „Vor allem die Mädchen!"

Tommi nickte. „Ich verspüre auch wenig Lust, ausgerechnet im Eulenforst zu verenden."

„Wo wär's dir denn lieber?" fragte Schräubchen. Am Nachmittag setzten sie die Müllaktion fort, blieben aber immer in Rufweite. Als Milli schrie: „Alle mal sofort herkommen!" dachte Schräubchen, der Strolch sei zurückgekehrt. Auf den ersten Blick war es weit weniger aufregend. Milli hielt einen großen Karton im Arm und machte ein Gesicht, als hätte sie das größte Geheimnis der Welt darin versteckt. „Ratet, was ich gefunden habe!"

„Nun zeig schon!"

„Nicht so gierig! Erst müßt ihr raten. Wetten, daß keiner daraufkommt?"

71

„Wozu sollen wir dann raten?"

„Zum Spaß."

„Feuerwerkskörper", riet Schräubchen.

„Notizbücher."

„Füller, Kugelschreiber, Stempel, Tusche."

„Nähgarn."

„Geheime Dokumente!"

„Alles falsch!" Mit einem Ruck lüftete Milli den Deckel.

Da schauten sie sich an und machten dumme Gesichter. Vor ihnen lagen Trillerpfeifen! Eintausend funkelnagelneue schwarze Schiedsrichter-Trillerpfeifen.

„Einbruch", hauchte Tommi.

TH nahm drei Stück heraus und blies hinein. Die andern folgten seinem Beispiel.

„Die Krachmacher hätte ich heute früh gebraucht", sagte Schräubchen. „Was glaubt ihr, wie der Typ gerannt wäre! Nur noch Absätze hätte ich von dem gesehen." An diesem Abend waren die Müllsäcke zum erstenmal nicht ganz voll. Die Trauer darüber währte nicht lange, denn schon nahte der Geländewagen, diesmal mit Georg am Steuer. Der junge Mechaniker hatte unterwegs mehrmals anhalten und die von Herrn Roland hergestellte Skizze zur Hand nehmen müssen, sonst hätte er seine Schwester mit ihren Freunden nicht gefunden. Ihr Zeltplatz lag ziemlich versteckt nahe am Bach in einer Bodensenke.

Wie die Orgelpfeifen standen die selbsternannten Müllwerker vor dem tüchtigsten Mann aus Wagners Werkstatt – dafür galt der mittelblonde Georg allgemein.

„Hallo, Saubande!"

„Hallo, Flitzer!"

Auf diese Weise pflegten sie sich grundsätzlich zu begrüßen. Georg hatte irgendwann einmal gehört, wie ein Nachbar aus der Gartenstraße wetterte: „Es war niemand sonst als die verfluchte Saubande!" Da hatten die vier ihren Namen bei ihm weg.

Er selbst war ein erfolgreicher Motocross-Fahrer und flitzte mit dem Motorrad, daß man jeden Moment darauf wartete, ihn abheben zu sehen.

„Georg?" Milli geduldete sich, bis Moritz seine Wiedersehensfreude gebührend kundgetan hatte, und zwängte sich dann behende neben ihren schlanken Bruder auf den Fahrersitz. „Georg, wir haben beschlossen, daß du uns mal eben zum See fährst, an die Bucht, wo nicht viel Betrieb ist."

„Seid ihr mit Zement gepudert? Ich klatsche euch das Futter hin und bin verschwunden, mehr läuft nicht! Die Eltern lassen dich grüßen, Anna. Ich soll dir von Mutter ausrichten, sie käme allein zurecht. Du brauchst dir keine Gedanken zu machen."

„Ach, das sagt sie nur. Grüß sie wieder! Sag ihnen, mir ginge es prima. Moritz auch. – Du, Georg, wir hatten leider ziemliches Pech. Wir mußten uns heute früh mit einem Mopedknilch herumprügeln. Um ein Bad kommen wir nicht herum, das steht fest. Außerdem muß Schräubchen trainieren."

„Wenn der Chef mich sieht, schmeißt er mir eine Zange an die Birne und sperrt mir den Lohn."

Ein Blondkopf spähte von der anderen Seite zum Wagen herein. „Dich sieht kein Boß, du Feigling. Der sitzt heute abend nämlich mit dem Eishockey-Vorstand vor einem Liter Weizenbier, und das weißt du auch ganz genau!"

„Dieses faule Ei hast du doch wieder ausgebrütet, du Schreckschraube."

„Na und? Fährst du uns?"

„Nein, verdammt noch mal!" Georg setzte Hund und Schwester an die frische Luft und tauschte hastig die Kühltaschen aus.

Tommi hatte bisher im Hintergrund gestanden. Jetzt merkte er, daß es ohne ihn nicht ging. „Stelle deine Lauscher auf Empfang, großer Flitzer. Du karrst uns zum See, verstanden? Schräubchen ist heute von einem Mopedferkel überfallen und beinah ..."

Georg kniff Augen und Lippen zusammen und ergriff Tommi bei den Armen. „Was ist sie?" Er ließ den kleinen los und schaute betroffen zu Stephanie hinüber. „Stimmt das etwa?"

„Kein Wort", log Schräubchen. „Fahren mußt du uns trotzdem."

„Anna, was war los?"

„Schräubchen ist wirklich überfallen worden. Sie hat's aber geschafft, wegzurennen, und dann hat sie gepfiffen und geschrien. Als ich begriff, daß sie's war, hab ich Moritz von der Leine gelassen und ihm gesagt, er solle hinrasen zu ihr. Später sind wir drei dazugekommen und haben den Kerl in die Mangel genommen."

„Wenn ich nicht gestürzt wäre, hätte ich schon vor der Burg gestanden, als der Kerl noch mitten im Eulenforst war."

„Schräubchen, dein Vater war schon wegen des Waldbrands ziemlich geschockt. Wenn er das von heute erfährt, sperrt er dich für die nächsten zehn Jahre in die Vitrine von eurem Wohnzimmer!" Georg war entsetzt.

„Das erfährt er nie! Und wenn doch, kannst nur du es gewesen sein, der es ihm gestochen hat. Dann explodiert zum Dank dein heiliges Motorrad, das gebe ich dir schriftlich!"

TH, glücklich über die mitgebrachten Schuhe seiner Größe, trat mit einer Schachtel vor. „Augen zu, Mund auf!" kommandierte er. Und als Georg verdutzt gehorchte, steckte er ihm eine Trillerpfeife zwischen die Lippen. Georgs Ausatmen klang wie das Kollern eines Birkhahns.

„Einen ganzen Karton! Wo habt ihr …?"

„Machen wir ein Geschäft", schlug ihm TH vor. „Ich sehe dir an, daß du Schräubchen zu einer halben Trainingsstunde verhelfen willst, denn sie muß in zwei Wochen die Schwimmeisterschaften gewinnen. Uns nimmst du mit, weil wir dich mit Trillerpfeifen bezahlen. Gib den Karton bei der Polizei ab, und sag denen, wir hätten ein paar angerostete Pfeifen als Finderlohn behalten. Bei der Menge wär' das sowieso nicht aufgefallen. Okay?"

„Worauf wartet ihr noch?" Georg lachte.

Das erfrischende Bad im See genossen alle vier wie ein unerwartetes Geschenk. Nach genau dreißig Minuten drängte Georg zur Eile. Doch Schräubchen war verschwunden, und ohne sie konnten sie nicht abfahren …

Endlich kam sie zurück, einen dicken Stapel Zeitungen unter dem Arm. Sie hatte sich die Blätter bei den Campern geholt, die jenseits der Bucht zelteten.

„Ein bißchen von der Welt abgeschnitten, wie?" spottete

Georg. „Du möchtest nachlesen, was während deiner dreitägigen Mondreise inzwischen auf der Erde passiert ist."

„Das lasse ich mir später erzählen", meinte sie gleichmütig. „Die Zeitungen brauche ich zum Füllen. Wir möchten dir keine dreiviertelvollen Säcke mitgeben."

Rätsel um Fässer am Rand der Gewässer

Schräubchen wälzte den Kaffee im Munde herum, bevor sie ihn hinunterschluckte. „Warum schmeckt der hier anders als zu Hause? Im Mund fühlt er sich an wie Grießsuppe."

„Finde ich nicht." TH gurgelte mit dem heißen Getränk und verschluckte sich.

„Das ist der Kaffeesatz", erklärte Milli. „Daheim bleibt der im Filter hängen, dann schmeckt Kaffee natürlich anders."

„Ich finde ihn so gerade gut", versicherte Tommi. „Ich kaue gern auf Körnchen rum."

Moritz wurde unruhig und bellte aufgeregt. Die Antwort klang wie ein tieferes Echo.

„Das ist bestimmt der Hund vom Förster", vermutete Milli.

Er war es wirklich.

„Grüß Gott!" rief Herr Hüttl den Kindern zu. „Sieh an, meine Freunde! Wer hat euch denn diesen Zeltplatz zugewiesen?"

„Der liebe Gott", entgegnete Tommi keck. „Er hat den Wald für Sie und uns gemacht!"

„Richtig. Aber es gibt auf der Welt bestimmte Regeln und Gesetze, an die wir, du und ich, uns halten müssen. Dazu gehört, daß man nur auf den dafür vorgesehenen Plätzen zelten darf, um kein Unglück heraufzubeschwören."

„Wir haben eine sichere Mulde am Bach ausgewählt", warf Milli freundlich ein. „Außerdem würden wir eher zwei Brände löschen, als einen zu verschulden."

„Das klingt sehr schön, liebes Kind", lachte der Förster. „Vermutlich ist es sogar die Wahrheit. Aber hier könnt ihr trotzdem nicht bleiben, denn euer Beispiel würde Schule machen. Stellt euch die Folgen einmal vor: hundert wilde Camper in freier Natur!"

Schräubchen zwinkerte TH zu. „Na gut", sagte sie bereitwillig und lächelte hintergründig. „Ich gebe meinem Vater Bescheid, daß er uns mit dem ganzen Kram heute abend hier wegholt. Bis dahin dürfen wir bleiben, ja?"

„Wir haben unter Einsatz unseres Lebens ein Feuer gelöscht, das fremde Liebespärchen verursacht haben", erinnerte Tommi.

„Du hast dich dabei, wenn ich mich recht erinnere, nicht besonders hervorgetan. Aber meinetwegen, einverstanden. Verratet mir nur endlich mal, was ihr dauernd hier im Wald macht?"

„Musik", antwortete TH und hob seine Gitarre hoch.

„Geht das nicht zu Hause?"

„Hier klingt es tausendmal besser."

„Den ganzen Tag macht ihr Musik, falls ihr nicht gerade

77

ein Feuer bekämpft? Dann mal los, laßt mich hören."

„Haben Sie ein Lieblingslied?" erkundigte sich TH entgegenkommend.

„Und ob ich das habe! Das lasse ich mir aber lieber von Hermann Prey singen."

„Wer ist denn das?" fragte TH gedehnt.

„Na, was wird er sein, wenn er singt?" meinte Tommi mißbilligend. „Ein Sänger, was sonst?"

„Drei Affen", drängte Schräubchen. „Wir singen das Affenlied!"

Die anderen johlten.

Der Förster setzte sich auf einen Baumstumpf und sah zu, wie sich sein Hubertus und der nette Moritz sorgfältig beschnupperten. „Kinder, *Wir wollen zu Land ausfahren*, singt ihr das heute noch?"

„Klar kennen wir das! Los, Leute, alle vier Strophen! A-Dur, zwei, drei, vier ..."

Danach kam das Affenlied. Als der Förster nach der dritten Strophe brummelnd einstimmte: „Wo ist die Kokosnuß, wer hat die Kokosnuß geklaut?", da begann Hubertus vor Entsetzen zu jaulen und klappte sich mit der Pfote das Ohr um. Die Kinder brachen in schallendes Gelächter aus und konnten kaum noch singen.

„So", sagte der Förster, nachdem er anhaltend geklatscht und sich für sein Wunschlied bedankt hatte. „Jetzt, wo wir Freunde geworden sind, erzählt ihr mir mal ehrlich, was ihr hier im Forst verloren habt."

„Wieso verloren?" fragte Tommi.

„Hör zu, du Römer ..."

„Napoli", berichtigte ihn Tommi. „Wir stammen aus

78

Neapel. Aber ich bin in Deutschland geboren und drum…"

„Das tut nichts zur Sache. Ich wollte nur sagen, daß ich dir ansehen kann, ob du die Wahrheit sprichst. Und ich sage dir auf den Kopf zu, daß du schwindelst."

„Ehrlich, wir sind hier, um Musik zu machen. Italiener singen den ganzen Tag, das weiß doch jeder! *O sole mio* und solche schönen Sachen. Ich lüge nicht."

„Ein Gauner bist du. Anna Obermaier, du scheinst ein vernünftiges Mädchen zu sein. Was treibt dich dauernd in den Wald?"

„Mit meinen Freunden zusammen zu sein und Musik zu machen, uns was zu erzählen, die gute Waldluft zu atmen, die Freiheit zu genießen", kam es wie aus der Pistole geschossen von Milli.

„Schade", sagte der Förster und stand auf. „Ich hätte euch beinah ins Forsthaus eingeladen zu einem gemütlichen Schwatz im Garten. Aber Kuchen und Saft teile ich nicht mit Leuten, die immer nur flunkern."

„Kaum zu glauben", wunderte sich TH. „Mir haben sie früher immer was von Jägerlatein erzählt. Ich dachte glatt, das käme von Förstern und Jägern."

„Weidmänner kohlen nie. Alles Gerüchte! Dann schmettert mal schön mit den Singvögeln um die Wette. Heute abend ist die Idylle beendet."

„Versprochen ist versprochen", erwiderte Schräubchen.

„Die Hitze sticht heute so lästig", klagte Tommi und pustete in den Ausschnitt seines Hemdes.

„Die Mücken piksen viel lästiger", fand Schräubchen und blickte zum wolkenlosen Himmel.

79

Mückenschwärme begleiteten die Kinder auf Schritt und Tritt. Die Fliegen waren zudringlich wie noch an keinem anderen Tag. Auch die Bergfinken, Kleiber und Singdrosseln flogen unruhiger als sonst umher.

Trotz des frühen Morgens waren die Kinder völlig durchgeschwitzt. Millis langes Haar ringelte sich überall dort, wo es nicht durch den festen Zopf gebändigt wurde. Das tat es stets, wenn die Luftfeuchtigkeit besonders hoch war. Für Milli bedeuteten die Löckchen das sichere Zeichen für baldigen Regen.

„Au!" Ein brennender Schmerz durchzuckte Walther am Oberarm. Er schlug zu, weil er dachte, ihn habe eine Bremse oder ein Mücke gestochen.

„Eine Zecke", stellte Milli fachkundig fest. „Du darfst sie nicht herausreißen, sonst bleibt der Kopf stecken und du bekommst eine gemeine Wunde und vielleicht sogar Gehirnhautentzündung. Manche Zecken übertragen diese schlimme Krankheit."

„Was nun?"

„Wenn wir Öl hätten! Damit kriegt man die Biester raus. Mein Vater hat öfter welche in der Haut, dann muß meine Mutter ihm die sofort rausoperieren. Versuchen wir's mit Harz."

„Mit Harz?" Walther schaute Milli voller Mißtrauen an. „Willst du die Zecke etwa einbalsamieren?"

„Nun stell dich nicht blöd! Harz bringt die Zecke um, und wenn sie erst tot ist, wird sie von selbst abfallen."

„Wer sagt das?"

„Ich hab's mir nicht gemerkt. Vielleicht war es meine Oma. Irgendwer hat es mal erzählt, und ich hab's behalten."

Die Kinder suchten eine Fichte aus und ritzten ein kleines „TH" hinein. Das heraustropfende Harz strich Milli vorsichtig auf die Zecke. „Wir sollten uns mit Insektenpulver einreiben. Ich bitte Schräubchens Vater heute abend, uns morgen was mitzubringen."

„Mein Papa war mal mit dem Eishockey-Verein in Finnland", wußte Schräubchen zu berichten. „Dort waren die Mücken so schrecklich, daß die Sportler sich mit stinkendem Motoröl eingerieben haben und den ganzen Tag Knoblauchzehen kauen mußten, weil Pulver und Insektenwasser nichts mehr nützten. Trotzdem waren die Männer zerstochen, als sie zurückkamen."

„Und wie viele von den Eishockeyspielern sind an den Moskitostichen gestorben?" erkundigte sich Tommi gespannt.

„Die ganze Mannschaft natürlich! Nur der Vorstand blieb übrig. Zufrieden?"

„Ja. So ist es eine interessante Geschichte."

Schräubchens Augen leuchteten auf. „Wasser! Hilft nicht Schwimmen, die Zecke rauszukriegen? Wir könnten heute mal blaumachen und zum See fahren."

„Die Zecke ist schon hin", entgegnete TH: „Und das mit dem Drücken vor der Arbeit konnte nur von dir stammen. Vergiß es!"

„Wetten, daß wir die Säcke bis zum Abend nicht vollkriegen?"

„Wenn wir noch länger herumstehen, hast du sicher recht. Wahrscheinlich holt dich dein Vater Samstag nach Hause, und dein Sonntagsmüllsack muß von uns gefüllt werden, damit die versprochenen achtundzwanzig Stück zusammenkommen. Da wirst du so gnädig sein, an den Tagen, wo du bei uns bist, nicht auch noch zu passen."

„Scheißhitze!"

„Was soll ich denn erst sagen?" japste Tommi. „Meine schwarzen Haare ziehen die Sonne noch an! Du bist blond und dünn wie ein Bleistift. Bei dir finden die Strahlen keinen Landeplatz."

„Hört ihr auch noch mal auf zu nörgeln? Ihr brauchtet ja nicht mitzukommen, wenn ihr keine Lust habt."

TH, sei nicht immer gleich geladen", rief Tommi. „Ich werde wohl noch sagen dürfen, daß es heiß ist."

Meinst du, das weiß ich nicht? Bei mir liegt auch kein Schnee, und Milli hat auch keinen Eisklumpen im Schuh! Es sind immer dieselben, die motzen."

„Motzt du?" fragte Tommi Schräubchen.

„Nein. Du?"

„Nie." Er trat vor seinen Freund. „Melde gehorsamst: Hier motzt keiner."

„Melde zurück, daß ich dann wohl unter Sinnestäuschung leide."

„Halluzinationen", übersetzte Milli.

„Toll, ein Fremdwort!"" rief Tommi.

„Gib nicht so an", forderte Schräubchen die Freundin auf. „Irgendwie glaub' ich nicht, daß du den Bauernhof übernimmst. Dir wird es nicht genügen, den Kühen deine schlauen Vorträge zu halten."

„Dazu hab' ich bekanntlich euch. Ihr werdet mich später bestimmt jeden Abend besuchen!"

Die Kinder gelangten an den Fuß einer Halde, auf der man

in vergangenen Jahrzehnten Bauschutt abgeladen hatte. Da der Hang im Wassereinzugsgebiet lag, war das Abkippen von Unrat inzwischen unter Strafe gestellt worden. Große Schilder wiesen auf das Verbot hin.

„Auf der Müllhalde in der Nähe der Keksfabrik habe ich vor drei Jahren einen nagelneuen Roller gefunden", berichtete TH. „Mein Vater wollte mir das einfach nicht abkaufen. Er behauptete, ich hätte ihn geklaut."

„Und da?" fragte Tommi interessiert.

„Milli bückte sich nach einem Plastikeimer. „An dem Roller hätte ich dann keine Freude mehr gehabt. Ich hätte vor Wut geheult und den Roller weggeschmissen."

„Ich habe ihn meinem Vater vor die Füße geworfen."

„Und geheult?" wollte Tommi wissen.

„Pah! Ich doch nicht!"

Schräubchen sammelte Konservendosen in ihre Tüte. „An den Büchsen klebt noch der Preis. Die liegen also noch nicht lange hier. Ich glaube, die Stadt könnte Schilder aufstellen, so groß wie die Anzeigetafeln im Olympiastadion von München – die Leute würden keine Ladung weniger hier hinkippen!"

„Hilfe!" keuchte Tommi und stolperte mit weitaufgerissenen Augen davon. „Hilfe! Eine Kreuzotter! Giftschlangen! Hilfe!" Er blieb in einiger Entfernung stehen und zeigte zitternd auf einen Ast. „Seht ihr denn nicht?"

Vorsichtig näherte sich Milli dem Gebüsch. Die Freunde hielten den Atem an. „Ach du liebe Güte, Tommi!"

Sie trat ganz nah an das dichte Gehölz.

„Wer ist denn wohl grau und hat zwei gelbe Kopfflekken? Die harmlose, nützliche Ringelnatter. Sie stellt dir

83

nur nach, wenn du dich vorher in einen Laubfrosch verzaubern läßt. Guck, da kriecht sie davon. Du solltest bei unserem alten Thies Bio haben, dann wüßtest du das."

„Warum haben es dann TH und Schräubchen nicht erkannt?"

„Haben wir doch", versicherten die beiden eifrig.

„Wir waren nur noch nicht nah genug dran", bemühte sich TH, seinen Ruf zu retten.

„Sicher ist man bei Schlangen nie", meinte Tommi. „Sie können einen aus Liebe umschlingen, und dann geht einem die Puste aus."

„Das machen Pythons in Südamerika. In Deutschland gibt's nur ungefährliche Schlangen. Höchstens bei Kreuzottern muß man aufpassen. Die beißen aber nur, wenn sie nicht fliehen können und sich angegriffen fühlen!"

Der Schweiß tropfte den vier Freunden vom Leib. Tommi hatte sich ein Taschentuch auf den Kopf geknotet, damit ihm die Sonne nicht so auf den Schädel brannte. TH und die Mädchen trugen weiße Reklame-Schirmmützen der Reparaturwerkstatt Wagner. Tommi hatte seine zu Hause liegenlassen.

Die Freunde zerrten Matratzen und Möbelstücke beiseite und fanden darunter stapelweise Negative des Fotohauses Braengen. Die Aufnahmen waren auf der Promenade in der Nähe der Dampferanlegestelle entstanden.

„Na klar", erinnerte sich Walther, „der Braengen schickt doch den Sommer über von morgens bis abends seine Fotografen los. Urlauber zu knipsen. Wenn die Leute nun aber nicht kommen, um die Bilder abzuholen, kann er mit den Negativen nichts mehr anfangen und wirft sie hier

84

hin, der Drecksack! Wenn es mir nicht um den Platz im Sack leid täte, schmisse ich ihm den ganzen Mist durch den Briefschlitz in den Laden."

„Ich merke mir den Sack, in dem die Negative liegen", erklärte sich Schräubchen bereit. „Wenn wir dann für die Zeitung alles auf einen Haufen schütten, liegen die Sachen vom Braengen ganz oben, und alle können's am nächsten Tag sehen!"

„Ein Umweltferkel weniger", freute sich Milli. „Das macht der nie wieder! Wißt ihr noch letztes Jahr die Sache mit dem Metzger Hasenöhrl? Der hatte eine Wagenladung in den Wald gekippt, und dann fanden sie einen Rechnungsblock – da war er dran! Mein Vater hat mir erzählt, der Hasenöhrl habe zehntausend Mark Strafe zahlen müssen. Dafür hätte er sich eine Menge Müllsäcke kaufen können, was?"

„Mensch, sogar Ölfässer!" entrüstete sich TH. „Sehr geschickt, so dicht am Wasser rostige Fässer abzuladen."

„Sie sind bis oben hin gefüllt", sagte Tommi, nachdem er versucht hatte, einen Behälter aufzurichten.

„Wo das Öl so teuer ist? Merkwürdig", wunderte sich TH.

Milli betrachtete das Faß. „Und wenn nun was Gefährliches drin ist?"

„Vielleicht Gift", schluckte Schräubchen.

„Womöglich was Explosives", malte sich Tommi aus, „womit man ganz Sommerberg auslöschen kann. Mit einem Schlag, versteht ihr? Peng!"

Betreten schauten sich die Freunde an.

85

„Keiner rührt was an!" Walther drängte die anderen zurück. „Wir müssen sofort anrufen, daß sie abgeholt werden!"

„Wollen wir nicht warten, bis mein Vater heute abend kommt?"

„Nein." TH war bereits auf dem Wege zu den Fahrrädern, die treu von Moritz bewacht wurden.

„TH hat recht", sagte Tommi. „Wenn gleich ein Gewitter kommt und der Blitz schlägt in die Fässer, sind wir hin und tragen auch noch die Schuld am Tod von zigtausend Sommerbergern."

„Warum siehst du bloß immer so furchtbar schwarz?" fragte Milli. „Deine ganze Familie ist lustig, nur du quakst vom Montag bis zum Sonntag wie eine alte Unke."

Tommi grinste nur.

Sie brachten die Müllsäcke zu den Zelten und radelten noch vor dem Mittagessen zur Burg, wo es am Parkplatz eine Telefonzelle gab. Schräubchen rief ihren Vater an und bat ihn, die Angelegenheit in die Hand zu nehmen, damit die Fässer umgehend abgeholt würden.

„Giftmüll?" rief Herr Wagner ungläubig aus. „Kind, der liegt ja nun nicht überall herum. Es können leere Ölfässer sein, die sich im Laufe der Zeit mit Regenwasser gefüllt haben."

„Sie sind zugeschraubt, Papa – wie sollte das Wasser hineingekommen sein? Wenn du nichts tun willst, weil du uns nicht glaubst, rufen wir selber jemanden an. Die Polizei oder so."

Da brüllte er so laut in die Muschel, daß seiner Tochter

fast der Hörer aus der Hand fiel: „Ihr laßt die Finger von den Fässern, einerlei, was drin ist! Ich kümmere mich darum!"

„Na bitte", sagte Schräubchen, als sie aufgelegt hatte, „mehr wollten wir ja gar nicht."

Kurz nach Mittag setzte ein scharfer Westwind ein. Der Himmel bezog sich ganz plötzlich, und blauschwarze Wolken hingen über den Wipfeln der Baumriesen.

„Buchen sollst du suchen, Eichen sollst du weichen, Weiden sollst du meiden ..."

TH schüttelte den Kopf. „Laß das, Schräubchen, die Sprüche sind Quatsch! Wir dürfen uns nicht zusammendrängen, müssen von den Stämmen wegbleiben und leitende Gegenstände weglegen. Am Zelt ist nichts aus Metall, also sind wir darin sicher. Ziemlich jedenfalls."

„Es sind schon Blitze in Regenschirmspitzen gefahren und haben die Menschen erschlagen, die darunter standen", warf Schräubchen ein.

„Am sichersten bist du", sagte TH, „wenn du dir ein Loch gräbst oder dich in einen Graben legst. Macht, was ihr wollt ... Ich gehe ins Zelt."

Unschlüssig standen die drei neben den Zelten.

„Können wir nicht doch zusammenkriechen?" fragte Tommi. „Es ist schöner, gemeinsam zu sterben."

Walther kroch aus dem Zelt und stemmte die Hände in die Seiten. „Tommi, gleich lasse ich dich von Moritz in kleinen Stücken auf die Halde bringen."

„Tu nicht so, als ob du keine Angst hättest!" fuhr

Schräubchen auf. „Sieh dir den Himmel an, dann weißt du, was uns blüht!"

„Natürlich hab' ich Angst", gab TH zu. „Aber ich mache damit nicht andere verrückt. Ihr geht mir ganz schön auf den Wecker, daß ihr's wißt!"

Der erste Blitz erhellte den dunkel gewordenen Wald.

„Fünfzehn", gab Milli nach stummem Zählen der Zeit vom Blitz bis zum Donnerschlag bekannt. „Das Gewitter ist noch fünfzehn Kilometer entfernt. Über dem See wird es wahrscheinlich wieder lange festsitzen, darum überlegt euch, wo ihr hin wollt. Ich gehe wie TH ins Zelt, auch wenn ich darin vor Hitze und Mücken vergehe."

Blitz auf Blitz zuckte, der Donner rollte lange nach. Das Gewitter kam stetig näher. Blitz und Donner folgten einander jetzt Schlag auf Schlag. Sobald grellweißes Licht aufflammte, erzitterte die Luft vom nächsten Donnerschlag.

Dann setzte Platzregen ein. Die Freunde fühlten sich, als säßen sie unter einer Dachrinne.

Nach einer halben Stunde grollte der Donner nur noch in der Ferne. Allmählich hörte es auf zu regnen.

Moritz verließ als erster das stickige Zelt und leckte gierig das Regenwasser auf, das vom Zeltgiebel rann.

„Lebt ihr noch?" rief Tommi aus dem Nachbarzelt.

„Ganz knapp", gab Schräubchen zurück. „Aber meinen Schlafsack kann ich für den Rest der Woche vergessen. Das Zelt ist vollgelaufen."

„Dafür waren wir in der Senke aber auch vor dem Blitz sicher", verteidigte Milli ihren Standort. „Was ist so ein bißchen Wasser gegen einen Blitzschlag?"

TH hängte seinen Schlafsack über einen Ast. „Die

Sonne wird gleich wieder scheinen. Dann sind die Sachen bald trocken."

„Wenn nicht, müssen wir die Nacht wie die Pferde verbringen", lachte Tommi. „Die schlafen im Stehen."

„Hühner und Vögel legen sich auch nicht flach", sagte Milli gelassen. „Warum sollen wir's nicht auch mal eine Nacht wie sie machen?"

Der Einzelfall im Ziegenstall

Herr Wagner nahm seine Tochter ungewohnt herzlich in die Arme, als er am Abend im Wald eintraf. „Mutter war vor Sorge grün im Gesicht, als das schwere Gewitter niederging. Beinahe hätte sie es fertiggebracht, mich mit ihrer Angst anzustecken. Ist alles in Ordnung?"

„Immer", entgegnete TH.

„Gut", sagte der Werkstattbesitzer. „Dann kommt her und holt euch eine Sonderration bei mir ab." Er reichte vier hochgetürmte Eisbecher in der Kühltasche aus dem Wagen. „Eure Nase hat euch nicht getrogen: Die Fässer enthalten wirklich irgendein Gift! Nur eine Frage der Zeit, wann sie total durchgerostet gewesen wären und das Wasser verseucht hätten."

Die Kinder schrien aufgeregt durcheinander.

„Ich habe mit der Zeitungsredaktion gesprochen. Ein Fotograf ist zusammen mit Fachleuten rausgefahren und hat Aufnahmen von den Fässern gemacht. Die Redakteure warten das Ergebnis der genauen Untersuchung ab, und dann können sich diejenigen warm anziehen, die so eine Schweinerei begangen haben!"

TH interessierte vor allem eins: „Haben Sie den Giftspezialisten und dem Redakteur gesagt, daß die Pizza-Bande die Entdecker waren?"

„Aber natürlich habe ich das gesagt! Eure Namen sind notiert. Am Sonntagnachmittag kommt der Zeitungsfotograf und macht Aufnahmen von euch und dem Müllberg. Montag erscheint ein Artikel über euch!"

„Papa", schmeichelte Schräubchen, „darf ich denn jetzt bis zuletzt bleiben?"

„Bedank dich bei Mutter! Sie hat mir in den Ohren gelegen, die Pizza-Bande dürfe bei so einer wichtigen Aufgabe nicht auseinandergerissen werden. Sie macht gern große Worte, wenn es um dich geht. Und deine Patentante Ilse hielt ihr die Stange, wie zu erwarten war. Aber merk dir: Das ist eine einmalige Sache! Denn Kinder gehören sonntags nach Hause. Klar?"

„Sonnenklar. Danke, Papa!"

„Für meinen Betrieb ist die Geschichte eine schöne Werbung", freute sich Herr Wagner. „Wenn in der Zeitung steht, daß die Autoreparaturwerkstatt Wagner täglich Fahrzeuge zur Verfügung gestellt hat, ist das besser als eine teure Anzeige."

„Haben Sie auch gesagt, daß die Pizzeria *Mamma Gina* vorzüglichste Gerichte geliefert hat?" erkundigte sich Tommi.

„Mir fiel sogar die Piratenpizza ein, die dein Vater euch gebacken hatte."

„Oh", sprudelte Tommi hervor, „Sie hätten die Gnocchi alla Romana erwähnen müssen und den grünen Nudelauflauf mit Fleischsoße und ..."

„Der Redakteur wollte einen Bericht über eine Waldreinigungsaktion und einen Umweltskandal schreiben, Tommi. Von einem Artikel über italienische Spezialitäten war nicht die Rede."

„Das ist ein Fehler."

„Tja, Leutchen, damit ihr nun nicht annehmt, der Wagner sei ein verkalkter Greis, hinter dessen Rücken man alles mögliche anstellen könne, ohne daß er's merkt ...", er sah die Freunde eindringlich an, doch ihre Mienen blieben unbewegt, „... darum sage ich euch klipp und klar, daß ihr gestern eine nicht geplante und schon gar nicht genehmigte Geländewagenfahrt zur Bucht unternommen habt! Das wird sich nicht wiederholen! Es war unbesonnen, die Zelte und eure Klamotten unbeaufsichtigt zu lassen. So leichtsinnig kann nur jemand mit Werten umgehen, der noch nie im Leben selber Geld verdient hat."

„Es war so heiß", entschuldigte sich Schräubchen.

„Aber der Georg ist ein Verräter. Gemein!"

„Laßt Georg in Ruhe. Der war drauf und dran, für euch zum Lügner zu werden. Aber ich hatte Heinrich den Vierten als unbestechlichen Zeugen." Der alte Mann war früher bei Wagner einer von vier Mechanikern mit Namen Heinrich gewesen; man hatte sie zur besseren Unterscheidung numeriert. Seit seiner Pensionierung machte er sich auf dem Wagnerschen Gelände nützlich.

„Dieser Rentner wird allmählich zur Landplage", schimpfte TH. „Er soll den Hof fegen und sich um seinen

91

eigenen Kram kümmern."

„Den Georg trifft an der Sache keine Schuld", verteidigte Milli ihren Bruder. „Es war allein unsere Idee."

„Ich weiß. Meine Tochter mußte angeblich für die Meisterschaft trainieren. Das fällt ihr ja reichlich früh ein! Schluß jetzt – schwimmen könnt ihr nächste Woche! Bis dahin habt ihr anderes zu tun."

Sie schlugen ihre Zelte diesmal nahe bei der Quelle auf, die den Gebirgsbach speiste. Murmelnd quoll es an verschiedenen Stellen aus dem Boden, und die klaren Rinnsale vereinigten sich unterhalb einer Steinplatte zu einem plätschernden Bach. Er brach durch eine wilde Schlucht ins Tal hinunter. Weiter unten rauschte es zuweilen, doch in der Nähe der Quelle vernahm man nur ein beruhigendes Gluckern.

In überschäumender Freude stürzten die Kinder zur Quelle. Sie ließen das Wasser über ihre Gesichter rinnen und tranken direkt aus der Quelle.

„So müßte es aus der Leitung kommen", wünschte sich Milli. „Dann schmeckte mir auch wieder verdünnter Himbeersirup."

„Du kannst doch das Wasser aus eurer Pumpe nehmen", schlug ihr TH vor. „Euer Brunnen ist nicht gechlort."

„Brunnenwasser dürfen wir nur zum Waschen und zum Gießen benutzen. Es ist früher öfter vorgekommen, daß Brunnenwasser verseucht war und die Menschen starben, nachdem sie es getrunken hatten."

„He, da oben kommt wer!" Walther deutete mit dem Daumen auf die von der Abendsonne überflutete Lichtung, aus der ein Mann unbestimmbaren Alters mit einem Krug trat.

Die Kinder trockneten ihre Gesichter und machten dem Fremden Platz, damit er Wasser schöpfen konnte.

Er erwiderte freundlich ihren Gruß und hielt den Tonkrug unter die Steinplatte.

„Wohnen Sie etwa hier?" fragte Schräubchen neugierig.

„Warum nicht?"

TH musterte den seltsamen Menschen, der aussah wie ein altgewordener Hippie. Er trug Jeans, einen weiten, geschlitzten Kittel und ein blaues Stirnband. Sein Haar reichte ihm bis auf die Schultern. Der Vollbart, eisgrau wie das Haar, wirkte verfilzt.

„Wir zelten in der Nähe", vertraute Walther dem Waldmenschen an. „Haben Sie Lust, uns zu besuchen?" Er hoffte, auf diese Weise eine Gegeneinladung zu bekommen. Die Höhle mußte er sehen, in der dieser seltsame Vogel hauste!

„Ihr könnt mit zu mir kommen", entgegnete der Mann. „Ich sehe euch an, daß ihr nur darauf wartet."

„Ist es weit von hier?" erkundigte sich TH, der die Zelte nicht gern allzu lange Moritz' Aufsicht überlassen wollte.

„Keine zehn Minuten."

Sie stiegen hinter dem seltsamen Waldmenschen zur Lichtung, folgten einem Weg, von dem ein gewundener Pfad abzweigte, und fanden sich bald zwischen dichtem Buschwerk.

„Warum lichten Sie den Urwald nicht ein wenig?" fragte Milli. „Die Zweige schlagen Ihnen ins Gesicht, bei Regen sind Ihre Kleider von einem Gang zur Quelle pitschnaß, und außerdem ist es so dunkel."

„Roden ist verboten", erwiderte der Mann bitter. „Im Falle der Zuwiderhandlung sorgen der Förster und seine Helfer dafür, daß ich den Wald verlassen muß."

Der Pfad führte in eine Mulde. Dort stand ein windschiefes hölzernes Bauwerk, das wie ein größerer Ziegenstall anmutete. Ein kleiner Anbau klebte wie ein Rucksack daran. Das Herz in der Tür und der leichte Latrinengeruch verrieten die Art der Nutzung.

Der Mann machte eine weitausholende Armbewegung. „Mein Reich."

„Reich ist gut", rutschte es Walther heraus.

„Wirklich hier?" Milli wollte es nicht glauben.

Schräubchen überholte die Freundin und drängte sich neben den Einsiedler. „Mehr brauchen Sie nicht als diesen ... diesen Stall?" Fassunglos starrte sie auf den Verschlag.

„Ich sehe den Himmel und den prächtigen Wald und habe die saubere Quelle in der Nähe. Morgens zwitschern die Vögel allein für mich. Niemand zwingt mich zu Dingen, die ich nicht tun will. Braucht ein Mensch mehr?"

„Viel mehr", versicherte Walther. „Zum Beispiel einen zum Reden."

„Hab' ich doch. So wie ihr jetzt hier seid, kommen auch gelegentlich andere Zufallsbesucher."

„Wovon leben Sie?" wollte Milli wissen.

„Etwa von Beeren und Pilzen?" hakte Tommi nach.

„Das auch", schmunzelte der Einsiedler. „Ich hab' früher ein bißchen gespart. Davon kann ich Brot und Speck kaufen. Sogar Wein."

„Darf ich mal rein?" fragte Schräubchen. Vorwitzig

schob sie den Riegel zurück, ohne die Erlaubnis abzuwarten. Die Freunde blieben ihr auf den Fersen.

„Geht nur."

Auch innen war die Hütte wenig mehr als ein verwahrloster Stall. Eine Bretterwand trennte zwei Räume notdürftig ab. Im hinteren lebte der Mann, der sich den Kindern inzwischen als Anastasius vorgestellt hatte. Ein Tisch, ein Stuhl, ein Matratzenlager, eine Kiste, ein Regal mit Lebensmitteln, ein Herd, der zugleich zum Kochen und Heizen diente, und ein Bord mit Geschirr und Töpfen – sonst gab es nichts. Vorn döste eine weiße Ziege mit langem Bart. Ihr Stall war der Geräteraum. Ungeordnet standen und lagen Körbe, Eimer, Rechen, Spaten, eine Sense und eine Axt herum.

Milli ging rückwärts hinaus.

Auch Schräubchen begnügte sich mit einem schnellen Blick. „Das halten Sie aus?" entfuhr es ihr.

„Ich fühle mich ausgesprochen wohl."

Vor der Hütte stand eine Bank aus einem längs durchgesägten Buchenstamm. Darauf setzten sich die Freunde mit ihrem neuen Bekannten und fragten ihn gehörig aus.

„Es muß doch einen besonderen Grund geben", drang Milli in ihn. „So allein lebt niemand freiwillig. Jedenfalls glaube ich das nicht."

„Werden Sie polizeilich gesucht?" fragte Tommi plötzlich direkt.

Erschrocken schielten die Kinder zu dem Einsiedler.

„Ich habe nichts ausgefressen, falls du das meinst", entgegnete er ruhig.

Milli biß nachdenklich auf ihrem langen Zopf herum.

Nach einer Weile sagte sie: „Mein Vater meint, jeder Mensch brauche andere Menschen, sonst müsse er innerlich verarmen. Er behauptet, niemand könne sich nur mit sich selbst beschäftigen, ohne … na, eben irrsinnig zu werden."

„Dein Vater ist sicher ein kluger Mann", antwortete Anastasius spöttisch.

„O ja, bestimmt ist er das!"

„Was für ihn richtig ist, kann für mich falsch sein."

„Nein", widersprach Milli. „Eins und eins ist immer zwei. Und wenn etwas einmal richtig ist, kann es nicht woanders verkehrt sein."

„Das kann es sehr wohl!"

„Wollen Sie vielleicht nicht arbeiten?" fragte Schräubchen und dachte an die Worte ihres Vaters, alles Unglück des Menschen komme zuallererst von seiner Faulheit.

„Ich arbeite doch."

„Aber nicht sehr?" bohrte Schräubchen hemmungslos.

„Wozu? Meine Ziege und ich hungern nicht."

„Haben Sie denn keine Wünsche?" wollte TH wissen. „Freunde, eine Reise, Musik oder so?"

„Dann wäre ich kaum hier."

Milli warf den Zopf in den Nacken. „Sind Sie immer so guter Dinge? Haben Sie nicht manchmal eine Stinkwut und möchten sie an jemandem auslassen?"

„Über wen sollte ich mich ärgern? Ich mag mich und würde mich doch nicht selber ärgern."

„Sie sind ganz klar ein Einzelfall! Für mich wäre so ein Leben nichts", schüttelte sich TH. „Ich glaube, in der ersten Woche würde ich mich mit den Tieren und den Bäu-

96

men unterhalten, und in der zweiten wäre ich schon nicht mehr richtig im Kopf."

Mitleidig bot Tommi dem Einsiedler an: „Wenn Sie sich nicht mehr mit der Ziege unterhalten mögen, können Sie zu uns kommen. Die Zelte stehen nicht weit von hier. Wir teilen auch gern das Essen mit Ihnen. Morgen mittag gibt es gebackene Auberginen."

„Und bei mir Brot mit Käse", lächelte der Mann. „Ich bin zufrieden mit dem, was ich habe."

Es ließ Milli keine Ruhe, sie wollte herausfinden, womit dieser ungewöhnliche Einsiedler seine Zeit verbrachte. „Richtige Einsiedler", sagte sie, „die lesen den Tag über in frommen Büchern oder sie schreiben ..."

„Ich bin kein Denker."

„Nein, das meine ich auch nicht. Ich wollte sagen, manche schreiben Bücher über die Wirkung von Heilpflanzen."

„Ha! Davon gibt es mehr als genug. Es ist alles erforscht und gesagt."

„Waaas?" rief Walther aus. „Haben Sie eine Ahnung! Jeden Tag entdecken Menschen was Neues. Sie könnten ja zum Beispiel etwas Praktisches erfinden, was anderen Leuten nützt. Ich tue das später mit Sicherheit. Regenschirme gefallen mir so nicht, wie sie sind. Ja. ..., und ... wie man es in Trockengebieten künstlich regnen läßt, ist nicht zu Ende erforscht. Dann, wie man Lebensmittel, vor allem Obst, die bei uns tonnenweise vernichtet werden, so haltbar macht, daß sie in Hungergegenden transportiert werden können und noch genießbar sind."

„Wir haben vor kurzem in der Schule darüber gesprochen, daß es nicht gut ist, wenn einer nur für sich bleibt", erzählte Milli. „Wir leben schließlich, um etwas für andere Menschen zu tun."

„Was ist mit den Alten und Kranken?"

„Die sind nicht daran schuld, daß sie nicht mehr arbeiten können."

„Es ist ja längst nicht mehr für alle Menschen Arbeit da. Dankt jedem, der keinen Anspruch darauf erhebt."

Schräubchen warf ein: „Jetzt glaube ich auch, daß Sie ein Einzelfall sind. Bei meinem Vater hilft ein alter Mann, der schon lange pensioniert ist. Er kann einfach nicht ohne Aufgabe sein."

„Was für ein armer Tor!"

Tommi nickte. „Zu früh aufhören zu arbeiten, ist genauso falsch wie überhaupt nicht aufhören können."

TH sprang auf. „Gehen wir?"

Erste Pflicht ab morgen: Paten zu besorgen

Nachdenklich gingen die Freunde zu ihren Zelten zurück, die auf einer freien Fläche standen, gerahmt von einer Gruppe kräftiger Latschenkiefern.

„Na, Moritz?" Walther tätschelte den Kopf des Tieres. „Keine besonderen Vorfälle? Diebe, Brandstifter, Mopedstrolche?"

Milli griff nach den Ohren des Hundes. Sofort hielt er den Kopf still und schaute seine Freundin mit klugen Augen an. Er kannte jeden Tonfall ihrer Stimme, wußte genau, ob er gelobt oder ob ihm Leid geklagt wurde. „Moritz, wir waren bei einem echten Aussteiger! Wärst du mitgewesen, hättest du den Waldmenschen vielleicht als Vogelscheuche zerrupft."

Schräubchen stieß die Freundin mit dem Ellbogen an. „Warum erzählst du ihm das? Denkst du, so ein Snoopy versteht, was du meinst?"

„Freilich versteht er mich. Nicht, Moritz?" Der Hund spitzte die Ohren und senkte und hob den Kopf, als wolle er nicken.

„Geh mit ihm zum Zirkus", schlug Schräubchen vor.

„Der heilige Franz von Assisi", sagte Tommi, „der unterhielt sich auch mit Tieren! Es gibt wirklich Menschen, die das können."

„Alles andressiert", behauptete TH.

„Hilfe! Iiii!" Tommi sprang schaudernd zurück und starrte auf den Waldboden.

Milli stampfte auf. „Stell dich nicht so an, Tommi. Das sind Ameisen. Kleiner geht's kaum noch! Sag nicht, daß du sogar vor denen Angst hast."

„Siehst du denn nicht, was sie vorhaben? Sie marschieren in Kolonnen unter mein Zelt."

„Das ist nicht wahr. Sie ziehen friedlich außen vorbei und werden dich nicht anrühren – ich schwör's dir. Sie tragen Nahrung zu ihrem Ameisenhaufen, die fleißigen kleinen Dinger."

Tommi wich noch weiter zurück und kletterte ein Stück in den nächsten Baum. „Sie haben sich abgesprochen. Alle Biester wollen zu mir! Erst die Mörderspinne und jetzt ein Heer von Ameisen. Ich bleibe hier oben sitzen, bis ihr das

Zelt an einen anderen Platz gebracht habt. Sie haben sicher für heute nacht einen Überfall auf mich geplant!"

„Darauf kannst du dich verlassen", stimmte ihm TH zu und begann das Zelt abzubauen. „Die ganze Arche Noah hat sich gegen dich verschworen. Eines Tages erwischen sie dich. Tierdrama im Alltag."

Der Spott schien Tommi zu beruhigen.

Die rasch fortschreitende Dämmerung gebot Eile. Der Anführer und die Mädchen gerieten zum Tagesausklang noch ins Schwitzen.

„So, Tommi", kommandierte Schräubchen, „nun gehst du zur Strafe zur Quelle und holst Wasser, und dann kochst du uns einen dicken, süßen Nachtkaffee."

„Von mir aus." Tommi balancierte unter komischen Verrenkungen auf dem Ast.

„Du solltest dich mal sehen! Wie ein Schimpanse auf dem Schwebebalken. Zum Schreien!" Schräubchen machte einen Handstand, lief ein paar Meter auf den Händen, machte die Schere und zappelte mit den Beinen. „Das ist Kunst", meldete sie und sprang anmutig auf die Füße.

„Dafür kann ich zaubern!" Er warf ein winziges Kindersöckchen herunter. „Und das nenne *ich* Kunst."

Schräubchen hob das zerfetzte Strümpfchen auf. „Hing das im Baum?"

„Nein, es lag im Nest." Tommi umklammerte den Ast und sprang ab.

„Wie kommt denn ein Söckchen ins Vogelnest?"

Milli reichte Tommi den Wasserbeutel. „Ziemlich einfach: Ein Vogel wird ihn zum Nestbau verwendet haben. Mir hat mal eine Drossel einen ganz langen Wollfaden aus dem Handarbeitskörbchen gezupft, als ich im Garten saß."

„Eigentlich", sagte Schräubchen, „hätten wir unsere Erlebnisse doch aufschreiben müssen, wie's mein Vater gern haben wollte. Wenn wir später erzählen, was wir alles gefunden haben und vor allem wo, dann glaubt uns das kein Mensch!"

Walther schlug den letzten Zeltpflock ein. „Was mich am meisten stört, ist, daß die großen Teile liegenbleiben müssen. Ich habe allein heute fünfunddreißig Autoreifen gezählt."

Milli nickte eifrig. „Und die vielen Sessel und Matratzen bleiben im Wald, und jeden Tag werden es mehr."

Sie saßen gemütlich vor ihren Zelten. Ihre Hände umschlossen die Kaffeebecher, und der Duft des Getränks vermischte sich angenehm mit dem Geruch von Harz und Moos. Ein leichter Wind legte sich in die Bäume. Ihr Rauschen wirkte beruhigend wie das ferne Plätschern des Baches.

In die Stille hinein sagte TH: „Mein Entschluß ist gefaßt! Sobald wir wieder in der Stadt sind, suche ich mir Helfer."

Die Freunde wurden hellwach. „Sind wir nicht genug?" fragte Schräubchen. „Wir vier?"

„Wozu brauchst du Helfer?" Milli kraulte Moritz, der den Kopf in ihren Schoß gelegt hatte.

„Ich will die Natur wieder sauberkriegen! Und mir ist eine Ahnung gekommen, wie ich das schaffe." Er hatte gerade eine Mücke mitgetrunken, aber TH trug es mannhaft. Es genügte, daß *einer* um jeden Fliegendreck mit Beinen ein mordsmäßiges Gezeter anfing. Er stellte die Tasse beiseite und griff zur Gitarre. Während er leise Harmonien zupfte, breitete er fast träumerisch seinen Plan aus. „Ich werde Paten suchen", erklärte er den aufmerksamen Freunden. „Paten für den Burgberg, Paten für die Abzweigung vom Hauptwanderweg – jedem wird ein kleines Stück zugeteilt. Dieses Stück hält er sauber. Einmal im Monat sucht er die Gegend nach Müll ab und trägt ihn zum Hauptwanderweg. An einem bestimmten Tag fährt ein offener Laster die Straße ab und lädt alles, auch den Sperrmüll, auf. Nur so kriegen wir unseren Wald sauber."

„Guter Einfall", lobte Schräubchen.

„Das finde ich auch", stimmte Milli zu. „TH, ich glaube, du wirst noch berühmt mit deinen Ideen."

„Was dachtest du denn?"

Milli spülte ihre Tasse und sagte ernst: „Dauernd steht's in der Zeitung: Durch die Umweltverschmutzung sterben unsere Wälder. Du hast recht, TH, es wird höchste Zeit, daß jeder ein bißchen dabei hilft, wenigstens die gesunden Bäume zu erhalten. Alle gehen im Wald spazieren und freuen sich, wenn sie unter einem dicken, alten Baum liegen können."

Schräubchen nickte. „Und dann bedanken sie sich, indem sie ihren Müll abladen."

„TH, du wirst keine Paten finden", verhieß Tommi. „Unser Pauker wollte letztes Jahr am Wandertag mit uns den Wald aufräumen. Da haben fast alle in der Klasse gezetert und protestiert. Wir sind dann zu einem öden Stadtspiel gefahren. So ist das, wenn du Freiwillige für eine Dreckarbeit suchst!"

Milli tröstete den Anführer: „Uns hast du schließlich auch zum Waldaufräumen überredet. Wir waren bestimmt nicht versessen aufs Schuften. Und Musterexemplare an Fleiß sind wir auch nicht gerade."

„Doch", widersprach Tommi. „Was denn sonst? Ihr werdet sehen. Wenn der Förster den Bericht über uns liest, kommt er persönlich vorbei, um uns einzuladen. Vielleicht schüttelt uns sogar der Bürgermeister die Flosse."

„Ich sage dir, Tommi, wenn es dein Klassenlehrer liest", TH unterstrich jedes Wort mit dem Zeigefinger, „dann kommst du ganz groß bei ihm raus! Er wird nämlich denken, du hast seine Idee mit dem Waldaufräumen super gefunden, und wird dich dafür loben."

„Der doch nicht, diese Pfeife! Der steht da, rasselt seinen Stoff herunter und fragt ihn in der nächsten Stunde ab. Ich glaube nicht, daß er sich in seinem Leben schon mal bei einem Schüler erkundigt hat, wie es ihm so geht."

Schräubchen breitete ein trockenes Handtuch über eine noch feuchte Stelle des Schlafsacks und sagte: „Warum macht ihr ihn nicht fertig. Eine Stunde lang beteiligt sich keiner mit einem einzigen Wort, und alle glotzen auf seine Nasenlöcher. Sollst mal sehen, wie schnell der fragt, wie es euch geht."

Milli kicherte. „Meine Mutter sagt immer, es gebe kein größeres Unheil als einen Lehrer, der früher mal etwas anderes werden wollte."

„Was wohl Anastasius gemacht hat, bevor er mit seiner Ziege im Wald einzog?" fragte sich Schräubchen.

„Also, blöd ist der jedenfalls nicht", stellte Tommi klar.

„Vielleicht ist ihm die Frau weggelaufen und er hat sei-

103

nen Job verloren", meinte TH.

„Was war er denn nun von Beruf?" rätselte Schräubchen. „Wenn er nicht gern arbeitet und nicht besonders ordentlich ist und sich mit Speck, Brot und Käse begnügt und sich nicht gern unterhält …, was für einer könnte er dann sein?"

Tommi meinte: „Ich tippe auf Schiffschaukelbremser."

Damit waren sie alle einverstanden.

Einige Minuten war es still, bis Schräubchen auf der Stelle zu laufen begann.

„Es brennt in ihren Reiseschuh'n", lachte TH.

„Ich habe Lust, heute noch was anzustellen! Wißt ihr auch, was? Ich fahre zum See und schwimme eine Runde! Die Gelegenheit ist einmalig."

„Allein? Du spinnst!" TH sprang gleichfalls auf.

„Kannst ja mitkommen."

„Entweder alle oder keiner, meine Güte, Schräubchen, du müßtest eigentlich die Schnauze voll haben. Wenn nun wieder so ein Kerl kommt!"

„Reg dich nicht auf, TH, mir passiert nichts."

„Eine Runde schwimmen könnte nicht schaden", erklärte Tommi.

Milli hob den schläfrigen Moritz hoch. „Was meinst du? Sollen wir noch losziehen?"

„Er wedelt mit dem Ringelschwanz", freute sich Schräubchen. „Das heißt ja."

„Und wenn uns jemand sieht?" fragte Milli. „Wir bekommen Stunk. Dann aber richtig."

Schräubchen klemmte bereits ihr Badezeug auf den Gepäckträger. „Wer sollte uns sehen? Heinrich der Vierte sitzt vor der Glotze, meine Eltern wahrscheinlich auch, unsere Lehrlinge und Gesellen halten dicht, eure Eltern sowieso – was kann da schiefgehen?"

Walther deutete auf den Hund. „Wollen wir Moritz mitnehmen?"

Milli bejahte. „Der muß auf unsere Fahrräder achten. Ich stecke ihn in meinen Seesack, und den setze ich auf den Gepäckträger, Moritz mag das!"

TH rieb eifrig seine Brillengläser blank. „Schräubchen hat die stärkste Lampe am Rad. Sie fährt vorweg. Milli mit ihrer Funzel muß in die Mitte. Ich hänge mich hinter Tommi."

„Nicht so rasen!" verdonnerte Milli die Freunde. „Ich hab schließlich den Hund dabei, und dem darf nichts passieren."

„Toll!" jubelte Schräubchen. „Das sind Ferien, was! Nachts Kaffee, nachts baden, nachts radfahren – ich find's Klasse!"

„Wenn uns nur kein besoffener Autofahrer in die Speichen fährt", fürchtete Tommi.

Er erntete ein dreifaches: „Idiot!"

„Laßt kein Geld in den Zelten", meinte Tommi anschließend. „Der Waldmensch – man kann nie wissen."

„Wer keine Wünsche hat", sagte TH, „der klaut auch nicht. Ich lasse sogar meine Gitarre hier."

Solange sie die Fahrräder schieben mußten, reichte der Lampenschein nicht aus, den Weg genügend zu erhellen. Sie stolperten ein paarmal und rissen sich an Himbeerranken die Haut auf. Doch als sie den Hauptwanderweg er-

105

reicht hatten, ging es wie der Wind bergab, vorbei an der Burg und dem Parkplatz, wo sie bei ihrem rasenden Mülltransport am ersten Abend den Zusammenstoß mit dem wütenden Mann hatten.

Der Wunsch nach einem nächtlichen Bad war auch in anderen erwacht. Tommi sah seinen Lieblingsplatz in der Bucht von lärmenden Besuchern belegt und sann auf Abhilfe. Nach einer Weile flüsterte er TH etwas zu und verschwand. Plötzlich ertönte von der Straße her durchdringend schrill der Pfiff einer Trillerpfeife. Einmal, zweimal. Das Geräusch ging durch Mark und Bein. Moritz verstärkte den Lärm durch kräftiges Gebell.

Das Signal zeigte die gewünschte Wirkung. Sei es, daß die fremden jungen Leute sich nur gestört fühlten, sei es, daß ihnen die Situation nicht geheuer war – jedenfalls zogen sie überstürzt in Richtung Dampferanlegestelle davon.

Schräubchen tauchte in den dunklen See. Nur das Aufschlagen ihrer Arme beim Kraulen verriet den Freunden, wo sie war.

„Wenn sie bloß nicht mitten im See einschläft und absäuft!"

Ach, Tommi, eher ertrinkst du im Waschbecken, als daß Stephanie Wagner absäuft." Milli steckte einen Zeh ins Wasser und zuckte zusammen. „Hu, wieso ist das heute so kalt? Ich glaube fast, ich passe."

TH zog sie lachend an beiden Händen vorwärts. „Entweder schwimmen alle oder keiner. Wir sind für alle!" Er stolperte, und da platschten beide ins Wasser.

„Tommi!" rief Milli keuchend und prustend. „Hilf mir, ein Seeungeheuer!"

„Für Viecher bin ich nicht zuständig!" gab er zurück.

106

„Wenn dich ein Nachtgespenst schnappt, kannst du mich rufen."

Kurz nach Mitternacht erreichten sie ihre Zelte.

„Wieviel man in einen einzigen Tag packen kann!" wunderte sich TH und gähnte. „Was ich heute erlebt habe, das hätte sich bei mir normalerweise über ein Woche verteilt. Mindestens. Gute Nacht, ich bin fertig!"

Die Mädchen gaben schon keine Antwort mehr. Sie schliefen bald ein und träumten von allerlei Schätzen, die unter Bergen von Müll verborgen lagen.

Nur Tommi war noch munter und biß sich fest an dem Satz: „Eine Trillerpfeife ist fast so gut wie ein Zauberstab, darum sollte ich darüber nachdenken, ob ich nicht vielleicht Polizist werde."

Pizza-Bande – Held im Lande

Ein glänzender Morgen breitete sich aus. Seine Pracht war nicht dazu angetan, den vier Freunden das Abschiednehmen vom Wald und dem freien Leben zu erleichtern.

Die Freunde standen an diesem letzten Tag auf einer wilden, steinigen Höhe und blickten auf den glitzernden See, der tief unter ihnen lag.

„Wenn die Patenschaften verteilt werden", sagte TH, „will ich den Fußpfad von hier bis in die Schlucht haben."

Tommi schaute zu den mächtigen Berggipfeln. „Ich

nehme die Spitze, selbst wenn's sehr weit ist. Aber dafür stehe ich dann auch allein auf dem Gipfel und blase in sechs Pfeifen gleichzeitig. Ihr sollt mal sehen, wie sie sprinten, die Säue. Und ich, ich lache mich tot!"

Milli überlegte: „Man müßte etwas erfinden. Am besten eine Pflanze, die eine ätzende Flüssigkeit verspritzt, wenn Abfall in ihre Nähe geworfen wird."

TH trat einen Stein den Pfad hinunter. „Was haben die Leute früher gemacht, als es noch keine Müllabfuhr gab?"

„Da fiel doch längst nicht so viel Abfall an", sagte Milli. „Ich weiß von meiner Oma, daß man zum Mehl- und Zuckerkaufen eigene Leinensäckchen mitbringen mußte. Wenn nichts verpackt wird und in der Küche kaum Müll entsteht, bleiben nur kaputte Töpfe und zerrissene Schuhe und solche Sachen übrig. Die sind bestimmt früher schon im Wald gelandet und in den Flüssen."

Tommi ließ einen Autoreifen in die Tiefe rollen. „Wenn mein Urgroßvater für einen Tag lebendig würde und in diesen Wald käme, würde er zuerst probieren, ob die vielen Gummireifen eßbar sind. Der dächte glatt, es seien Riesenpilze."

Walther drängte zum Aufbruch. „Um drei kommt Schräubchens Vater, dann müssen wir die Müllsäcke voll haben. Los, beeilen wir uns!"

Tommi stieg aufs Rad. „Auch wenn's euch schwerfällt – verzichtet mal bis zum Mittag auf mich, ja?"

„Wenn es sein muß", gab TH zurück. „Hauptsache, dein Müllsack wird schön prall."

„Ich versuche es."

„Der spinnt, seitdem er die Trillerpfeifen hat", sagte

108

Schräubchen. „Wahrscheinlich fährt er zur Ringelnatter und bläst, um sie zu beschwören."

Walther bückte sich nach einem Gummistiefel. Was hatten sie alles gefunden in diesen sieben Tagen. Aktenordner mit bezahlten Rechnungen eines Mannes aus der Possenauer Straße; die Negative des Fotografen Braengen; Kleidung vom Unterhemd bis zum Sombrero; zwei Dutzend Einwegspritzen und einen verregneten Rezeptblock; Spielzeug; einen mannshohen vertrockneten Gummibaum; ramponierte Möbel, mit denen man Anastasius' Ziegenstall mehrfach hätte einrichen können, und vieles, vieles mehr ...

Doch was TH an diesem Sonntag morgen entdeckte, war die Krönung! Unter einer Zirbelkiefer lagen, säuberlich in Rollen verpackt, fünfhundertachtzig Zehnpfennigstücke und zehn Mark in Pfennigen.

Das brachte Gewissenskonflikte. Der erste Einfall war, das Geld zu Hause abzuliefern. TH verwarf den Gedanken sofort. Seit drei Jahren hallten die Worte in ihm nach, er habe den neuen Roller gestohlen und keinesfalls – wie behauptet – auf dem Schrottplatz gefunden. Wenn selbst der eigene Vater, der seinen Sohn kennen mußte, so reagierte – was würden fremde Leute erst von dieser Geschichte halten? Einbrecher seien in den Wald gefahren, um Diebesgut unter sich aufzuteilen. Sie hätten die kleinen Münzen weggeworfen, weil sie zwar Gewicht, aber wenig Wert besaßen?

Wenn er das Geld mit den Freunden teilte, so überlegte er, blieben für jeden siebzehn Mark übrig. Nicht berau-

109

schend. Für einen Satz Gitarrensaiten – er nahm am liebsten die amerikanischen – hatte er vor ein paar Tagen ja schon erheblich mehr bezahlt. Also den Fund verschweigen und behalten?

„TH! Milli!" Schräubchens Trillerpfeife weckte jeden Waldkauz im Umkreis einer Meile.

Der Anführer zögerte. Schließlich warf er die Mülltüte auf seine Entdeckung und lief zu der Freundin.

Schräubchen war außer sich. „Ein Nest voller Fünfpfennigstücke! Los, TH, wir zählen! Ist das zu fassen? Da schmeißt jemand Geld weg."

Moritz holte mit der Pfote eine Rolle nach der anderen aus der Vertiefung zwischen zwei Baumwurzeln und bellte das Geld mißtrauisch an.

Milli stand lachend daneben. „Das ist ja ebensogut wie das, was meinem Vater im Frühjahr beim Eggen passierte, als er den Ehering seines Großvaters vor sich liegen sah."

„Was wir finden, gehört uns. Oder nicht?"

Milli schüttelte langsam den Kopf. „Es sind mehr als fünf Mark, also müssen wir das Geld abgeben. Unter Garantie ist es gestohlen worden."

„Das stört mich nicht." Schräubchen raffte die Rollen an sich. „Hätte ich dich bloß nicht gerufen! Ich will nicht, daß das Geld im Fundbüro verschimmelt. Wir werden Eis und Cola dafür kaufen."

„Wenn sich der Besitzer nicht meldet, kriegen wir die ganze Summe nach einem Jahr", redete Milli auf die Freundin ein. „Behalten wäre unehrlich."

Schräubchen sah den Anführer hilfesuchend an. „Was meist du, TH? Gehört uns, was wir finden?"

110

„Natürlich nicht", murmelte er und ging. Und weil er sich beim besten Willen nicht darüber klarwerden konnte, ob es ehrlich oder dämlich wäre, im Wald gefundenes Geld zurückzugeben, legte er seinen Schatz an den alten Platz zurück und deckte das Versteck sorgfältig mit Ästen und Zweigen ab.

Unverhofft erschien Milli. „TH!" rief sie. „Du bist Anführer – nun bring Schräubchen bei, daß sie die Rollen abgeben muß! Sie will das nicht begreifen."

Moritz schnüffelte auf dem Boden, zerrte an der Leine und führte das Mädchen unter die Zirbelkiefer. Dort begann er zu scharren, daß Zweige und welke Nadeln durch die Luft wirbelten, als würden sie aus dem Boden geschossen.

TH wandte sich ab.

Milli blickte vom Versteck zu dem Jungen und wieder zurück und sagte leise: „Du mußt es wissen, TH. *Ich* würde es nicht behalten."

„Moritz ist ein blöder Köter", zischte TH, und seine Lippen zitterten. Nach einer Weile sagte er: „Also gut, geben wir die Kröten ab."

Als die Freunde am Mittag zu ihren Zelten kamen, trauten sie ihren Augen nicht. Im Wald, am Bach, auf den Bäumen – überall lagerten Menschen. Große, kleine, dicke, dünne, und alle waren ihnen fremd. Halt, das stimmte nicht ganz. Den zotteligen Anastasius, den kannten sie.

TH stürzte ins Zelt, tastete seinen Schlafsack ab, spürte, daß die Gitarre noch drin war, und kam einigermaßen erleichtert zurück. „Tommi, was wird das, wenn es fertig ist?"

„Heute ist Sonntag! Ich habe ein paar Leutchen gesammelt und zu uns eingeladen. Ob die irgendwo im Busch lagern oder hier, ist im Grunde wurscht. Nur, wenn sie hier picknicken, spenden sie uns ihren Müll! Unsere Säcke füllen sich, ohne daß sich einer von uns dafür bücken muß. Sonntag, Alter! Ist das Klasse?"

„Ein echter Carotti", meinte Schräubchen.

„Leute!" rief Tommi. Als keine Ruhe eintrat, überließ er es seiner Trillerpfeife, für andächtige Stille zu sorgen. „Sie sind heute zu Gast bei der Pizza-Bande. Einige werden von uns gehört haben, denn wir sind bekannt. Spätestens in der kommenden Woche werden wir sogar berühmt sein. Wir haben sieben Tage lang den Wald gesäubert. Eine Sauarbeit, wenn Sie mich fragen. Ich bin der Meinung, daß wir zum Abschied eine Belohnung verdient haben. Wer stimmt mir zu?"

Es antworteten Beifall und fröhliche Zurufe.

„Wollen wir mal wetten?"

„Jaaa!"

„Gut. Sie wetten mit uns, daß diese vier Müllsäcke nach dem Essen, das wir alle jetzt verzehren wollen, randvoll sein werden. Sind sie es nicht, haben Sie verloren und gehen von hier aus auf dem kürzesten Wege in die Super-Pizzeria *Mamma Gina*, Königstraße 17. Eigentlich müßten sie auf jeden Fall hingehen, egal, ob Sie die Wette gewinnen oder verlieren. Denn Sie essen nirgends so gut wie in der Pizzeria *Mamma Gina*! Wenn ich an andere Lokale denke: na ja. In der Pizzeria *Bella Napoli* zum Beispiel, da schmeckt der Teig nach Pappe, Salat und Gemüse wie aus der Mülltonne, und Fisch und Fleisch stammen von Tie-

112

ren, die schon in der Arche dabei waren."

Die Leute lachten über den eifrigen Jungen und riefen ihm zu, die Wette gelte.

TH boxte den Freund leicht vor die Brust. „Das war seit dreizehn Jahren deine beste Idee, Carotti!"

Anastasius nagte genüßlich an einer Keule, die ihm Tommi mit den Worten gereicht hatte, sie habe dem gesündesten und schönsten Hähnchen Deutschlands gehört. „Ihr lebt nicht schlecht", räumte er ein, „Donnerwetter, ja. Und das steht auch mal fest: Der Tommi verdient sein Brot noch, wenn die anderen längst verhungert sind."

„Soll das 'ne Beleidigung sein?" fragte Tommi.

„Es ist das größte Lob, das meine Ziege und ich zu vergeben haben." Das abgenagte Hühnerbein flog im Bogen in Tommis Müllsack.

„He!" Walther winkte den Freund beiseite. „Wozu hast du den geholt? Einen Kerl, der nicht mal Abfall zu bieten hat."

„Sollte ich ihn vielleicht allein bei seiner Ziege sitzen lassen, während hier unten ein lustiges Waldfest abrollt?"

Otto Wagner war nicht nur ein arbeitsamer Handwerker, er verstand es auch meisterhaft, die Werbetrommel zu rühren. Als die Pizza-Bande auf ihren Fahrrädern in den Hof einbog, säumten außer Mitgliedern der Familien Wagner, Carotti, Roland und Obermaier zahlreiche Sommerberger den Platz. Die Müllsammler wurden mit Applaus und Bravorufen willkommen geheißen und fühlten sich wie eine siegreiche Nationalmannschaft bei ihrer Rückkehr von der Olympiade.

Der Werkstattbesitzer hatte die achtundzwanzig Müllsäcke in Siebenerreihen vor seinem Firmenschild aufgebaut und winkte die Kinder von ihrer glücklichen Verwandtschaft fort vor die sichtbaren Beweise ihres Fleißes. „So, Herr Kiefer, dann walten Sie Ihres Amtes!" rief er dem Zeitungsfotografen zu, der gerade aus seinem Auto stieg. „Ich lasse die Negative später in Postergröße abziehen und hänge sie ins Büro."

Herr Kiefer begrüßte die Kinder und gab ihnen bereitwillig Auskunft über seine Spitzenkamera und das Blitzgerät.

Als er das erste Bild geschossen hatte, schlich sich Nele mit Moritz neben Walther.

„Was sehe ich?" rief TH. „Hier wollen sich zwei mit unserem Ruhm bekleckern..."

„Man muß auch gönnen können", lachte Herr Wagner.

Tommi zerrte die Schwester an seine Seite. „Komm zu mir, du fünftes Rad am Wagen. Aber gib vorher den lieben Moritz ab. Der frißt Kinder unter zehn."

Eine durstfördernde Sonne brannte vom Himmel. Der Getränkeautomat hinter Wagners Autowaschanlage schluckte eine Mark nach der anderen.

Der Chef rieb sich die Hände. Er verteilte Luftballons und Papierfähnchen an die herumstehenden Kinder. „Sagt euren Eltern, bei Wagner liege ein Sonderposten Winterreifen zum Sommerpreis! Sie sollen rasch kommen, bevor ihnen ein anderer das günstige Angebot wegschnappt." Der blonde Hüne öffnete eines der großen Werkstattore und fuhr einen Lastwagen heraus. „Meine Damen und Herren, wir werden gleich vor Ihren Augen sämtliche

114

achtundzwanzig Müllsäcke entleeren! Mal sehen, was für eine Sauerei in unseren Wäldern liegt. Diese vier Kinder haben kürzlich nahe am Burgbach Giftfässer gefunden und heute früh oben auf dem Berg gestohlenes Geld, das ich vorhin schon zur Polizei gebracht habe. Die Leute begnügen sich nicht mehr damit, Bierflaschen ins Gebüsch zu werfen."

Georg reichte dem Chef die Säcke an, und Herr Wagner schüttete den Inhalt mitten auf den Hof.

„Papa, auf einem Sack steht ein *B*. Den mußt du zum Schluß nehmen."

„Mache ich. – Kommen Sie näher, meine Herrschaften, man kann so eine Sauerei gar nicht deutlich genug sehen! Na? Was sagen Sie zu dieser bunten Mischung? – Und den nächsten Sack, Georg, aber nicht den mit einem *B*. Darin tickt vermutlich eine Bombe, was, mein Kind?"

Die Freunde lachten. „So was Ähnliches."

TH beobachtete die Zuschauer. Ihre Reaktion reichte von Belustigung über Betroffenheit bis zu offener Empörung. Dabei war sehr wahrscheinlich ein Teil des Mülls von ihnen in den Wald geworfen worden.

„Rücksichtslosigkeit!" riefen einige.

„Was sind das bloß für Schweine!"

„Kriminell!"

„Wahnsinn!"

Herr Wagner öffnete den letzten Müllsack. Inzwischen bedeckte der Unrat den halben Hof. Georg hatte den Wagen immer wieder zurücksetzen müssen, damit der Müll Platz fand. „Kamera klar, Herr Kiefer?"

Der Fotograf hob die Hand.

115

In diesem Moment flatterten Hunderte von Negativen des Fotohauses Braengen zu Boden.

„Ach was?" staunte Kiefer. „Sieh an, der Herr Kollege!"

„Das war's!" rief Herr Wagner. „Ich danke Ihnen für Ihr Interesse und bitte Sie freundlich, den Hof zu verlassen. Wir werden den Müll nun ein zweites Mal aufsammeln und müssen den Platz anschließend abspritzen. Es wäre gut, wenn Sie Ihren Bekannen und Verwandten von diesem Ereignis berichten würden. Ich wünsche uns allen, daß solche Aktionen in Zukunft nicht mehr nötig sein werden."

„Von wegen", flüsterte Walther. „Jetzt geht's ja erst richtig los! Ab morgen werden Paten gesucht."

Einige Leute gingen auf die Freunde zu und schüttelten ihnen herzlich die Hand.

Herr Wagner rief: „Setzt euch auf die Räder, Kinder, und fahrt zur Zeitung! In der Lokalredaktion werdet ihr von Herrn Schwaab erwartet. Er möchte euch noch ein bißchen für seinen Bericht ausfragen."

Dem werde ich das sagen mit der Patenschaft, dachte TH.

Die vier Freunde fanden vor Aufregung kaum Schlaf. In aller Frühe rannten sie zum Briefkasten und holten die Zeitung. Doch sie konnten sich nicht lange allein über den wunderbaren Artikel freuen. Die übrigen Familienmitglieder waren genauso gespannt und rissen einander das Blatt aus der Hand.

Von *geopferter Ferienwoche* war die Rede und von *Vorbild sozialen Verhaltens*, von *Verantwortungsbereitschaft*

116

und bewunderungswürdigem Fleiß. Am schönsten aber war die Bildzeile: *Unser Foto zeigt die Helden von Sommerberg, die Pizza-Bande! Von links: Stephanie Wagner, Walther Roland, Anna Obermaier, Tommaso Carotti.*

Ja, das konnte man sich ausschneiden! Und alle, alle würden es lesen!

RAINER M. SCHRÖDER

Pfeffer für
Pistazien-Paule

oder
Die Extratour

Die Ferien beginnen
mit einem Knall

Tommi hörte die letzten Worte des Erdkundelehrers nur noch halb. Er schaute zum Fenster der Klasse hinaus. Draußen segelten die Wolken über den Himmel.

Gleich ... gleich ... gleich mußte es klingeln!

Herr Guntner, genannt Geoschnüffler, spürte die Unruhe seiner Schüler. Er beeilte sich, zum Ende zu kommen. Er freute sich ja selbst auf das Klingelzeichen. Er sagte gerade: „Also, nach der letzten Eiszeit stiegen die Temperaturen in Europa stark an, und die Gletscher schmolzen. In den breiten Flußbetten der Gletscherströme entstand eine Vielfalt von Leben, vor allem auf den Kiesfluren und in den Geschiebetümpeln. Da gab es Tiere und Pflanzen, wie wir sie heute nicht mehr finden. Da gab es Sandbänke und Geröllinseln, auf denen die ersten Pflanzen Fuß faßten. Viele dieser früheren Gletscherflüsse sind heute ausgetrocknet. Und mit der Eindämmung der Flüsse und ihrer

121

Begradigung in den letzten hundert Jahren wurden die letzten dieser vielgestaltigen Landschaften zerstört. Dazu gehörte auch unsere…"

Da – das Klingelzeichen! Grell, schrill, aufschreckend. Aber heute die schönste Musik. Was der Geoschnüffler noch sagen wollte, ging in ohrenbetäubendem Lärm unter. Es war wie eine Explosion lang aufgestauter Erwartung: Ferien! Ferien! Große Ferien!

Und schon stürmten Hunderte von Kinderfüßen aus den Klassenzimmern die Treppen hinunter ins Freie.

Neben Tommi trommelten die Sandalen von TH ihren freudigen Takt. Draußen trafen die Jungen auf Milli und Schräubchen, die beiden Mädchen. Damit war die Pizza-Bande kurzfristig beisammen. Sehr kurzfristig, denn jetzt wollte jeder erst einmal nach Hause, heim, zu den Eltern: auf den Maierhof oder in die Autoreparaturwerkstatt Wagner oder in die Pizzeria *Mamma Gina* oder Ludwig Rolands Wohnung. TH war der einzige, der nicht erwartet wurde, denn sein Vater – Ludwig Roland – arbeitete als Hausmeister in der Keksfabrik und kam mittags selten heim. TH war schon lange daran gewöhnt. Er schlug sich seine Eier oder die Bratkartoffeln selbst in die Pfanne.

Trotzdem – an so einem Tag konnte man nicht auseinandergehen, ohne sich gleich zu verabreden! Tommi schlug vor: „Um vier bei uns in der Pizzeria. Zur Beratung, was wir in den Ferien machen. Dazu essen wir eine ‚Ferien-Pizza‘ – damit wir gleich richtig anfangen!"

„Einverstanden!"

„Klasse Idee!"

Und schon jagten sie auseinander.

122

Tommi rannte die Hauptstraße entlang. Er kurvte wie eine Mischung aus Windhund und Schlange zwischen den Menschen hindurch, die sich auf dem Bürgersteig hin und her schoben, die Schaufenster betrachteten oder ihren Gedanken nachhingen und daher kaum auf den Weg achteten. Es waren viele Touristen darunter, in bunten Sommerkleidern, mit aufgekrempelten Hemdsärmeln – denn Sommerberg war ja einer der beliebtesten an einem See gelegenen Ferienorte in Oberbayern.

Auf der Straße herrschte ein ebenso gefährliches Gedränge von Autos. Eine Fußgängerzone war längst geplant und auch dringend nötig.

Das dachte Tommi jedenfalls eben gerade, als es jenen verdammten Knall gab. In seinem Kopf zuckte ein heller Blitz. Er konnte gerade noch seine Schultasche festhalten und brüllte: „Au!"

Nicht „Au!" oder etwas ähnlich Stubenreines brüllte die andere Person, mit der Tommi zusammengerempelt war. Sie brüllte schlicht: „Scheiße!"

Wer sich so unmißverständlich ausdrückte, war ein Junge, der mit richtigem Namen Bernhard Lutz hieß, sich selbst aber „Schlaukopf der Große" nannte, denn er war der Anführer der bekannten „Köpfe-Bande".

Schlaukopf der Große war aber jetzt überhaupt nicht groß, er war sogar sehr klein, denn er war zu Boden gestürzt, und seine Bücher – die er offen unter dem Arm getragen hatte, weil er das für viel schicker hielt – mit ihm, und zwar mitten in den Dreck.

Eine ziemliche Schweinerei! Schlaukopf war dementsprechend wütend. Er sprang auf, stürzte sich auf Tommi

und brüllte noch einmal „Scheiße!" und „Du Arschloch!"
und noch ein Dutzend weitere treffende Schimpfworte.

Tommi war zunächst nur verblüfft, auch tat ihm der eigene Kopf weh. Er stammelte: „He ... he ... laß doch los
... Was willst du denn?" Aber Schlaukopf der Große ließ
keineswegs los ... Er knallte dem überrumpelten Tommi
eine und ließ dann ein Trommelfeuer von Faustschlägen
niederrasseln. Endlich schrie er das Blödeste und Dümmste: „Verdammter Italiener! Stinkiger Spaghettifresser!"

Das konnte Tommi nun unmöglich auf sich sitzen lassen. Sofort war die schönste Prügelei im Gange, bei der
Tommi möglicherweise den kürzeren gezogen hätte, wäre
nicht urplötzlich TH neben den Kampfhähnen aufgetaucht! TH lehnte seine Schulmappe an ein Schaufenster,
packte Schlaukopf den Großen am Kragen und brachte die
beiden Kampfhähne auseinander – ehrlicherweise muß
man zugeben, nicht weil er so viel stärker war als Schlaukopf, sondern weil dieser nun einer Übermacht gegenüberstand. Das war keine gute Voraussetzung für einen
Sieg. Schlaukopf machte seinem Namen alle Ehre, er erkannte das sofort, brummte: „Na warte, das zahlen wir
euch noch heim! Ich schwöre Rache!" Bückte sich, las seine verdreckten Bücher auf und lief davon.

Tommi brüllte hinter ihm her: „Paß das nächste Mal gefälligst auf, wo du hinläufst!"

Doch Schlaukopf nahm das nicht mehr zur Kenntnis.
Worauf Tommi zu TH sagte: „Der Idiot hat wohl keine
Augen im Kopf!"

TH versicherte, daß ihm das vollkommen klar war, und
dann trennten sich die beiden Freunde.

Worauf eigentlich nur noch zu berichten wäre, daß Mamma Gina die Hände zusammenschlug und rief: „Junge, wie siehst du bloß wieder aus!"

Aber das war schon später – und damit beginnt ein neues Kapitel.

Ferienpläne

„Mamma, vier Pizza Napoletana!" rief Tommi kurz nach vier Uhr über die Theke in die Küche.

„Junge, wie redest du denn mit mir?" antwortete Mutter Carotti, gewöhnlich nur Mamma Gina genannt. „Kannst du nicht höflich bitten? Ich bin schließlich nicht deine Angestellte, oder? Hab genug zu tun!"

„Kannst dich freuen, daß du genug zu tun hast", rief Tommi übermütig zurück. „Wenigstens bist du nicht arbeitslos! Höflich bitten? Ja, wie komme ich denn dazu? Hier wird richtig bestellt und richtig bezahlt, ausnahmsweise!"

„Madonna! Gerade jetzt, wo Luigi nicht bei uns ist und Bettina auch nicht kommen kann! – Und weshalb diese Festmahlzeit? Habt ihr im Lotto gewonnen, oder hat einer von euch eine Erbschaft gemacht?"

„Nein!" Tommi strahlte übers ganze Gesicht. „Weder Erbschaft noch Lotto. Wir haben Taschengeld gespart! Da wollen wir zur Feier des Tages auf den Putz hauen! Keine Schule mehr, keine Bücher mehr – wenn das kein Grund zum Feiern ist!"

„Keine Bücher mehr? Aber, Junge, du mußt doch unbedingt Mathe nachholen! Wo du doch in Mathe so schlecht bist. Kannst du nicht rechnen, kannst du auch kein Geld verdienen!"

„Also kriegen wir jetzt die Pizza, oder kriegen wir sie nicht?" fragte Tommi. „Willst du etwa, daß wir zur Konkurrenz gehen? Tun wir nämlich sehr ungern. So gut wie deine Pizza ist keine Pizza in Sommerberg, leider! Man ist also auf dich angewiesen!"

Mamma Gina war schon wieder besänftigt. Mit nichts konnte man sie leichter beruhigen als mit einem Lob. „Ihr kriegt eure Pizza, ihr Bande", erklärte sie. „Und sogar auf Kosten des Hauses – weil Ferien sind! Aber wirklich nur heute, verstanden?"

„Verstanden, Mamma. Du bist einfach super!"

Die vier am runden Tisch in der Pizzeria *Mamma Gina*, Adresse Sommerberg, Königstr. 17, steckten die Köpfe zusammen und kicherten. Die vier waren: Tommi, TH, Milli und Schräubchen, und sie waren so ziemlich unzertrennlich, mit gelegentlichen Ausnahmen. Natürlich hatten sie auch noch längere, ernsthaftere Namen. Aber die interessierten sie im Augenblick überhaupt nicht, wie sie sowieso gar nichts anderes interessierte, als daß jetzt eine ungeheure Anzahl freier Stunden vor ihnen lag.

„Laß mal rechnen", sagte TH – was man Te-Ha aussprechen sollte. TH hieß nämlich eigentlich Walther, und zwar Walther mit „th", was er nie zu erwähnen vergaß! Mit Nachnamen hieß Walther noch Roland, er wohnte im Nachbarhaus und war dreizehn Jahre alt. „Laß mal rechnen", sagte also TH, wobei er unternehmungslustig durch

126

seine Brillengläser schaute. „Rechnen, von wegen der Mathe. Also sechs Wochen mal sieben Tage gibt zweiundvierzig Tage mal vierundzwanzig Stunden … mal vierundzwanzig Stunden …" TH schaute sich ein wenig hilflos um – er hatte sich sichtlich übernommen.

„Das brauchst du gar nicht zu rechnen!" rief Milli, mit richtigem Namen Anna Obermaier. Sie war zwölf Jahre alt und schüttelte belustigt ihre langen, mittelblonden Haare. Sie war eine gute Schülerin, und das kleine und das große Einmaleins bereiteten ihr keine Kopfschmerzen. „Es sind nämlich nicht zweiundvierzig mal vierundzwanzig Stunden, weil wir die Hälfte der vierundzwanzig Stunden jeden Tages mindestens verschlafen, was eine große Zeitverschwendung ist! Es sind also nur zweiundvierzig Tage mal zwölf Stunden, höchstens – Aufstehen, Zähneputzen, Anziehen, Essen und Glotzehocken gar nicht mal gerechnet!"

„Glotzehocken ist nicht in den Ferien", erklärte Schräubchen, richtiger Stephanie Wagner. „Da hab ich was Besseres vor." Schräubchen war die Tochter von Otto Wagner, der die Autoreparaturwerkstatt Wagner in Sommerberg hatte. Schräubchen – die als kleines Kind immer in der Werkstatt mit Schrauben gespielt hatte, daher ihr Spitzname –, Schräubchen war eine gute Sportlerin und saß nicht gern zu Hause. Auch sonst hatte sie ihren eigenen Kopf. Aber davon abgesehen konnte sie doch treu sein wie Gold. Wenn sie wollte! Das war eben bei ihr der Haken.

„Vielleicht kann ich jetzt doch mal zu Ende rechnen?" fragte Milli, die das Ergebnis längst wußte und es auch gern losgeworden wäre. „Zwölf mal zweiundvierzig sind

127

fünfhundertundvier Stunden, falls einer der werten Anwesenden in der Lage ist, eine so große Zahl überhaupt in seinen ermüdeten Kopf aufzunehmen. Mann – ist das 'ne Wucht!"

„Die Frage ist nur, was machen wir mit so viel Zeit", brummte TH.

„Uns fällt schon was ein. Nur keine Organisation", knurrte Tommi. „Immer planen, planen, organisieren, typisch deutsch! Dolce far niente – oder wie der Italiener sagt: süßes Nichtstun! Lesen will ich, lesen, lesen: Winnetou, Robinson, Schatzinsel ... Aber jetzt laß ich mir erst mal die Pizza schmecken. Klasse, Mamma, danke!" rief er und drückte Mamma Gina einen Kuß auf die Wange, als diese die vier duftenden Platten auf den Tisch schob.

„Guten Appetit!" Mamma Gina strahlte übers ganze rundliche Gesicht, das jetzt rot war vor Hitze und glänzte vor Fett und Dampf.

Die drei anderen Kinder, nämlich TH, Milli und Schräubchen, konnten eben noch ihr „Danke!" loswerden, und TH wollte gerade von einer Entdeckung erzählen, die vielleicht geeignet war, in diesen Ferien eine größere Rolle zu spielen, als Tommi durch die Lippen pfiff und aller Augen wie auf Kommando, aber so unauffällig wie möglich ruckartig zur Tür schauten.

Zweierlei neue Gäste

Herein schlenderten, schoben, schlurften, stolperten, scharrten und stampften fünf Gestalten, die nur bei genauer Kenntnis als vier Jungen und ein Mädchen zu erkennen waren, denn sie trugen so ziemlich die gleichen verwaschenen Jeans, die gleichen verschlissenen T-Shirts und so ziemlich die gleichen schulterlangen Haare undefinierbarer Farbe. Diese fünf – die sich später einmal auch noch im einzelnen vorstellen werden – waren eben Schlaukopfs des Großen Bande „die Köpfe" – so genannt, weil sie alle in der Hauptstraße wohnten und „Haupt" bekanntlich auch eine Bezeichnung für Kopf ist. Außer ihrem Anführer Schlaukopf dem Großen – Bernhard Lutz – bestand die Meute aus Strohköpfchen, der Else, seiner kleineren Schwester; Mauskopf, dem Ernst; Spitzkopf, dem Herbert; und Bumskopf, dem Otto.

Allen am Tisch, direkt neben dem Kasten mit den Grünpflanzen, war sofort klar, was Milli flüsternd aussprach: „Die spionieren hinter uns her."

„Pssst", machte TH. „Haltet bloß die Klappe!"

Die fünf „Köpfe" ließen sich an einem anderen Tisch nieder und vertieften sich sofort in die Speisekarten und taten so, als ob die Pizza-Bande überhaupt nicht vorhanden wäre.

„Die haben Schiß!" flüsterte Milli.

„Quatsch!" hauchte Schräubchen. „Das haben die sich so

vorgenommen. Die wollen uns aushorchen. Ich wette, die haben was vor!"

„Klar", meinte TH. „Aber Schiß haben sie auch. Nämlich vor Papa Francesco Carotti."

Das konnte stimmen. Denn wo Tommis Vater einmal hinlangte, da faßte so leicht kein anderer mehr hin. Gerade jetzt kam er aus der Küche, ein gewürfeltes Tuch über den Arm, blinzelte seinem Sohn Tommi und dessen Freunden verschmitzt zu und ging zu den Köpfen, um deren Bestellung aufzunehmen.

Und: „Die bestellen sogar richtig", flüsterte Tommi mit vollem Mund, wobei er einige Käsefäden mit der Gabel von seinen Lippen entfernte.

„Eßt auf", knurrte TH, „mir schmeckt's nicht mehr. Wir verziehn uns in den Pizza-Treff, ins Nebenzimmer."

Die Köpfe guckten interessiert zum Tisch der Pizza-Bande hinüber. Sie sagten nichts. Aber sie starrten unverschämt, kratzten sich am Hinterkopf, bohrten in der Nase und sahen überhaupt aus wie rassereine Provos.

„Die wollen nur, daß wir anfangen", ärgerte sich Schräubchen. „Zu blöd, daß die gerade kommen mußten, wo's mir so gut schmeckt …"

Die vier kauten und schluckten. Zu ihrem eigenen Ärger war ihnen der Appetit vergangen.

„So eine Gemeinheit", stöhnte Milli. „Ich schwöre Rache!"

„Aber nicht hier!" zischte Tommi.

Es wird leider nie zu klären sein, wie dieses denkwürdige Zusammentreffen ausgegangen wäre. Es traf nämlich zweierlei ein. Erstens brachte Papa Francesco den fünf Köpfen ihre fünf Cola, mit denen sie sich nicht sehr lange

130

zu beschäftigen brauchten, denn sie schütteten sie in sich hinein, wie wenn sie fünf Tage durch die Sahara gewandert wären, und zweitens wurde jetzt die Tür noch einmal auf eine ganz eigenartige Weise aufgestoßen, wie von jemandem, der eigentlich keine Hand dazu frei hat.

Tommi erfaßte die Situation sofort und – guter Sohn des Hauses, fast so etwas wie der Wirt selbst – sprang gleich auf und half: Durch die Tür schob sich ein Junge im Rollstuhl.

„Danke", sagte der Junge. Er schaute sich scheu um. Auch die Köpfe schwiegen und glotzten – und es gereichte ihnen immerhin zur Ehre, daß sie keine faulen Bemerkungen machten. Papa Francesco eilte aus der Küche und sagte: „Hilf doch, Tommi!" – Was Tommi aber ja bereits tat. Und Mamma Gina steckte ihren geröteten Kopf durch den Türspalt und rief: „Nimm einen Stuhl weg, damit er an den Tisch fahren kann!" Aber nun wußte ja niemand, an welchen Tisch der Junge im Rollstuhl wollte. Er sah sich suchend um, und Tommi faßte hinten an den Griff, um ihn zu schieben, da sagte der Junge, nicht unfreundlich, aber doch mit einer gewissen Ablehnung oder Scheu: „Danke! Ich kann das allein." Und er packte seine Handgriffe und bewegte sich vorwärts.

Es war ja blöd, ja, es war unangenehm – einen Moment lang herrschte geradezu lähmende Stille im Raum. Vielleicht merkte es niemand so recht. Nur der Junge selbst. Am besten nennt man das Gefühl wohl Verlegenheit. Wir kennen es alle. Dieser Junge war ganz neu hier, ganz unbekannt. Plötzlich kam er herein, ganz allein, ohne jede Begleitung, unter lauter gesunde, kampfes- und unterneh-

131

mungslustige Kinder. Da wußten sie einfach nicht, wie sie sich benehmen sollten.

Der Junge wußte es. Er fuhr an den leeren Tisch in der Mitte. Da saß er nun, mutterseelenallein. „Eine Pizza, bitte", sagte er. Es kam leise heraus, obwohl er sich bemühte, ganz normal zu sprechen. Niemand spürte die Befangenheit der anderen so gut wie er. Er kannte das ja.

„Was für eine Pizza?" fragte Papa Francesco. „Napoletana, Primavera, Prosciutto, Quattro Stagioni …"

„Con funghi, mit Pilzen … bitte!"

Und so, als ob es Mamma Gina nicht schon längst durch die Tür gehört hätte, brüllte es Papa Francesco – ausnahmsweise einmal wieder in seine Heimatsprache verfallend –: „Una Pizza con funghi!"

„Schon verstanden", antwortete Mamma Gina. „Ich hab gerade noch eine fertig."

„Glück gehabt", sagte der Junge und lehnte sich im Rollstuhl zurück. Vater Francesco brachte ihm die Platte bald. Der Junge nahm Messer und Gabel und schob sich einen Bissen in den Mund. „Schmeckt ja toll", murmelte er, aber laut genug, daß es Vater Francesco hörte. Er freute sich und lachte übers ganze Gesicht.

Währenddessen war es an den anderen beiden Tischen auffallend still gewesen. Es kam keine rechte Stimmung mehr auf, nicht für Hänseleien, nicht für heimliches Beobachten, nicht für aufreizende Blicke. Die Köpfe waren doch bestimmt nicht besonders sensibel, aber sie tranken ihre Cola aus, zahlten und standen auf und schoben auf die gleiche Weise wieder hinaus, wie sie hereingekommen waren.

Allerdings mit einem kleinen, wichtigen Unterschied, der in der Folge noch die allergrößte Bedeutung bekommen sollte. Als Schlaukopf der Große fast schon aus der Tür war, drehte er sich um und zischte Tommi an – wobei er freilich alle vier meinte –: „Euch Arschlöchern zahlen wir's heim!"

Die beiden Mädchen – Milli und Schräubchen – guckten stumm. Sie waren mit ihren Gedanken bei dem Jungen im Rollstuhl. Tommi aber lief knallrot an. Er wollte aufspringen und ein richtig stinkiges Schimpfwort hinterherbrüllen. Es sollte das stinkigste sein, das ihm einfiel. Doch TH legte ihm die Hand auf den Arm, drückte ihn runter und sagte ganz ruhig: „Laß den doch reden, da hören wir gar nicht hin!"

„Ein richtiger Saukopf", knurrte Tommi. Danach fühlte er sich ein wenig erleichtert.

Rolle

Die Mädchen atmeten auf. Die Gefahr war erst einmal vorüber. Wenigstens gab es jetzt keinen Krach mehr in der Pizzeria. Und wie um die Lage vollends zu entschärfen, kam Mamma Gina aus der Küche. Sie trocknete sich die rundlichen Hände an einem geblümten Tuch ab und bewegte sich lebhaft zu dem Jungen im Rollstuhl. Sie zog sich einen Stuhl herbei und setzte sich zu ihm an den Tisch. Das tat sie eigentlich fast nie. Aber hier folgte sie einem mütterlichen Instikt. „Schmeckt es?" fragte sie.

133

„Sogar sehr gut", antwortete der Junge. „Sie haben die Pizza sicher selbst gemacht?"

„Natürlich!"

„Wirklich toll", sagte der Junge. „Ich komme bestimmt wieder zu Ihnen."

Darauf hatte Mamma Gina nur gewartet. Und Vater Francesco auch. Er stellte sich hinter seine Frau, um besser zuhören zu können und legte ihr eine Hand auf die Schulter.

Tommi, TH, Schräubchen und Milli spitzten genauso die Ohren.

„Machst du hier Ferien?" fragte Mamma Gina.

„Nein", antwortete der Junge. „Ich wohne jetzt hier." Er gab sehr bereitwillig Auskunft. „Mein Vater und ich sind kürzlich nach Sommerberg gezogen."

„So, dein Vater arbeitet hier?"

„Ja", sagte der Junge. „Mein Vater ist der neue Oberarzt am Kreiskrankenhaus. Chirurgie."

Man hätte eine Stecknadel auf den Boden fallen hören können. Jeder dachte wohl das gleiche: Sein Vater ist Chirurg, aber er hat ihm auch nicht helfen können.

„Ach", sagte schließlich Vater Francesco. „Vielleicht hat er dann Nele operiert, meine Tochter Daniela. Sie ist acht Jahre alt und liegt im Krankenhaus – Blinddarm ..."

„Das weiß ich wirklich nicht", sagte der Junge. „Es ist hoffentlich gutgegangen?"

„Ja, Gott sei Dank! Natürlich kannst du das nicht wissen. Na, wenn du noch nicht lange hier bist, dann kennst du wohl noch sehr wenige Leute?"

Sein Blick ging hinüber zum Tisch von Tommi. Dort wurde er auch ganz gut verstanden. Man sah sich nur ein-

134

mal an, reihum, dann nickten sie alle. Und TH fragte: „Willst du dich zu uns setzen?"

Zu ihrem Erstaunen antwortete der Junge: „Danke. Es ist wirklich nicht nötig, daß ihr euch um mich kümmert."

Mamma Gina aber hatte erreicht, was sie wollte. „Natürlich setzt ihr euch zusammen!" rief sie energisch. Sie gab Vater Francesco einen Wink, und der nahm den Teller des Jungen, und Tommi, TH, Milli und Schräubchen rückten zusammen und machten ihm Platz, und nun blieb dem Jungen ja nichts anderes übrig, als selbst zum anderen Tisch zu rollen. „Guten Tag", sagte er, „ich heiße Hanspeter, Hanspeter Scholze. Aber es genügt, wenn ihr Rolle zu mir sagt, wegen dem da." Und er klopfte auf ein Rad seines Rollstuhls.

Mamma Gina winkte Francesco. Sie fand es besser, die Kinder allein zu lassen. Er räumte nur schnell den freigewordenen Tisch auf und folgte ihr bereitwillig in die Küche.

Rolle schnitt sich ein neues Stück von seiner Pizza ab. „Wäre schade, wenn sie kalt würde", meinte er. „Wie heißt ihr?"

Tommi stellte die ganze Runde vor, mit richtigem Namen und mit ihren Spitznamen. „Schön", sagte Rolle. „Aber nun laßt euch von mir bitte nicht aufhalten. Ich verschwinde sowieso, wenn ich fertig gegessen habe."

„Aber du störst doch nicht!" rief Milli.

„Sehr nett von dir", sagte Rolle. „Ich weiß schon, daß ich immer erst störe. Es fällt den Leuten schwer, sich normal zu benehmen, wenn ich hereinkomme. Das ärgert mich am meisten. Also macht mir nichts vor. So wie's ist, ist es nun mal. Ihr könnt ja nichts dafür."

„Darf ich dich was fragen?" fragte Milli.

„Nur zu."

„Bist du schon immer so ... Ich meine, mußt du schon immer einen Rollstuhl haben?"

„Nein. Zuerst war ich so wie ihr. Dann bekam ich Kinderlähmung. War früher ein guter Sportler, Skiläufer und Schwimmer..."

„Und dein Vater?"

Der kann doch nicht zaubern! Jetzt mache ich Übungen. Kann schon wieder ein wenig an Krücken gehen."

„Ach ..." sagten Milli und Schräubchen wie aus einem Munde. Die beiden Jungen guckten stumm auf ihren Teller.

„Na ja ..." antwortete Rolle. „Sprechen wir von etwas anderem, oder? Was macht ihr in den Sommerferien?"

„Das wissen wir selbst noch nicht."

„Ihr bleibt alle hier?"

„Ja!"

„Schön, vielleicht sehen wir uns einmal. Jetzt will ich aber heim. Mein Vater macht sich vielleicht Sorgen. Wir sind ja eben erst eingezogen." Er rief: „Kann ich zahlen, bitte?"

„Laß mir nur das Geld da", sagte Tommi. „Ich bin ja der Sohn hier. Ich geb's meinem Vater."

„Okay." Rolle bewegte seinen Stuhl rückwärts vom Tisch und steuerte die Tür an. Milli sprang auf, um sie zu öffnen.

„Danke", sagte er und war schon draußen.

Armes Schwein – wollte Tommi sagen, fand es dann aber doch nicht ganz passend und brummte: „Armer Kerl!"

Die Mädchen nickten. Sie mochten sich gar nicht äu-

136

ßern. TH meinte: „Der Junge imponiert mir. Der will nicht, daß man ihn bemitleidet."

„Wenn das so einfach wäre", seufzte Milli. „Irgendwie hat's mir die ganze Freude verdorben, am schönen Wetter, an den Ferien, und überhaupt."

Schräubchen nagte an ihrer Unterlippe.

Eine tolle Idee

„Wir lassen uns aber die Freude nicht verderben, wir lassen uns überhaupt nichts verderben", sagte TH nach einer Weile. „Von niemandem! Von den Sauköpfen schon gar nicht. Wenn die frech werden, können sie was erleben. Und von Rolles Behinderung auch nicht. Denn damit helfen wir ihm überhaupt nicht. Der will, daß wir ganz normal zu ihm sind. Und außerdem ist er ja nicht bei uns ..."

„Siehst du", meinte Schräubchen. „Das ist es schon. Er kann gar nicht bei uns sein."

„Na ja ..." machte Tommi. Er wischte irgendwas mit der Hand aus der Luft vor seiner Nasenspitze weg. „Na ja ... Und was machen wir nun in den Ferien?"

„Komm doch zu uns auf den Maierhof, wenn du magst", schlug Milli vor.

Tommi äußerte sich nicht. Er mochte Milli. Er mochte auch ihre Eltern, die Obermaiers, er mochte sogar den großen Bauernhof, den sie bewirtschafteten. Aber so ganz wieder auch nicht. Da waren ihm einfach zu viele und vor allem zu große Tiere. Tiere ... Das war, wenn man so sagen kann, Tommis Pferdefuß. Er mochte sie, ja schon – aber er fühlte sich immer ein wenig unwohl in ihrer Nähe, er hatte ein bißchen Angst vor ihnen. Er war nicht mit ihnen aufgewachsen; sie waren ihm zu unberechenbar, mochten sie noch so gutmütig sein. Man konnte ja nie wissen ...

TH beendete diese unausgesprochenen Überlegungen, indem er sagte: „Ich wüßte vielleicht was!"

„Spann uns nicht auf die Folter!"

„Los, mach den Mund auf!"

„Man müßte irgendwo ganz für sich allein sein können. So ohne Erwachsene und so ...“

„Das kann ich auf meiner Bude auch, und lesen, lesen, lesen!"

„Nein. So ganz allein draußen in der Natur. Wo sie noch richtig wild ist ...“

„Auf 'ner Robinson-Insel?"

„Du hast es erfaßt."

„Schön wär's ja. Du brauchst mir bloß das Schiff zu zeigen, ich lasse mich sofort anheuern."

„Lagerfeuer ... und Laubhütten ... und Wasser und Wellen ...“, träumte Milli. „Zu blöd, daß wir nie wegfahren können, mit unserem Hof. Also ich meine, es ist manchmal wirklich bescheuert. Ihr wißt schon, was ich meine. Als Landwirt kann man im Sommer nie verreisen. Meine Eltern wissen jetzt nicht mehr aus noch ein vor Arbeit. Und da gibt es auch nie jemanden, der einen vertreten kann."

„Bei meinem Vater ist es genauso", sagte Schräubchen. „Andere reisen nach Spanien und Italien und Griechen-

138

land, auf irgendeine tolle Insel, und wir reparieren ihre kaputtgefahrenen Autos. Meine Mutter ist manchmal richtig sauer.

TH griff in diese Diskussion, die eigentlich nur aus Stoßseufzern bestand, nicht ein. Wenn sein Vater – als Hausmeister in der Keksfabrik – auch am ehesten fortgekonnt hätte, es klappte dann doch meistens nicht. Und gerade deshalb hatte er sich ja seinen eigenen Plan gemacht. Blieb noch Tommi ... Vielleicht wollten seine Eltern ja mal mit ihm nach Hause fahren, nach Italien. Die Mutter sehnte sich nach Neapel, wo sie aufgewachsen war – aber was wurde in der Zeit aus der Pizzeria? Es war ähnlich wie bei Millis Eltern: Gerade jetzt waren die meisten Feriengäste in Sommerberg, aus Norddeutschland, sogar aus Schweden und Dänemark, aus Holland und aus Belgien – das war die Hauptsaison. „Der Verlust kostet uns mehr als die ganze Reise", pflegte Vater Francesco zu sagen.

„Wenn wir mal größer sind, dann trimmen wir uns 'nen alten VW-Bus zurecht und fahren auf eigene Faust los. Wir vier!" meinte er. „Das wird Klasse! Darauf freue ich mich jetzt schon. Aber bis dahin ..., bis dahin muß ich mir meine Robinson-Insel verkneifen."

„Mußt du nicht", sagte TH.

Milli starrte TH mit großen Augen an und bohrte dabei selbstvergessen in der Nase. „Möchte wissen, ob du zaubern kannst", flüsterte sie.

„Ich kann nicht zaubern, aber ich kenne meine Heimat", erklärte TH stolz.

„Mir dämmert so eine Ahnung ...", murmelte Schräubchen. „Meinst du etwa ..."

139

„Genau", erklärte TH. „Ich meine die Kiesgrube."

„Die früher der alte Fischhaber abgebaut hat?"

„Der alte Fischhaber ist aber längst tot."

„Und die Kiesgrube liegt völlig verlassen und vergessen da. Seit mehr als zehn Jahren eine Wildnis."

„Ist ja auch abgesperrt."

„Hast du Angst, wir kommen da nicht hin?"

„Nein. Ich bin neulich zufällig mal vorbeigekommen. Und hab mich durch den Stacheldraht geschlängelt. Mitten durch das Gestrüpp. Aber danach, sage ich euch, da könnte ich direkt ins Schwärmen kommen. Ein Paradies, eine Wildnis. Kiesflächen, Kieshügel, Kieshaufen. Jede Menge Gestrüpp, Bäume. Ganz toll!"

„Und Schlangen?" fragte Tommi ein wenig zögernd.

„Klar. Eine Klapperschlange hing gleich am Baum und klapperte mir entgegen. Konnte mich gerade noch auf einen anderen Ast retten. Da saß aber schon ein Orang-Utan und fletschte die Zähne."

„Wußte gar nicht, daß du so eine poetische Ader hast", lachte Tommi.

„Der alte Fischhaber brachte früher seine verrotteten Lkw zu uns", sagte Schräubchen. „Der wollte nie Geld für neue Autos ausgeben. Das war, bevor er seinen Herzinfarkt bekam. Mein Vater hat's mal erzählt. Ich war aber noch nie in der Kiesgrube."

„War ja auch nur ein häßlicher Steinbruch", sagte TH. „Aber der alte Fischhaber ist nun mal gestorben. Und seine Erben, seine Tochter und sein Sohn, die konnten sich nicht einigen und hatten beide kein Interesse. Da haben sie die alte Grube dichtgemacht. Sie gehört ihnen ja. Und nun wissen sie immer noch nicht, was daraus werden soll. Inzwischen hat sich die Natur das aber nicht überlegen müssen. Die ist gewachsen und gewuchert. In aller Stille. Da ist jede Menge Kraut hochgeschossen und Gebüsch ..."

„Ein Biotop", sagte Schräubchen und guckte lachend mit blauen Augen.

„Was ist denn das?" wollte Tommi wissen.

„Ein Biotop ist ein unberührter Lebensraum, in dem sich die verschiedenen Pflanzen und Tiere völlig ungestört entfalten können, also, wo wir Menschen nicht eingreifen, sondern sich alles natürlich entwickelt", antwortete Milli.

„Und woher weißt du das?"

„Von meinem Vater. Der ist jetzt im Bund Naturschutz. Früher wollte er nie in eine Partei oder einen Verein oder so was. Aber jetzt sagt er, wo die Natur so kaputtgemacht wird, die Wälder und alles, da darf man einfach nicht mehr zusehen, da muß man was tun."

„Ist auch meine Meinung!" Alle vier am runden Tisch waren sich einig.

„Und so ein Biotop ist die Kiesgrube geworden?"

„Das weiß ich nicht. Für mich ist sie eine Wildnis."

„Wie du schon gesagt hast: ein Paradies!"

„Ja. Nur keines mit Palmen und Mimosen, sondern mit Brennesseln und Brombeerranken und Vögeln, Fröschen und Schmetterlingen!"

„Das ist toll!" seufzte Schräubchen, ihre Augen leuchteten blau wie Kornblumen.

Und Milli sagte: „Wir könnten dort vielleicht unser Zelt aufschlagen und abends am Feuer sitzen, und TH nimmt die Gitarre mit, und wir erzählen uns Geschichten ..."

141

„Eine Stelle zum Baden finden wir vielleicht auch", sagte Schräubchen.

„Ja, und wir lesen und faulenzen, und niemand sagt uns: ‚Lieg nicht so faul rum' oder ‚halt dich grade' oder ‚Kind, als ich in deinem Alter war, da wußte ich gar nicht, was Faulheit ist' …"

„Ich weiß nicht, warum wir hier noch sitzen?" fragte Schräubchen.

„Du meinst, wir sollten raus?"

„Was denn sonst!"

„Los, auf die Räder!" rief TH.

Das Paradies

Der Sommerwind wehte ihnen um die Nase. Die Haare der Mädchen flogen. TH radelte voraus. Tommi machte das Schlußlicht. „Ich passe auf, daß keiner liegenbleibt", erklärte er fröhlich.

Sie traten eifrig in die Pedale. Millis alte Mühle aus dem Maierhof kreischte. Das Rad mußte dringend mal geölt werden – aber Milli beneidete Schräubchen doch kaum um ihr teures, chromblitzendes Rad mit Gangschaltung und allen Schikanen. Es gab schließlich Wichtigeres, dachte sie. Manchmal dachte sie allerdings auch genau das Gegenteil. Das kam ganz auf ihre Laune an. Und jetzt hatte sie sehr gute Laune.

Autos überholten sie. Motorräder und Lastwagen kamen ihnen entgegen. Die Straße schlängelte sich durch die

142

Hügellandschaft am See, durch grüne Wiesen. Sie war gut asphaltiert. Aber dann bog TH in einen Feldweg ein, der von den Lastautos, die früher hier den Kies abtransportiert hatten, tief ausgefahren war. Ein Stück bergab, wenige hundert Meter, und da war die Straße auch schon abgesperrt mit Stacheldraht, der vielfach querüber gezogen war und rostete. Und wo der Draht über die Straße ging, hing eine Tafel, auf der in verblaßter Schrift stand:

Privatbesitz – Betreten streng verboten!
Die Eigentümer

„Die können uns mal", sagte TH.

„Mich hält hier nichts zurück!" rief Schräubchen. „Bloß, wo kommen wir am besten durch den Zaun?"

„Kein Problem", erklärte TH. „Gleich hier rechts ins Wäldchen hinein. Es ist nicht weit. Da sind die Zaunpfähle schon ganz morsch. Total verfault. Der Zaun liegt im Gestrüpp. Man braucht bloß rüberzusteigen."

„Und die Räder?"

„Die müssen mit."

„Über den Stacheldraht?"

„Tragen, natürlich."

„Aber halt", sagte TH. „Eins müssen wir abmachen: Das hier bleibt unser Geheimnis!"

„Ist doch klar!"

„Logisch!"

„Ehrenwort!"

TH ging voraus. Die anderen stolperten hinterher, schoben ihre Räder über den unebenen Waldboden, über querliegende Äste, hervorstehende Wurzeln, durch Mulden, die mit modernden Blättern angefüllt waren. Das Licht kam mild und grün gedämpft durch die Bäume, Vögel zwitscherten, und Milli sagte: „Ein richtiger Märchenwald."

„Märchenwald mit Stacheldraht", ächzte Schräubchen. „Finde ich doch richtig ekelhaft, wie auf einem Fabrikgelände."

„Ja, aber wenn der Stacheldrahtzaun nicht hier wäre, dann wäre es auch nicht mehr so einsam und verlassen", meinte Milli.

„Saublöd, daß wir Menschen die Natur um uns durch Stacheldraht und Verbotstafeln schützen müssen", knurrte Tommi.

„Du hast wohl heut deinen grünen Tag?" fragte TH. „Aber recht hast du schon ... So, hier ist die Stelle."

Der Zaun lag an umgestürzten, vermoderten Holzpfählen unter Gestrüpp und Brennesseln. Mit ein wenig Geschick kam man leicht darüber, ohne sich die Hosen zu zerreißen. TH schulterte sein Fahrrad.

„Sind hier auch bestimmt keine Schlangen?" fragte Tommi.

„Ach, du immer mit deinen Schlangen!" Milli lachte. „Dich wird bestimmt mal eine beißen, nur weil du dich so davor graulst. Verdammt! Au!"

„Was hast du denn?"

„Ich glaube, jetzt hat mich eine gebissen!" schrie Milli.

Tommi trat gleich zwei Schritte zurück.

TH bückte sich zu Millis Fuß, wobei er sein Fahrrad vorsichtig absetzte. „Ach, Quatsch, du hast dich nur im Stacheldraht verfangen!" Er befreite sie.

„Wie fürsorglich du sein kannst!" zischte Schräubchen.

144

„Bist du eifersüchtig? Kannst ja auch mal in den Stacheldraht treten", schlug TH vor.

„Ph!" machte Schräubchen. Sie warf den Kopf zurück und schüttelte ihre kurzen, blonden Haare, so daß diese wie Zottelfranzen herumflogen. „Ph! – So schön bist du auch wieder nicht."

„Also, was wird das hier nun?" fragte Tommi. „Ein Gang ins Ferienparadies oder 'ne Liebesschnulze?"

„Los, weiter!" rief TH. „Laßt doch den Quatsch." Er war schon über dem Zaun und lehnte sein Rad drüben an einen Baum. „Reicht mir eure Mühlen", schlug er vor, „dann geht's besser!"

Tommi half den Mädchen, und nacheinander brachten sie ihre Räder hinüber. Da war ein dichtes Gebüsch. „Dahinter können wir sie verstecken! Schaut mal, da unten der kleine Tümpel im Kies. Ist das nicht toll?"

„Hoffen wir, daß nie jemand herkommt", meinte Milli.

„Klar, wenn wir dichthalten!"

„Könnte ja einer die gleiche Idee gehabt haben wie wir!"

„Wer denn? Die Köpfe etwa?"

„Dann gibt's Krieg!" sagte TH entschlossen. „Wir verteidigen unser Reich gegen jeden Feind!"

„Okay!" Tommi ging gleich in Boxstellung.

Dann hatten sie es leichter. Der Wald wurde heller. Sie traten ins Freie, krochen durch einige niedrige Büsche – und da lag die große Kiesgrube vor ihnen, eine weite, wilde Landschaft, wie zweigeteilt. Links die Gebirge aus Kies: Kieshügel, spitze Kegel, steile Abhänge, schroffe Wände, tiefe Täler und Schluchten. Rechts dann das bewachsene Gebiet, überall – vor allem auf den Anhöhen –

Büsche, dichter Bewuchs oder einzeln stehende Gräser, die im Winde schwankten, große Weiden und Weidenbüsche mit dünnen, grünen Zweigen ..., weiter hinten Wiesen und Wälder aus Kiefern, Birken und Pappeln.

Dazwischen ausgefahrene Wege, kaum noch zu erkennen, die früher einmal von den Lastwagen benutzt worden waren – und zwischen den Erhebungen zur rechten, zwischen dem dichten Bewuchs, schimmerte die helle Fläche des Sees, in dem sich der Himmel spiegelte.

Das war so schön, daß sie in der Schnelligkeit kaum alles aufnehmen konnten. Wozu auch – sie hatten ja Zeit, viel Zeit.

Und dann entdeckte Tommi auf dem nächsten Hügel auch noch eine kleine halbzerfallene Bude – vielleicht war es der Rest einer Bauhütte – ohne Dach, mit schiefstehenden Wänden, herabgefallenen Fensterläden ...

Tommi stieß einen Schrei aus: „Das ist ja toll!"

Schräubchen fragte verwundert: „Bist du übergeschnappt? Was soll denn an der Bruchbude schön sein?"

„Das, was einmal daraus wird!" rief Tommi. „Ich sehe sie schon vor mir, wenn wir sie wieder aufgebaut haben: ein Ferienhaus, ein Western-Saloon, der Bahnhof von Dodge City oder was weiß ich. Vielleicht auch die Bonanza-Ranch oder die Hütte eines Waldläufers. Alles, was wir daraus machen. Wir brauchen nur Hammer, Säge, Nägel, Zange ... Bretter liegen ja genug daneben. Das meiste müssen wir bloß aufrichten und wieder gerade hinstellen. Dann wird das eine Klassebude! Ich hab zu Hause jede Menge Poster, alte Plakate aus dem Reisebüro: von Italien, von Sizilien mit dem Ätna ..."

146

„… Rod Stewart", fiel ihm Schräubchen ins Wort. „Poster habe ich auch!"

„Die bringen wir mit und pinnen sie an die Wände. Und im Gerümpel daheim finden wir bestimmt alle noch alte Fleckerlteppiche oder Decken und Sofakissen …"

„Gibt es bei uns in der Scheune jede Menge", meinte Milli. „Meine Mutter bringt es nicht fertig, etwas wegzuwerfen …"

„Die Einrichtung ist gesichert – das wird ein Schloß!" jubelte Tommi.

„Tommis Neuschwanstein!" meinte TH lachend. „Hoffentlich übernehmen sich Euer Majestät nicht an diesem Bau." Aber er freute sich selbst. Mit dem Wiederaufbau der alten Hütte machte das Ferienabenteuer überhaupt erst richtigen Spaß! Schade nur, daß Tommi zuerst die gute Idee gehabt hatte, und nicht er …

Schräubchen hatte schon wieder etwas anderes vor. „Zum Wasser!" rief sie und rannte voraus. Sie flog geradezu über die Kiesfläche und die Kieshügel dahin, sprang über niedrige Büsche, stolperte über eine letzte steinige Erhebung – da lag der See vor ihnen, umgeben von einem dichten Schilfgürtel. Da gab es viele Vögel, Teichhühner und Stockenten und Zwergtaucher und sogar Eisvögel, wunderschön metallisch-blaugrün schillernd, mit langen Schnäbeln. Sie stießen hohe, durchdringende Pfiffe aus. Im Röhricht quakten Frösche. Die Ufer waren mit Pflanzen bewachsen, mit Büschen und Gräsern, und im Wasser schwammen weiße Seerosen mit geöffneten Kronenblättern und gelbe Teichrosen. Fern dahinter, über dem Mischwald aus Kiefern, Fichten, Buchen und Eichen, erhob sich das Gebirge im Dunst, die Berge mit ihren Felsenkronen. Und noch weiter oben segelten die Wolken über den hellen Himmel ...

„Wunderbar! Hier kann man prima schwimmen!" rief Schräubchen.

„Da störst du die Vögel", warnte Milli.

„Da ist eine flache Stelle, nur Sand. Hier kommen wir durch, ohne Schaden anzurichten!" rief Schräubchen. „Los, die Kleider runter ..."

„Nur so?"

„Klar! Genierst du dich etwa? Willst du erst nach Jugoslawien fahren?"

Keiner wollte draußen bleiben. Sie rissen sich die Kleider runter, warfen sie ins Gebüsch, rasten ins Wasser, das aufspritzte, prusteten. Gleich hingen ihnen die Haare klitschnaß über die Stirn, sie schwammen hinaus und tauchten unter, sie ließen sich auf dem Rücken treiben – und die Enten paddelten davon.

Das Wasser war kühl und erfrischend und klar bis auf den Grund, wo die Steine schimmerten.

Schräubchen schwamm mit ruhigen, sicheren Zügen. Sie mochte gar nicht aufhören. Erst als es ihr kühl wurde, kehrte sie um – da waren die anderen schon am Ufer, hatten sich mit ihren Hemden, T-Shirts und Taschentüchern trockengerieben und reichten sich nacheinander den einzigen Kamm.

„Das nächste Mal muß Moritz unbedingt mit!" erklärte Milli glücklich. Moritz war ihr struppiger, geliebter Hund.

„Ich hab *die* Idee!" erklärte Tommi, während er sich die Haare trocknete. „Wir fahren schnell noch mal heim, ho-

148

len uns von unseren Eltern die Erlaubnis, daß wir heute abend draußen bleiben können, erzählen aber nicht wo, bringen uns was zu essen mit, Würstchen, Brote, Käse, auch was zu trinken. TH holt seine Gitarre, wir machen ein kleines Feuer, erzählen uns Geschichten, essen, machen Musik ...“

„Wann?“

„Um sieben vielleicht?“

„Ja, sieben Uhr ist gut, das können wir schaffen. Hin und zurück, mit den Eltern reden, Kram einpacken – wo treffen wir uns?“

„Ich schlage vor, an der Autostraße, Stadtausfahrt, genau unter der Ortstafel von Sommerberg“, sagte Tommi. Er strahlte.

„Gut!“

Nur TH mahnte: „Aber wir müssen aufpassen, daß uns die Köpfe nicht folgen.“

„Wenn ich einen von der Bande sehe, schlage ich ein paar Haken und hänge ihn ab.“

„Lieber komme ich später, als daß ich denen unser Paradies verrate!“

Vögel flatterten tief über die Kieshügel und stoben auf in den Himmel.

War es nicht so, als hätten die Ferien jetzt eben erst richtig begonnen?

Am Lagerfeuer –
und aufziehende Wolken

Am Abend saßen sie alle am See und fühlten sich wie in einem fremden Land, wie in einer fernen Welt, zu der kein anderer Zutritt hatte. Mochte es auch nur eine aufgelassene Kiesgrube sein – für sie war es ein Reich voller Zauber.

Ein kleines Feuer loderte.

„Wir halten es niedrig", riet TH. „Wir wollen ja niemanden mit der Nase darauf stoßen, daß wir hier sind. Hatte zu Hause jemand Schwierigkeiten?"

Nein, keiner ... Ein Picknick im Freien, das konnten die Eltern alle erlauben. Die einzige Bitte war, daß sie nicht zu spät heimkamen. Das hatten sie versprochen.

Und die Köpfe hatte auch keiner bemerkt.

Sie fühlten sich sicher. Sie zogen die Knie an und stützten die Köpfe drauf und träumten vor sich hin. Es läßt sich nicht schöner träumen, als wenn trockenes Reisig flackert. Da steigen tausend Gedanken in den Himmel empor, und wenn man sich an sie zu erinnern versucht, hat man sie schon vergessen. Vielleicht ist das gerade das schönste. Und daß man so fest zusammengehört.

Auch Moritz war dabei, aber Milli hatte ihn an die Leine genommen, damit er nicht fortlief. Er lag dicht neben ihr mit seinem braunmelierten Fell, mit dem Ringelschwanz und den Klappohren. Er schlief. Seine Pfoten zuckten. Er träumte.

TH nahm seine Gitarre und spielte mehr schlecht als recht, und doch war es Musik, und sie erschien ihnen tausendmal schöner als jedes Konzert.

„Ich stelle mir vor, wir sind in der Prärie, irgendwo im Wilden Westen", murmelte Tommi wohlig. „Hört zu, wie unsere Pferde schnauben. Wir haben sie hinter den Bäumen angepflockt."

„Angehobbelt ..." meinte Milli sachkundig. „Nur so die Vorderbeine zusammengebunden ..."

„Wenn ihr hinhört, hört ihr die Schakale heulen. Wir sprechen von unseren Rinderherden, vom Western-Saloon in Dodge City und den Mädchen dort ..."

„Mädchen?" ließ sich Schräubchen vernehmen. „Hoffentlich übernimmt sich mein weißer Bruder da nicht, und hoffentlich hat er einen prall gefüllten Beutel mit schönen Nuggets in der Tasche!"

„Langfinger Bill, diese schiefe Nase, hat mir mein Gold geklaut", phantasierte Tommi weiter. „Aber ich bin hinter ihm her! Und wenn ich ihn erwische, brenne ich ihm eine blaue Bohne auf seine schiefe Nase."

„Langfinger-Bill ist enorm schnell", gab TH zu bedenken, „ich wüßte keinen, der schneller wäre."

„Ich schon!"

„Wer? Den muß ich kennenlernen!"

„Du kennst ihn schon. Ich bin es. Einen so elendigen Schuft wie Langfinger-Bill schieße ich binnen Nullkommanichts über den Haufen."

„Ach, bist du etwa der berühmte ..."

„Klar!"

„Ich will aber nichts von Schießen hören", erklärte Milli.

„Es ist doch viel schöner, durch die Wälder zu streifen und die Grislybären zu beobachten und am Himmel die Adler, den weißen Puma aufzuspüren und den grauen Elefanten ..."

„Ein grauer Elefant? Im Wilden Westen? Ich glaube, du hast dich im Kontinent geirrt!" lachte Schräubchen.

„Gar nicht", verteidigte sich Milli. „Der graue Elefant ist aus dem Wanderzirkus von Buffalo Bill ausgebrochen und irrt jetzt einsam und verzweifelt durch die dichten Wälder. Er ist in großer Gefahr, denn man denkt, daß er sehr gefährlich ist. Die Elfenbeinjäger sind hinter ihm her und die Wilderer, nur Große Zehe, der weise Häuptling der Schmalfuß-Indianer, weiß, daß es ein freundlicher, sogar ein sehr kluger grauer Elefant ist, und er möchte ihm helfen. Deshalb hat er seine besten Jäger ausgesandt. Sie sollen den weißen Männern zuvorkommen und den grauen Elefanten vor ihnen retten."

„Meine rote Schwester sagt die Wahrheit", erklärte Tommi. „Ich habe den grauen Elefanten auch gesehen; er zog über einen Hügel im Licht der Abendsonne und hob sich deutlich vor dem Himmel ab – wie ein gewaltiger Riese aus der Urzeit."

„Und wie weit war mein weißer Bruder da entfernt?" fragte TH.

„Es mögen tausend Fuß oder noch mehr gewesen sein."

„Dann hat das Auge meines weißen Bruders übertrieben! Denn aus tausend Fuß Entfernung sieht selbst der größte graue Elefant nicht größer aus als ein wildernder Kojote."

„Still!" Schräubchen legte den Finger an den Mund.

„Was ist?"

„Ich glaube, da hat es eben geknackt. Klang, wie wenn sich ein ungeschicktes Greenhorn anschleicht."

„Wir hätten eine Wache aufstellen sollen." Tommi sprang auf und umkreiste die Feuerstelle. Er schlich geduckt in Richtung des niedergelegten Zaunes, über den sie hierhergekommen waren. Er konnte nichts entdecken. Er kletterte auf einen Kieshügel und schaute hinab. Er sah auf den Schilfgürtel, er hörte die Enten schnattern. Die Wasserfläche blinkte grau in der Abenddämmerung, das Feuer flammte und spiegelte sich darin. Tommi reckte seine Arme über den Kopf. Er war glücklich.

„Hier ist kein Schwein!" verkündete er, als er zurückkehrte. „Hier ist keine Sau und auch kein Schakal und auch kein Kojote. Leider auch kein grauer Elefant. Aber ich habe Hunger! Ich schlage vor, unsere roten Schwestern hauen jetzt mal ein paar Würstchen ins kochende Wasser …"

„Warum unsere roten Schwestern? Warum nicht unsere weißen oder roten Brüder? Sind wir Frauen immer nur gut für den Kochtopf?"

„Emanze!" spottete TH. „Unsere roten Schwestern sind ganz sicher für vieles andere auch noch gut."

„Ach, was meinst du denn?"

„Ich meine nichts. Wer was meint, ist selber schuld."

„Ich bin ja nur dagegen, daß wir Frauen immer die Rolle am Kochtopf spielen sollen."

„Schon recht", knurrte Tommi gutmütig. „Männer sind sowieso die besseren Köche. Mit Ausnahme von Mamma Gina natürlich. Also, wo sind die Würstchen? Ich übernehme sie freiwillig."

153

„Das mußt du auch", meinte Milli, „wo du doch aus einer Gastwirtschaft kommst!"

Zwanzig Minuten später bissen sie in die knackigen heißen Würstchen und aßen die mitgebrachten Semmeln aus Mamma Ginas Pizzeria. Milli fütterte Moritz. Der lustige Hund schmatzte genüßlich und wedelte mit dem struppigen Schwanz.

„Mann, das schmeckt teuflisch gut!" seufzte Tommi. „Ich verleihe mir selber den goldenen Schuhlöffel fürs Würstchenerhitzen."

„Was hat denn ein Schuhlöffel mit deinen bescheidenen Kochkünsten zu tun?" fragte Schräubchen. Sie verschränkte die Arme im Nacken und schaute in den blaugrauen Himmel.

„Eben nichts", antwortete Tommi. „Das ist es ja gerade."

„Ich verstehe dauernd Bahnhof", murmelte Milli.

„Aber es macht nichts. Ich fühle mich trotzdem wohl …" Plötzlich seufzte sie. „Wißt ihr, an was ich gerade denke?"

„Zum Hellseherkurs habe ich mich erst angemeldet", sagte TH. „Vielleicht gibst du es uns bis dahin noch einmal kund und zu wissen, ausnahmsweise."

„Ich denke an den Rolle", murmelte Milli. „Den Jungen im Rollstuhl."

„Du kennst ihn doch gar nicht …"

„Stimmt. Muß ich auch gar nicht. Ich glaub einfach, der ist nett. Und es tut mir leid, daß er nicht bei uns sein kann. Eigentlich komisch, nicht? Es ist vielleicht nur, weil er behindert ist … Ich meine, wenn er normal laufen könnte, so wie wir, vielleicht möchte ich dann gar nicht, daß er

154

auch hier ist, und ganz bestimmt würde ich dann jetzt nicht an ihn denken, wo ich ihn doch überhaupt erst einmal kurz gesehen habe. Aber so ..."

„Versteh dich schon", meinte TH. „Du hast nun mal ein gutes Herz. Übrigens geht es mir ähnlich. Nur, ich weiß, daß es einfach nicht geht, in seinem Rollstuhl."

„Gerade das ist ja das Gemeine", erklärte Milli.

Und Tommi sagte: „Ich würde ihm sogar eine Extrawurst warm machen!"

„Vielleicht kann er aber doch mal mit uns rauskommen, wenn wir ihm helfen", schlug Schräubchen vor. „Sicher freut es ihn! Es muß ja nicht gleich am Anfang sein. Aber später."

„Schon möglich", brummte TH. „Aber erst möchte ich ihn besser kennen." Er zupfte ein paar Akkorde auf seiner Gitarre.

Als es dunkel geworden war und die Sterne aufleuchteten, wurde es kühl am See. Feuchte Nebel stiegen auf. Da löschten sie das Feuer und machten sich auf den Heimweg. Ihre Taschenlampen leuchteten ihnen bis zum Gebüsch, wo die Fahrräder lagen. Sie hoben sie über den Zaun und schoben sie bis zur Straße.

Als sie auf der Asphaltstraße radelten, mit eingeschalteten Lampen und funkelnden Rücklichtern, einer hinter dem anderen und TH am Schluß, erfaßte sie voll der Lichtkegel eines überholenden Autos. Drin saß neben dem Vater – dem Eisenwarenhändler Lutz – sein Sohn Bernhard, seines Zeichens Chef und Anführer der Köpfe-Bande, seine Hoheit Schlaukopf der Große persönlich! Schlaukopf pfiff leise durch die Zähne. „Na, sieh mal

155

guck", sagte er leise. „Das war doch die stinkige Pizza-Bande! Wo die wohl herkommt, so spät am Abend?"

„Interessiert dich das?" fragte Herr Lutz.

„Mittelprächtig. So durchwachsen", erklärte Schlaukopf. „Ich kombiniere nur. Von den Schularbeiten kommen sie bestimmt nicht, in den Ferien und fast um Mitternacht. Also kommen sie von einem anderen Unternehmen. Mit Fahrrädern und Blechgeschirr."

„Du hast scharfe Augen."

„Klar. Wer nicht scharf hinguckt, sieht nichts. Ich möchte wirklich wissen, wo die waren ..."

„Und warum?"

„Nur so, aus Spaß!" Schlaukopf war fest entschlossen, der Pizza-Bande die Feriensuppe zu versalzen.

Aber er wurde abgelenkt. Sein Vater fragte nämlich: „Hast du Lust mitzukommen?"

„Mitzukommen? Wohin?"

„Acht oder zehn Tage. Vielleicht auch vierzehn. Auf Einkaufsfahrt ins Ruhrgebiet. Ein paar Lieferanten besuchen. Vielleicht können wir einen Abstecher nach Holland machen, nach Amsterdam, je nachdem, wie ich fertig werde."

„Mann, du willst mich mitnehmen?"

„Hast du was dagegen, Herr Sohn?"

„Ich? Natürlich nicht! Ich freue mich!"

„Also abgemacht."

„Danke, Papa! – Die Pizza-Bande kann warten."

„Worauf?"

„Ach, daß wir ihnen einen Anstandsbesuch machen, auf weiter nichts!" Schlaukopf der Große pfiff vergnügt durch

156

die Zähne. Es war ihm nämlich gerade etwas eingefallen.

Am nächsten Morgen versammelte er seine Getreuen um sich, im Hinterhof der Eisenhandlung Lutz, inmitten von aufgestapelten Rohren, T-Trägern, Blechen und Alu-Leitern. „Alle mal herhören, Superköpfe! Schlaukopf der Große verreist für ein paar Tage. Aber die Zeit wird genützt! Ihr haltet die Augen offen. Mir kitzelt es in der Nase, daß die Pizza-Bande ein Geheimnis hat. Die trieben sich nachts in der freien Natur herum, und ich will wissen, wo ..."

„Das war vielleicht nur ein einziges Mal", gab Strohköpfchen zu bedenken, Else Lutz, seine strohblonde Schwester.

„Das könnt ihr ja rausfinden. Ihr sollt sie beschatten."

„Ach, Mann", murrte Mauskopf – alias Ernst Graumann mit der Himmelfahrtsnase–, „ich kann mir doch was Besseres vorstellen, als stundenlang vor der Pizzeria zu stehen und zu warten, bis der Idiot Tommi rauskommt, und dann in der Knallsonne hinter ihm herzuschleichen, bloß weil er für seine Alte Tomaten einkaufen muß."

„Brauchst es ja nicht zu tun, wenn du nicht willst", fauchte ihn Schlaukopf an. „Aber dann laß dich auch nicht mehr bei uns blicken, verstanden!"

„Ist ja schon gut", versuchte Bumskopf – der dickliche Otto Tröge – zu beruhigen. „Der Mauskopf kann ja hinter der Milli oder der Schraube herpinschern, wenn er lieber hinter einem Weib herzieht."

„Aber ja, du kannst dich auf uns verlassen", versicherte Spitzkopf – Herbert Spitzner – mit den flinken, schmalen Augen. „Ich sorge schon dafür ..."

„Der spielt sich wieder mal als unser Führer auf!"

„Er soll mich vertreten, solange ich weg bin", entschied Schlaukopf. „Irgendeiner muß für die Meute verantwortlich sein. Er ist dann natürlich auch mir verantwortlich, ist das klar, Spitzkopf?"

„Aber klar, Chef!" Spitzkopf strahlte. Schon lange dachte er, daß er doch eigentlich der geborene Führer der Köpfe sei. Jetzt konnte er es vielleicht endlich einmal beweisen.

„Aber ihr unternehmt nichts!" erklärte Schlaukopf dann zu seinem Ärger. „Wenn ich wiederkomme, halten wir Kriegsrat."

„Okay!" Das klang recht lustlos. Aber Schlaukopf überhörte es. So trennte man sich.

Schlaukopf der Große fuhr mit seinem Vater in den Norden. Und die anderen gaben sich zunächst ihren verschiedenen Ferienfreuden hin. Sie nahmen die Sache mit den Pizza-Fressern eher lässig. Spitzkopf fühlte sich gebremst. Wenn er nichts selbständig unternehmen durfte, keine Schlägerei oder so was, dann machte es ihm gleich nicht mehr soviel Spaß. Auch die anderen hatten zunächst anderes im Sinn.

So kam es, daß die Pizza-Bande eine kleine Schonzeit erhielt, ohne es zu ahnen.

Villa Bärenfett

So kam es auch, daß nach einer Woche das schönste kleine Holzhaus auf dem Hügel in der Kiesgrube stand. Tommi hatte recht gehabt. Die Einzelteile waren fast alle vorhan-

158

den, nur war alles zusammengefallen gewesen. Aber sie richteten die Wände wieder auf, schleppten Äste aus dem Wäldchen herbei und hämmerten, sägten, sie nagelten das Dach mit Brettern zu, sie schleppten Strohsäcke aus dem Maierhof herbei und legten sie an die Wände. So hatten sie die weichsten Lager. Sie zimmerten einen Tisch, sie hängten eine Petroleumlampe an die Decke, unter den morschen Mittelbalken, sie tapezierten die Wände mit Postern und Plakaten, sie bauten sogar eine Art Vordach mit Stützen, so daß ihr Häuschen wirklich fast aussah wie aus Dodge City, wie aus einer Fernseh-Westernstadt.

Tommi erinnerte sich an seine Leidenschaft, an Karl May. „Ich taufe die Villa auf den Namen ‚Bärenfett‘. Ist jemand dagegen?"

„Nein, nein, das ist Klasse!"

Von den Köpfen hörten und sahen sie nichts.

Tommi richtete sich so gemütlich ein in der Villa Bärenfett, brachte sogar Bücher mit, um dort zu lesen, wie zum Beispiel Robinson Crusoe. Er fand, daß paßte so richtig hierher.

Ihre Eltern machten ihnen keine Schwierigkeiten. Millis Vater und Mutter hatten hart auf den Feldern und auf dem Maierhof zu arbeiten. Vater Wagner hatte mehr als genug in der Reparaturwerkstatt zu tun und war abends immer froh, die Beine ausstrecken zu können, nichts mehr zu sehen und zu hören – außer dem Fernsehapparat und einem kühlen Bier.

THs Vater, Herr Ludwig, mußte zu seiner normalen Tätigkeit in der Hausverwaltung der Keksfabrik noch eine Vertretung für einen erkrankten Kollegen im Lager über-

159

nehmen – ihm ging es ähnlich. So waren alle zufrieden, daß ihre Kinder beschäftigt waren und offenbar nicht auf dumme Gedanken kamen. Daß sie den Sommer in freier Natur verbrachten, egal wo, war ja nur gut.

Denn wo – das verriet keiner, getreu ihrem Versprechen.

Die Eltern fragten auch nicht. Nur Francesco Carotti, Tommis Papa, fing einmal an zu bohren: „Junge, wo treibst du dich den ganzen Tag rum?"

„Ach, am Wasser", antwortete Tommi vieldeutig. „Meistens jedenfalls."

„Machst du auch keine Dummheiten, Junge?"

„Nein, nein, überhaupt nicht! Ich weiß gar nicht, was das ist: Dummheiten ... Mamma, kann ich heute abend vier Pizzas haben? Wir wollen am See picknicken. Ich mache sie in der alten Pfanne heiß."

Die Pfanne war alt und verbeult. Mamma Gina brauchte sie wirklich nicht mehr.

„Wie wäre es denn, wenn du deinen alten Vater mal zum Picknick einladen würdest?" fragte Papa Francesco neugierig.

„Aber klar", antwortete Tommi diplomatisch. „Wenn du einmal frei hast und nicht arbeiten mußt, kannst du gerne kommen!"

Francesco grinste und zog seinem Sohn freundlich das linke Ohr lang, Mamma Gina aber rief aus der Küche: „Kommt gar nicht in Frage! Ich stehe doch nicht ganz allein am Ofen – und dann auch noch die Bedienung!"

„War ja nur ein Scherz", knurrte Papa Francesco.

Tommi stob davon.

Einfach herrlich waren die Tage in der Kiesgrube! Lesen, dösen, musizieren und schwimmen. Moritz stand am Ufer und bellte. Denn Milli ließ ihn nicht ins Wasser, sie band ihn mit der Schnur an einen Busch. Sie wollte nicht, daß er die Enten jagte und die Vögel aufstörte. Der Hund war wohl der einzige, der hier nicht die vollkommene Freiheit genoß. TH war zunächst sogar ganz dagegen gewesen, daß Milli den struppigen kleinen Kerl mitbrachte. Aber Milli konnte seinen flehenden Augen einfach nicht widerstehen. Sie liebte Moritz.

Zu ihrem größten Glück kam nie ein anderer Mensch. Offenbar interessierte sich keine Seele für sie. Das war jedoch ein gewaltiger Irrtum. Eines Morgens traf Schräubchen auf der Strandpromenade Rolle. Er bewegte seine Handgriffe und blickte zu den Segelschiffen hinaus. Er erkannte Schräubchen gleich. „Wie geht's?"

„Oh, gut!" antwortete sie.

Der Zufall wollte es, daß der Spitzkopf und der Bumskopf auch gerade über die Strandpromenade schlenderten, Eis aßen und sich anstießen und wie auf Kommando stehenblieben. Sie versteckten sich hinter einem Baumstamm und ließen kein Auge von den beiden. Sie spitzten die Ohren, aber sie konnten dann doch nichts verstehen. Das war aber auch gar nicht nötig, obwohl es ein längeres Gespräch war, das Schräubchen und Rolle miteinander führten.

Nur eine Viertelstunde später führte Schräubchen ihr Fahrrad und lief zu Fuß neben Rolles Stuhl her – auf der Landstraße. Und es war nun für den Spitzkopf und den Bumskopf wahrhaftig kein Kunststück, einem so unauffälligen Gespann zu folgen, zunächst in der Stadt von Straßenecke zu Straßenecke und immer mal hinter einer Men-

schengruppe, wie sie in Mengen unterwegs waren. Dann
auf der Landstraße. Dort ließen sie die beiden vorauswan-
dern, solange sie sie im Blick behielten, duckten sich im
Straßengraben, warteten wieder, sahen sie schließlich in
den Feldweg abbiegen, dann im Wäldchen verschwinden –
und den Rest konnten sie sich denken.

„Die sind in der Kiesgrube!"

Das war es, was sie wissen wollten. „Los, wir radeln zurück!" sagte Spitzkopf. „Ich habe einen Plan."

Drohende Wolken

Es war ein Tag, an dem sich dunkle Wolken über den Bergen auftürmten. Es sah nach einem Sommergewitter aus.
Doch war dies noch das geringste Gewitter, das sich über
der Pizza-Bande zusammenbraute. Denn das war auf jeden Fall ein vorübergehendes Unwetter, auch wenn es
noch so sehr blitzen und donnern sollte.

Ein wenig anders sah es schon mit der Unterredung aus,
die Beppo Fischhaber etwa zur gleichen Stunde mit seiner
Schwester Zenzi führte. Beppo Fischhaber war ein dicker,
energischer Mann, der leicht schwitzte und leicht in Wut
geriet. Genauso schnell konnte sein Zorn freilich auch
wieder verrauchen. Beppo Fischhaber war nach dem Tode
seines Vaters viele Jahre in Amerika gewesen und erst vor
einiger Zeit wieder in die Heimat gekommen.

Seine Schwester Zenzi war ein wenig älter als er, bald
sechzig. Sie hatte reich geheiratet, war jetzt aber verwit-

wet. Ihr verstorbener Mann, Dr. Eugen Hintermooser, Rechtsanwalt, hatte ihr ein kleines Vermögen hinterlassen. Sie hatte keine Kinder und wohnte in einem alleinstehenden Haus am See.

Beppo Fischhaber redete erst ein wenig mit seiner Schwester über gemeinsame Kindheitserinnerungen, was er alles so erlebt hatte, und kam dann bald zur Sache. „Ja weißt, Zenzi", sagte er, „jetzt bin ich also wieder hier und will auch hier bleiben."

„Wohnst du in unserem alten Haus?"

„Ja, das ist doch am praktischsten. Komisch, als ich damals von hier wegging in die Staaten, da lag es am Stadtrand – heute inmitten von neuen Häusern! Mit seinem Werkhof paßt es da nicht mehr hin. Wir verkaufen es am besten. Ich werde wohl ein neues bauen."

„Wo?"

„Ja, neben der Kiesgrube."

„Neben der Kiesgrube?"

„Genau dort. Weißt du, Geld habe ich ja genug, das ist kein großes Problem. Genaugenommen brauchte ich eigentlich nichts mehr zu tun. Ich meine, beruflich, aber ich mag auch nicht nur so rumsitzen. Das liegt mir nicht. Ich muß was zu tun haben."

„Ja, so warst du schon immer, so war auch Papa."

„Der Papa, ja. Es ist mir gerade recht, daß du von ihm sprichst. Seinetwegen bin ich nämlich auch hier, sozusagen. Er hat uns beiden doch die Kiesgrube vermacht, zu gleichen Teilen. Du hast doch bestimmt kein Interesse daran, und ich hab mir gedacht, ich könnte wieder Kies abbauen. Die Grube ist ja nicht viel wert, ich meine, der

Grund und Boden. Nur der Kiesabbau bringt etwas ein. Freilich muß man auch investieren, neue Bagger müssen her, Förderbänder, Maschinen, Lastautos, Silos – damals wurde ja alles verkauft oder verschrottet."

„Und was willst du neu anschaffen?"

„Freilich, du verstehst schon – viel könnte ich dir nicht bieten, eben wegen dieser Investitionen. Aber wenn du mir deine Hälfte abtreten würdest, ließe ich schon mit mir reden."

„Ist denn die Abbaugenehmigung überhaupt noch gültig?"

„Die ist in Ordnung. Auf dem Landratsamt war ich schon. Nur kann ich nichts machen ohne deine Zustimmung oder ohne daß du mir deinen Anteil an der Grube verkaufst. Ich denke, das wäre die glatteste Sache."

„Ich will nicht verkaufen."

„Du willst nicht verkaufen?"

„Nein. Aber wenn du wieder abbauen willst, kannst du es tun. Du mußt mich eben beteiligen ..."

„Aber das Geld, was ich reinstecke! Beteiligst du dich daran auch?"

„Nein. Das ist deine Sache. Danach regelt sich halt später mein Anteil. Einen Vertrag werden wir schon noch zustande bringen."

„Na ja, so ist's mir auch recht, schließlich."

„Du wirst dich freilich beeilen müssen", sagte die Zenzi nun und steckte sich einen Keks in den Mund.

Diese Mitteilung überraschte den Beppo ungemein. „Beeilen, wieso?"

„Genaues weiß ich auch nicht", erklärte sie. „Ich weiß nur, daß in der Grube wieder allerhand Pflanzen gewach-

164

sen sind und verschiedene Tiere leben ..., ja, ich weiß nicht, sagt man da ‚wohnen‘?"

„Leben‘ im Zweifelsfall", knurrte der Beppo.

„Richtig: ... verschiedene Tiere leben. Ich habe das rein zufällig gehört; beim Kaufmann wird ja viel getratscht. Einige Leute in Sommerberg sind kürzlich daraufgekommen..."

„Na und?"

„Naturschutz ist jetzt in Mode. In der Kiesgrube gibt es nun eben wieder seltene Wasserpflanzen und Vögel und Kröten ..."

„Und deshalb wollen die die Grube unter Naturschutz stellen und mich am Kiesabbau hindern? Ist ja lächerlich!"

„Man weiß natürlich, daß das nicht so einfach ist. Deshalb will man es auch zuerst mit einer gütlichen Einigung versuchen. Der Behördenweg ist ja sehr lang."

„Wer steckt dahinter?"

„Es ist nur eine kleine Gruppe. Nicht sehr wichtig. Vor allem Herr Guntner, ein Lehrer, und der Joseph Obermaier ..."

„Der vom Maierhof? Der soll doch erst mal in seiner Landwirtschaft Naturschutz treiben! Ich meine, da ist es noch nötiger, wegen dem Kunstdünger und den Schädlingsbekämpfungsmitteln, all das Gift, das wir essen müssen!"

„Der Obermaier Sepp ist immer schon eine Art Ökobauer gewesen."

„Meinetwegen. Er hat meine vollste Unterstützung. Dann kauf ich gern mein Gemüse, meine Milch und mein Fleisch bei ihm. Nur meine Kiesgrube bleibt meine Kiesgrube ..."

„Unsere Kiesgrube!" Zenzi lachte.

Beppo überlegte und wischte sich mit dem Taschentuch den Nacken. „Also offiziell ist da noch nichts, sagst du?" fragte er.

„Nicht daß ich wüßte. Die kommen bestimmt erst zu mir – ich meine, jetzt wo du wieder hier bist, zu uns. Das heißt, sie wissen wohl noch gar nicht, daß du wieder da bist? Und noch weniger wissen sie von deinen Plänen."

„Und es ist überhaupt das beste, wenn sie nichts davon erfahren." Diesmal wischte sich Beppo den Schweiß von der Stirn. Ihm kam eine Idee. „Wenn wir all die Jahre, in denen die Kiesgrube unbenützt gewesen ist, Kies abgebaut hätten, wäre da nicht so ein Biotop entstanden, und kein Schwein würde sich für die Grube interessieren. So ist es doch, oder?"

„Ich denke schon ..."

„Und es würde sich auch niemand für die Grube interessieren, wenn da kein Biotop mehr wäre, bevor man die Grube unter Naturschutz stellen kann. Denn dann gäbe es ja nichts mehr zu schützen, und ein entsprechender Antrag könnte nie Erfolg haben."

„Das mag schon sein."

„Dann weiß ich, was ich tue. Nur noch eines, Zenzi – wie stehst du zu der Sache?"

„Ach Beppo, ich bin doch schon alt. Ich will vor allem keinen Ärger mehr. Mit dir nicht – und mit den Naturschützern auch nicht. Mit niemandem!"

„Mit mir kriegst du keinen – und mit den Naturschützern auch nicht, das kann ich dir versprechen. Gerade

166

recht ist es mir jetzt, daß du nicht an mich verkaufen willst. Denn dann brauchen wir nicht zum Notar, und es erfährt keiner, was ich vorhabe. Wir machen halbe-halbe, abzüglich der Unkosten, da braucht es gar keinen großen Vertrag, hier meine Hand drauf. Ich geb dir's aber auch gerne schriftlich."

Der Beppo Fischhaber hatte es danach etwas eiliger als beim Herkommen. Die Unterhaltung war ja auch beendet, und er hatte mehr erfahren, als er erwartet hatte, und auch alles erreicht, was er wollte. Jetzt brauchte er nur noch zu handeln. Und das wollte er rasch.

Er war ein Mann, der gern vollendete Tatsachen schaffte. Er schaute an den Himmel. Das Gewitter hatte sich noch einmal verzogen.

Großer Häuptling Adlerfeder

Schräubchen schob ihr Rad in den Wald und versteckte es im Gebüsch, wie bisher. Da waren schon die Fahrräder von Tommi, TH und Milli. Sie ging zurück an den Feldweg, wo Rolle im Rollstuhl wartete und half ihm über die Wurzeln und Äste. Dann schafften sie es nicht mehr zusammen – und schon gar nicht über den Zaun. „Ich hole die anderen", schlug sie vor.

Rolle nagte an seiner Unterlippe. Er mochte es nicht, wenn seinetwegen Hilfe geholt wurde. „Ich kehre lieber um", erklärte er.

„Kommt nicht in Frage! Das wäre richtig gemein."

„Na ja …", machte Rolle. „Gemein will ich natürlich nicht sein. Also geh …"

Schräubchen stieg über den niedergetretenen Zaun. Schon längst hatten sie hier einen Pfad getrampelt. Da war leicht hinüber zu kommen – für jeden gesunden Menschen zu Fuß. Für einen Jungen im Rollstuhl sah es jedoch anders aus.

Schräubchen rannte. Als sie sich der Villa Bärenfett auf der Anhöhe näherte, jagte ihr Moritz bellend entgegen und sprang an ihr hoch.

„Daß du noch kommst", sagte TH. „Wir wollten gerade baden."

„Ich habe Rolle mitgebracht. Er kann ja nicht so schnell kommen wie wir auf dem Fahrrad."

„Du hast Rolle mitgebracht?"

„Ich hoffe, ihr habt nichts dagegen", antwortete Schräubchen spitz. „Dann laßt es ihn wenigstens nicht merken. Er wollte nämlich sowieso schon wieder umdrehen."

„Klasse, daß er da ist!" rief Milli. „Moritz …, kommst du wohl gleich her! Du darfst doch keine Enten jagen!"

„Aber wo ist Rolle denn?" fragte Tommi. „Bin ich vielleicht erblindet, oder liegt ein Schleier vor meinen Adleraugen?"

„Wir konnten allein nicht über den Zaun. Der Rollstuhl ist für mich allein zu schwer."

„Also los, anfassen!" befahl TH.

Tommi und Milli rannten. Moritz ließ die Enten und raste japsend hinterher. TH und Schräubchen folgten.

„Hoffentlich haben euch die Köpfe nicht gesehen", mur-

168

melte TH, plötzlich von einer bösen Ahnung gejagt.

„Nein, warum denn? Die haben sich doch nun schon tagelang nicht mehr um uns gekümmert."

„Stimmt. Aber vielleicht ist das nur die Ruhe vor dem Sturm", brummte TH düster.

Dann waren sie beim Pfad durch den Wald, waren bei Rolle, begrüßten ihn mit „Hallo" und „Toll, daß du da bist!" und hoben den Stuhl mit dem Jungen über den Stacheldraht und setzten ihn drüben wieder ab.

„Schön, der kleine, klare See da unten!" rief Rolle und deutete nach rechts.

„Ach, das ist noch gar nichts", prahlte Schräubchen, „Wir haben einen eigenen, richtig großen, in dem können wir toll schwimmen!"

„Ach ja ...", machte Rolle und schaute auf seine Beine. Da lief Schräubchen rot an, sie hatte völlig vergessen, daß Rolle ja nicht schwimmen konnte.

Hier war es immer noch schwer für Rolle, zu fahren. Er sagte: „Der Kies ist ja nicht gerade behindertenfreundlich." Er lachte. „Das nächste Mal nehme ich meine Krükken mit, dann komme ich vielleicht selbst hinüber."

„Ach, wir schieben dich doch!" riefen die anderen und packten an. Moritz reckte sich an seinen Knien hoch und schnüffelte. Rolle streichelte seinen Kopf. „Ein netter Hund", sagte er. „Naja, wie sein Frauchen." Da wurde Milli rot.

Sie schoben und zogen Rolle mit vereinten Kräften zur Villa Bärenfett hinauf, wobei der Kies unter seinen Rädern und unter ihren Füßen nachgab und rutschte. Aber sie schafften es. Sie schoben seinen Stuhl unter das Vordach

169

auf die kleine Terrasse, und Rolle beschrieb mit der Hand einen weiten Bogen und murmelte: „Der greise und gebrechliche Häuptling Gebrochene Adlerfeder dankt den Kindern seinen Stammes und bittet sie, sich durch seine Anwesenheit nicht stören zu lassen."

„Der kluge Häuptling Adlerfeder weiß genau, daß es für uns eine Freude ist, ihn bei uns zu haben, und eine Ehre dazu. Er soll nicht so törichte Worte wie ‚stören‘ in den Mund nehmen, denn sie sind seiner nicht würdig. Wir alle können viel von ihm lernen. Hugh, ich habe gesprochen", sagte Milli.

„Willst du was essen?" fragte Tommi praktisch.

„Der lange Weg hat mich vor allem durstig gemacht. Habt ihr was zu trinken?"

„Ja, Limo, kühl gehalten im Eimer." Tommi holte eine Flasche.

Ein Angriff von hinten

Spitzkopf fühlte sich vollkommen als Anführer der Bande, seit Schlaukopf weg war. Von Tag zu Tag hatte er sich mehr in diese Rolle hineingeträumt. Manchmal vergaß er, daß es Schlaukopf überhaupt gab und daß er ja eines Tages wiederkommen würde.

Nun rief er alle zusammen – wie immer auf den Hinterhof der Eisenhandlung Lutz. Der Nachrichtendienst innerhalb der Köpfe-Bande hatte immer schon ganz vortrefflich funktioniert.

Die aufgestapelten Eisenwaren warfen schon lange Schatten, als Spitzkopf seine Mannschaft um sich versammelte. Er wies mit einer großartigen Handbewegung auf ein paar Eisenschienen, was soviel bedeuten sollte wie: „Ihr dürft euch setzen!", und nahm selbst auf einer umgestülpten Schubkarre Platz.

„Also, was ist?" fragte Bumskopf. „Wo ist nun dein großer Plan?"

„Warte gefälligst, bis du gefragt wirst", brummte Spitzkopf. Er genoß seine Stellung gewaltig. Er begann damit, daß er seine Beobachtungen vom Nachmittag in allen Einzelheiten erzählte und dabei so gut wie gar nicht von Bumskopf sprach, was diesen ein wenig ärgerte.

„Mensch, das weiß ich doch alles schon, ich bin ja schließlich dabeigewesen!" stöhnte er endlich, was ihm einen strafenden Blick eintrug.

Strohköpfchen hatte zuerst ruhig zugehört. Dann aber sagte sie. „Also, wenn ihr herausgekriegt habt, wo die Pizzafresser mit ihrem neuen Freund rumgammeln, ist ja alles okay. Mehr wollte Schlaukopf ja gar nicht. Wozu diese ganze Versammlung, wo doch gerade so ein Klasse-Western in der Glotze läuft? Das hätte auch Zeit gehabt, bis Schlaukopf wieder hier ist!"

„Nun weine mal nicht", sagte Spitzkopf. „Du bist wohl traurig, weil dein Vater dich nicht mitgenommen hat, nach Amsterdam oder so? Ist ja auch nicht nett, versteh ich ja. Aber wir warten nicht, bis Schlaukopf zurückkommt. Wir überfallen die Pizzafresser da draußen und jagen ihnen einen richtigen Schrecken ein."

Bumskopf staunte. „Du meinst ..." fragte er und bohrte in der Nase.

Mauskopf kratzte sich am Hinterkopf. „Jucken würde es mich schon", knurrte er, „aber Schlaukopf ..."

„Solange er weg ist, bin ich euer Chef", erklärte Spitzkopf.

„Das bist du nicht!" rief Strohköpfchen. „Du bist nur der Stellvertreter und führst seine Befehle aus. Sonst nichts."

„Ach, guck mal, Schwesterchen hat Angst vor ihrem Bruder!"

„Hab ich nicht!"

„Hast du doch! – Ich bin doch kein Sklave! Also – wer geht mit?"

„Eine richtige Schlacht?" vergewisserte sich Bumskopf.

„Nein! Wir schleichen uns an und verstecken ihre Fahrräder und werfen ein paar Steine, und vielleicht können wir ihnen ihre Kleider klauen, wenn sie gerade baden. Nur, daß sie sich nicht mehr so verdammt überlegen fühlen, wie wenn sie was Besonderes wären, und wie wenn wir nicht rauskriegen könnten, wo sie sich herumtreiben. Die sollen einfach ein bißchen Schiß kriegen."

„Finde ich gut", brummte Bumskopf. „Wir ballern denen mal eine Ladung ins Nest und schieben dann wieder ab."

„Nein!" rief Strohköpfchen. „Schlaukopf hat ausdrücklich gesagt: nur ausspionieren!"

„Wollt ihr vielleicht auf diesen Rock hören?" fragte Spitzkopf kühn, obwohl Strohköpfchen ja gar keinen Rock trug, sondern ganz schön ausgeblichene Jeans.

Die drei Jungen waren sich sofort einig, daß sie nicht auf den Rock hören wollten. Schlaukopf war im Moment vollkommen vergessen.

„Geh du nur ruhig wieder an deine Glotze!" schlug ihr Spitzkopf vor.

„Mach ich auch!"

„Ja, aber dann sind wir doch nur drei gegen fünf ..." gab Bumskopf zu bedenken.

„Mann, rechnest du den Behinderten etwa auch mit? Der kann doch bloß im Stuhl sitzen und höchstens ‚Hilfe' rufen! Und von den anderen vier sind doch zwei auch nur Röcke!"

„Die können aber auch kratzen, beißen und mit den Füßen schlagen."

„Hast du Angst?"

Wer gibt schon zu, daß er Angst hat ...

Aber jetzt konnten sie gar nicht mehr zurück, selbst wenn sie es gewollt hätten. Und daß Strohköpfchen nicht mit von der Partie war, fanden die drei Jungen eigentlich echt gut.

„Wir gehen", erklärte Spitzkopf. „Los, Freunde! Die Sonne sinkt. Auf die Räder! In der Dämmerung machen wir den Pizzafressern die Hölle heiß! Ich freu mich jetzt schon auf ihre dummen Gesichter!"

Strohköpfchen erkannte, daß sie für ihren großen Bruder und seine Befehle jetzt nichts mehr tun konnte. „Ihr werdet schon sehen, was passiert, wenn er wiederkommt", maunzte sie.

„Einen Orden verleiht er uns, wegen Tapferkeit vor dem Feind!" prahlte Spitzkopf.

Strohköpfchen ging. Sie war eigentlich froh, daß sie den Schluß ihres Westerns vielleicht noch sehen konnte.

„Und du kriegst einen Anpfiff wegen Ungehorsam",

173

trumpfte Spitzkopf noch einmal auf – hinter ihr her.

Die drei Jungen schnappten sich ihre Fahrräder und schwangen sich in die Sättel. Sie traten fröhlich in die Pedale. Endlich passierte mal wieder etwas! Das lange Rumsitzen während Schlaukopfs Abwesenheit hatte ihnen nicht gefallen. Geschickt und verwegen schlängelten sie sich durch den Verkehr. Um die haltenden Autos herum. Dann auf die Landstraße. Angriffslustig bimmelnd voran zwischen den Wiesen. Dann über den Feldweg – bis zur Verbotstafel.

„Sieh mal", sagte Spitzkopf. Und nun flüsterte er: „Die dürfen hier gar nicht sein! Wir vertreten sogar Ordnung und Gesetz, wenn wir sie hier verjagen. Los! Hinter mir her, aber leise! Die Räder lassen wir hier, damit wir gleich davonsausen können. Das wichtigste an einem Angriff ist, sich den Rückzug offenzuhalten."

„Wohin?"

„Hier, den zertrampelten Pfad!"

Die drei schlichen geduckt durchs Dickicht, wie Indianer. Bei jedem knackenden Ast hielten sie an. Dann überquerten sie den niedergetretenen Zaun, was jetzt kein Kunststück mehr war. Zu oft war der Pfad schon benutzt worden.

Tommi, TH, Schräubchen und Milli waren wirklich leichtsinnig geworden, denn sie hatten ihre Fahrräder weder gut versteckt noch abgeschlossen. Die Mühlen lagen einfach so am Busch.

„Die räumen wir erst mal weg …"

„Wohin?"

„Da runter, laß sie einfach laufen, in den Tümpel."

174

„Aber wenn sie absaufen?"

„Quatsch, der ist höchstens einen Meter tief. Aber schön verschlammt! Schadet ihnen gar nichts, wenn sie ihre Räder mal waschen."

Das leuchtete allen ein. Und es machte einen Mordsspaß, die Räder so auf die Reise zu schicken, das kurze Stück den Abhang hinab – im Schlängelkurs, torkelnd, bis eines nach dem anderen unten eintauchte, und nur der Sattel oder ein Rad oder die Lenkstange noch herausschaute.

„Klasse!"

Das war so schön, eigentlich konnte man schon siegreich wieder abziehen. Aber dann hätte man sich ja um den Genuß gebracht, die dummen Gesichter zu sehen...

„Wir schleichen uns an und erzählen denen mal was! Dann nichts wie weg."

„Alles klar, Spitzkopf!"

Das nächste Stück war schnell zurückgelegt. Dann lag das Geröllfeld vor ihnen, die Hügel aus Kies, die Bäume ... und oben auf der Anhöhe die Villa Bärenfett. Gitarrenmusik klang zu ihnen herab ...

Moritz lag auf dem Strohsack, an der ganz langen Leine aus festem Strick. Er hatte einen schönen weichen Platz im Schatten. Er hatte die Augen geschlossen und lauschte dem Geplauder der vier, die vor dem Häuschen auf der zusammengezimmerten Terrasse saßen, mit dem Rücken zum Eingang, mit dem Rücken auch zum Kiestal und der Einfahrt in die Grube – aber mit dem freien Blick auf die zerklüftete Hügel- und Seelandschaft. Die Abendsonne spiegelte sich in der Wasserfläche – es war einfach irre schön.

„Du fühlst dich wie in der Wüste, irgendwo, ich meine in

175

einer wüsten Landschaft, irgendwo in Nevada oder in den Rockys oder ich weiß nicht wo ..." seufzte Milli glücklich.

„Nevada, die Rockys ... Ob ich das alles jemals zu sehen kriege ..." sagte Rolle. Es war eines der seltenen Male, daß er seinen Kummer spüren ließ. Er unterdrückte ihn auch gleich wieder. Er gab sich einen Ruck und meinte: „Ach was, wenn man will, kann man alles. Und wenn ich nicht wieder laufen kann, dann fahre ich einfach im Rollstuhl hin."

„Und ich komme mit", erklärte Milli. Sie mochte diesen Jungen. Übrigens sie nicht allein.

Rolle stellte die Colaflasche, die er gerade ausgetrunken hatte, neben sein linkes, großes Rad.

„Hol doch mal die Gitarre", bat Schräubchen TH. Es war fast, als wollte sie, daß TH mal ein bißchen zur Geltung käme. Er saß so still da und träumte vor sich hin.

„Ach ..." machte er.

„Du hast eine Gitarre?" fragte Rolle. „Spielst du?"

„Eben nicht gut. Nur ein bißchen. Weißt du, das Üben ..."

„Ja, ich weiß. Wenn du willst, gib sie mir!"

„Dir?"

„Ja."

Da – ein ohrenbetäubender Krach an der rückwärtigen Hauswand! Moritz fuhr erschrocken und jaulend von seinem Lager auf und fing wie verrückt an zu bellen.

„Was war das?"

„Etwas ist eingestürzt!"

Doch gleich darauf folgte ein Trommelfeuer, wie eine Maschinengewehrgarbe oder wie die geballte Ladung von Streugeschossen. Es prasselte gegen die Wand, auf das

176

Dach, sogar durch das Fenster. Ein versprengter Stein traf Moritz, der nochmals laut jaulte und noch wilder kläffte.

„Mensch, die Köpfe!" schrie Tommi hellsichtig. Er sprang auf und lief um die Ecke.

Ein Steinhagel empfing ihn. Glücklicherweise wurde er nicht getroffen. Er machte gleich kehrt. „Sie sind es! Diese Miststücke haben uns aufgestöbert!"

„Daran bin bestimmt ich schuld", meinte Rolle bekümmert. „Nur weil ich mich wie eine Schnecke auf der Landstraße bewege ..."

„Warte, denen tränken wir es ein!" rief TH. „Los, wir machen es so: Die Mädels halten hier die Stellung. Nehmt eine Handvoll Steine. In die Hütte. Verschanzt euch hinter den Fenstern und ballert dann gezielt raus! Es kommt nicht darauf an, daß ihr trefft. Ihr müßt sie nur aufhalten. Tommi und ich rennen hier vom Hügel runter, da sehen sie uns nicht. Durch das nächste Tal schleichen wir uns an und packen sie von der Seite. Gebt uns nur Feuerschutz!"

„Wenn sie aber raufkommen?"

„Legt mir Kiesel auf den Schoß. Wenn ich auch nicht viel kann, treffen kann ich!" rief Rolle. „Alles, was die Beine nicht können, können meine Arme!"

Die Mädchen schütteten Rolle zwei Handvoll Kieselsteine in den Schoß. Dann bewaffneten sie sich selbst und zogen sich in die Mitte unter das Fenster zurück. Moritz tobte und zerrte wie wild an seiner langen Leine. Inzwischen schlichen sich TH und Tommi – einen Bogen schlagend – die Anhöhe hinab und dann unten im Tal entlang.

Steine prasselten wieder von unten gegen die Hütte. Die Mädchen erwiderten das Feuer. Unten standen Spitzkopf,

Mauskopf und Bumskopf, bückten sich, lasen Steine auf, schleuderten sie mit vollen Händen und brüllten: „Ihr Pizza-Fresser! Kommt doch raus, ihr Lahmärsche! – Ihr blöden Hunde, ihr stinkenden Kojoten! Macht, daß ihr wegkommt! Wir zeigen euch an, weil ihr hier gar nicht sein dürft! – Das ist verboten! Raus! Raus! Raus!"

Und dann im Chor: „Pizza-Bande, Pizza-Fresser, denkt ihr denn, ihr seid viel besser? Ha! Wir haun euch auf den Grind, weil wir kluge Köpfe sind!"

Die Schimpf- und Steinkanonade wäre bestimmt noch weitergegangen, denn die Köpfe steigerten sich in einen wahren Rausch hinein. Doch da traf Spitzkopf ein nußgroßer Kiesel an seinem kostbarsten Körperteil. „Au!" – Wieso von da unten?" Sein Kopf flog herum. Da standen TH und Tommi, gedeckt hinter einem Weidenbusch.

„Das war erst die Warnung! Haut ab, oder es gibt was!" brüllte TH.

„Au!" schrien jetzt Mauskopf und Bumskopf fast gleichzeitig. Es hatte sie an der Wade und an der Schulter erwischt.

Die Steine kamen von oben aus dem Fenster und von unten. Die Lage wurde brenzlig.

Spitzkopf, der ja nicht dumm war, erkannte das Mißliche dieser Lage sofort, gewissermaßen mit strategischem Weitblick. „Rückzug", befahl er. „Rasch zu den Rädern!" Und: „Au, verdammt! – Warte, das zahle ich dir noch einmal heim, du Hundesohn!" – Damit war TH gemeint, der ihn an der Wade erwischt hatte.

Bumskopf und Mauskopf hatten längst genug. Sie machten alle drei kehrt und rannten zur Ausfahrt.

„Feuer einstellen!" befahl TH, nachdem er noch einen

Schuß abgegeben hatte, der aber sein Ziel verfehlte. „Diese ganze Steinwerferei ist sowieso Mist. Na, die kommen so schnell nicht wieder!"

In sicherer Entfernung, außer Wurfweite, drehte sich Spitzkopf noch einmal um. Er fühlte, daß er nicht so abziehen konnte, ohne sein Gesicht zu verlieren. Er mußte noch ein ganz gemeines Schimpfwort loswerden, das schlimmste, was einem ehrenvollen Kämpfer einfallen konnte: „Ihr ... ihr ... stinkigen, fauligen, verrotzten Miststücke!"

Nachdem er es ihnen so wirkungsvoll gegeben hatte, gab es für ihn keinen Grund mehr, sich der verlorenen Schlacht zu schämen. Schließlich hatte er ja erreicht, was er wollte. Man hatte die Pizza-Fresser aus ihrer himmlischen Ruhe aufgestört und ihnen die Suppe gründlich versalzen.

Durch das Wäldchen. Auf dem Pfad über den Zaun ... „Da unten liegen ihre Drahtesel, haha! Die werden sich freuen!" Noch ein Triumph! – Und ab auf den eigenen Rädern mit Klingelkonzert und stolzgeschwellter Brust.

Nur ein paar Beulen schmerzten.

Es wurde dann doch noch ein schöner Abend. Denn das Merkwürdige war: So sehr sie sich ärgerten; auch die fünf in der Villa Bärenfett hatten das Gefühl, einen Angriff siegreich abgeschlagen zu haben.

Tommi rieb sich die Hände. Er machte sich daran, das Abendbrot zu bereiten – auf die einfachste Weise: Pizza kalt von Mamma Gina auf dem Pappteller. Als es dunkelte, zündeten sie die Petroleumleuchte unter dem morschen Balken an der Decke an. Die Flamme und der Ruß stiegen schlängelnd nach oben.

„Hast du nicht was von der Gitarre gesagt?" fragte Milli Rolle.

Er ließ sich nicht zweimal bitten. Er spielte ...

„Mensch, du kannst ja auftreten!"

Sogar Moritz ließ seine Stimme vernehmen und jaulte. Und als der Mond aufging und über den stillen Teichen hing, begannen die Unken, die Frösche und Kröten mit ihrem melodischen Konzert, das mit „Uh-uh-uh", mit feinem Läuten und keckernden Lauten durch die Kühle klang.

Wenn das nicht zu Herzen ging!

Aber einmal mußte doch Schluß sein: „Macht die Lampe aus!"

„Klar, das vergesse ich nicht!"

Abmarsch über die Hügel. Rolles Stuhl von hinten gebremst. Wo waren die Fahrräder? Mußten sie vielleicht zu Fuß heim? Dann ein Fluch, als sie die Räder im Schein ihrer Taschenlampen im Weiher fanden und mühsam herausholen mußten. Sie schoben die triefenden Stahlrösser mit eingeschalteten Scheinwerfern, die nur matt blinkten, vor Rolles Stuhl her. Er machte den Schluß, weil seine elektrischen Rücklichter alle von hinten schützten.

Nachdem der erste Ärger verraucht war, wurde es noch ein lustiger Heimweg, mit Gelächter und ausklingenden Liedern. Der Tag war – alles in allem – doch zu schön gewesen! Und wären sie nicht blöd, wenn sie sich von den dämlichen Köpfen die Freude verderben lassen würden?

„Hang down your head, Tom Dooley ..."

Moritz trottete zufrieden an der Leine nebenher.

Warum die Polizei
aufmerksam wird

Beppo Fischhaber meinte es ernst mit dem Kiesabbau. Sobald sein Bagger geliefert wurde, wollte er damit beginnen.

Er fuhr mit dem Wagen zur Kiesgrube hinaus. Lange war er nicht mehr hier gewesen – mein Gott: Wie viele Jahre war das her? Es war Mittag, die fünf Freunde – Tommi, TH, Schräubchen, Milli und Rolle – waren zu Hause beim Essen.

Tiefster Friede lag über der Grube, glühende Hitze auch. Beppo steuerte den Wagen den Feldweg hinab. Vor dem Verbotsschild stellte er ihn ab. Er lächelte. Das Schild würde er nun nicht mehr lange brauchen; dann fuhren hier wieder die Lkw mit dem Kies hinaus und leer hinein, dann dröhnte hier der ohrenbetäubende Lärm der Bagger, dann war es aus mit der Ruhe – statt dessen herrschte Betriebsamkeit.

Aber wie zertreten der Pfad seitlich ins Wäldchen war! Beppo pfiff durch die Zähne. Er folgte dem Pfad. Er überquerte den morschen, niedergetrampelten Zaun. Er betrat das Geröllfeld – sein Geröllfeld. Gold bedeuteten die Steine ja nicht gerade, aber fast so etwas wie Gold. Er wollte sie zu Geld machen.

Nachdenklich schritt er im Kiestal entlang und überschlug Aufwand und Gewinn. Wenn er klug kalkulierte, konnte schon was übrigbleiben, obwohl die Bagger, Maschinen, Lastwagen und die Löhne ja ganz schön etwas kosteten. Die Löhne besonders ...

Er schaute zunächst nicht auf und betrachtete die Steilhänge, den See, die Brombeerbüsche, die Sumpf- und Wasserpflanzen, die Binsen und gelben Teichrosen, darüber die Libellen, die Schwimmkäfer ... Er rollte einen großen Stein beiseite und stöberte eine Kröte auf, er sah Regenpfeifer und Uferschwalben, ohne zu wissen, wie die Vögel hießen, er sah Disteln und Johanniskraut, über die Schmetterlinge davonflatterten. Er sah Zwergtaucher und Stockenten und dachte flüchtig: Ja, eigentlich ist das alles doch wirklich sehr hübsch ... Aber das konnte ihn natürlich nicht von seinen Plänen abbringen. Denn Nutzen geht nun einmal vor Schönheit.

Langsam wanderte er zurück. Da fiel sein Blick auf die Anhöhe. Merkwürdig, diese Hütte sah so anders aus als eine gewöhnliche Baubude ... Wohnte dort etwa jemand?

Er kletterte hinauf. Donnerwetter, das Häuschen war ja abenteuerlich eingerichtet! Aber es war kein Mensch da. Er guckte die Poster an den Wänden an und dachte: Naturschutzbeauftragte sind das nicht. Kinder vielleicht ... Ja sicher, Kinder. Na, die müssen auch verschwinden. Eigentlich aber ganz nett, diese Bude. Hätte ihm gewiß auch gefallen, früher einmal – aber diese Zeiten waren nun lange vorbei.

Strohlager ..., eine Petroleumlampe an der Decke: Das war ja lustig! Wie lange hatte er keine Petroleumlampe mehr gesehen ... Er reckte sich, nahm den Glaszylinder ab, zündete ein Streichholz an und hielt es an den Docht. Die Flamme zischte. Beppo freute sich. Er setzte den

Glaszylinder wieder auf. Nun hing die brennende Lampe unter dem morschen Balken.

Was gab es denn noch hier? Kochgeschirr, leere Flaschen – und da lag ja ein Buch. Beppo hob es auf. „Robinson Crusoe", na ja, das paßte irgendwie schon hierher! Er hatte das Buch lange nicht mehr in der Hand gehabt, er schlug es auf, auf dem Vorsatzpapier stand ein Name: „Dieses Buch gehört Tommi Carotti, von Mama und Papa zum 12. Geburtstag." Na so was, da hatte der kleine Leser ja geradezu seine Visitenkarte hinterlassen!

Beppo legte den Band wieder auf den Strohsack zurück. Jetzt wollte er noch nichts unternehmen. Die Kinder konnten ruhig noch hier spielen, bis der Betrieb losging. Nur kein Aufsehen erregen!

Er rutschte und kollerte die Anhöhe hinab. Dann stieg er in seinen Wagen. Mit Wehmut erinnerte er sich an seine eigene Kinderzeit. Früher, ja früher, dachte er, hätte ich den Tommi Carotti und seine Freunde bestimmt gebeten, ob ich nicht mitspielen dürfte.

Nun, jetzt gehörte die Kiesgrube eben ihm. So ist das Leben …

Schlaukopf der Große tobte vor Wut. Dieser dämliche Spitzkopf! Seine Bande war im Lagerhof versammelt. Strohköpfchen reckte stolz das blonde Haupt. Sie hatte es ja gewußt! Jetzt bekam Spitzkopf seine verdiente Abreibung.

„Du bist vielleicht ein Idiot", fauchte ihn Schlaukopf der Große an. „Du bist doch ein Scheißkerl! Mit einem Fußtritt sollte ich dich aus der Bande pfeffern! Nur ausspionieren solltet ihr die Pizza-Fesser! Und da geht ihr hin und riskiert die große Klappe und laßt euch mit Schimpf und Schande verjagen und wie die lahmsten Ärsche ... Wirklich, Schlaukopf der Große platzte fast vor Wut und gebrauchte noch mehr Schimpfworte, die alle nicht stubenrein waren und noch viel derbere, die wir hier aber gar nicht aufzuzählen brauchen, weil sie sowieso jeder kennt und schon selbst benutzt hat.

„Aber wir haben ihre Räder ins Wasser ..." wagte sich Spitzkopf zu verteidigen.

„Schöne Heldentat! Da muß man sich ja schämen. Ihr schubst unbewachte Räder ins Wasser und haltet das noch für was Tolles! Das kann doch jeder Dreijährige! Kann man sich darauf wohl etwas einbilden? Habt ihr jemanden besiegt, verprügelt, zur Schnecke gemacht?"

„Erst haben wir sie ganz schön erschreckt", brummte Spitzkopf. „Aber dann haben sie sich heimtückisch von hinten angeschlichen und uns von rückwärts angegriffen, mit diesen verdammten Kieselsteinen ..."

„Eben! Da sieht man, daß ihr keinen Grips im Kopf habt. Bei einer Schlacht in der Kiesgrube muß man doch mit Steinwürfen rechnen!"

„Wir haben ja selbst mit Steinen geworfen!"

„Klar, ihr habt angefangen. Aber ihr habt euch nicht richtig vorbereitet. Zur Schlacht in der Kiesgrube geht man nur mit Schutzschildern. Ist doch so logo wie nur irgendwas. Einfache Kistendeckel. Dahinter rückt man vor. Da erwischt einen kein Wurf."

Strohköpfchen schaute zu ihrem verehrten großen Bruder auf. „Du bist doch wirklich der Größte!" rief sie. „Ich

184

hab's diesen Hammeln ja gleich gesagt, daß sie auf dich warten sollen."

Spitzkopf ließ den Kopf hängen. Bumskopf und Mauskopf aber schauten ihren Führer mit leuchtenden Augen an. Sie fühlten sich von seiner Strafpredigt nicht so sehr betroffen, denn sie hatten ja nur Spitzkopf gehorcht. Freilich tat es ihnen jetzt leid – denn daß Schlaukopf tausendmal klüger war, sah ja ein Blinder mit Krückstock.

Schlaukopf der Große genoß Strohköpfchens Lob und die Bewunderung sichtlich. Sein Zorn begann zu verrauchen. „Na", brummte er, „das Kind liegt nun mal im Brunnen. Denken wir also daran, wie wir es wieder herausholen!" Er ließ sich von Mauskopf und Bumskopf die Hütte und ihre Einrichtung und ihre Lage ganz genau erklären. Schließlich sagte er: „Jetzt weiß ich, was wir machen. Heute nacht gehen wir alle raus. Wenn sie bestimmt schon weg sind. Ich schlage vor: kurz nach zehn, natürlich nicht kurz nach zehn Uhr morgens, sondern abends, also Treffen um zweiundzwanzig Uhr an der katholischen Kirche. Mit den Fahrrädern."

„Was machen wir dann?"

„Abwarten! Wirst es schon noch früh genug erfahren. Alles klar?"

„Alles klar! Zehn Uhr abends Abfahrt von der katholischen Kirche."

Und im letzten Tageslicht, kurz vor Einbruch der Dunkelheit, fuhren sie raus. An der Kiesgrube angelangt, schickte Schlaukopf zunächst Bumskopf als Kundschafter vor. Die anderen gingen im Gebüsch in Deckung.

Bumskopf schlich sich so vorsichtig wie möglich an. Er

wurde noch vorsichtiger, als er Licht in der Hütte brennen sah. Der sanfte Schein fiel aus dem Fenster den Hang hinab und zeichnete ein goldenes, auseinandergezogenes Viereck. Verdammt, die waren wohl da? Bumskopf lauschte, er machte seine Löffelohren so lang wie möglich, aber er hörte nichts, nur das verdammte Quaken der Frösche. Ob er wohl weitergehen sollte? Vielleicht waren sie in der Bude und lasen?

Er war entschlossen, sich hervorzutun. Er wollte Schlaukopf dem Großen beweisen, daß er der richtige Stellvertreter gewesen wäre, und nicht Spitzkopf, der Blöde. Leise bewegte er sich über den knirschenden Kies, ganz langsam die Anhöhe hinauf, bei jedem kollernden Stein, bei jedem Rutscher hielt er an. Noch immer von oben kein Ton. Das machte ihn mutiger. Aber er durfte sich nur nicht erwischen lassen! Die Pizza-Bande durfte auf keinen Fall etwas merken – wenn nun der blöde Köter anschlug! Aber er konnte doch nicht umkehren und melden: Da brennt Licht, aber ich weiß nicht, ob sie in der Bude sind ... Das ging auf gar keinen Fall.

Sein Herz klopfte wie rasend, er atmete keuchend, als er endlich oben war, unter dem Fenster. Daß ihn wirklich keiner gehört hatte, war doch fast unglaublich! Er ging in die Knie, er schob sich voran, immer näher ans Fenster, von wahrer Jagdleidenschaft ergriffen. Nun war er an der Brüstung, duckte sich drunter – nichts! Vollkommene Stille. Ob die wohl schon irgendwo auf ihn warteten, um ihn wieder von hinten zu überfallen, zu fangen und dann an den Marterpfahl zu binden?

Ph! Das wollte er gern aushalten. Er wußte ja, daß

Schlaukopf der Große ihn wieder rausholen würde. – Jetzt kam es also darauf an! Vorsichtig schob er den Kopf an der Budenwand empor, die Augen ganz dicht unter das Fensterbrett; schon sah sein Schopf drüber, nun konnte er selbst hineinschauen ...

Ha! Die Bude war leer. Hier war niemand! Nun war er schon mutiger. Er schaute um die Ecke, vor die Hütte. Nichts.

Jetzt im Sturmschritt zurück. „Es ist keiner da. Die haben nur vergessen, ihre Lampe auszumachen."

„Hast lange genug gebraucht, das herauszufinden!"

Wenige Minuten später standen sie alle oben: Schlaukopf der Große, Strohköpfchen, seine Schwester, Mauskopf, Bumskopf und sogar Spitzkopf. Und sie staunten. Das war ja eine Klasse-Bude! „Mensch, hier mal einen Tag und einen Abend verbringen!"

„Das war mal!" erklärte Schlaukopf. „Das wird nie wieder so sein." Seine Augen wanderten durch den kleinen Raum, wanderten über die Wände, über die Säcke, den kleinen Tisch, die Hocker, hinauf zur Petroleumlampe, die alles in ein so freundlich warmes Licht hüllte und zum morschen Balken emporblakte und rauchte ...

„Kommando: große Verwüstung!" befahl er. „Säcke aufschneiden, und das Stroh überall rumstreuen. Tisch und Hocker zerschlagen, Bilder und Plakate von den Wänden!"

Das war schnell getan. Sie hausten wie die Vandalen und mit Lust. Spitzkopf ließ seine Wut an allem aus und zertrümmerte den Tisch. Bumskopf schlug die Hocker auf dem Boden entzwei. Strohköpfchen nahm sich die Säcke vor. Das paßte zu ihrem Namen. Schlaukopf lieh ihr groß-

187

zügig sein Taschenmesser. Sie schlitzte alle auf, riß die gelben Halme heraus, verteilte sie überall in Bündeln, warf sie in die Luft. Es flatterte herab, stäubte und bedeckte bald den ganzen Fußboden. Eigentlich sah das sogar ganz hübsch aus... Mauskopf riß die Plakate von den Wänden und zerfetzte sie in viele kleine Stücke. Da lagen sie nun mitten unter dem Stroh.

Schlaukopf machte selbst nichts. Er schaute erst nur zu, paßte auf, ob sein Befehl auch richtig ausgeführt wurde. Dann entdeckte er Tommis Buch, Robinson Crusoe. Das nehme ich mit, dachte er und klemmte es sich unter den Arm.

Als das Werk der Zerstörung beendet war, befahl er: „Abmarsch!"

„Sollen wir die Lampe auch runterreißen?"

„Nee", erklärte Schlaukopf. „Die beleuchtet das hübsche Bild doch so schön. Etwas müssen sie ja noch heil vorfinden!" Er zog sein Notizbuch aus der Tasche, riß einen Zettel heraus, fand auch einen Bleistiftstummel und schrieb: „Die Köpfe grüßen die Pizza-Bande! Wagt es nicht, uns anzugreifen, ihr Arschlöcher!" Den Zettel legte er schön in die Mitte, unter die Lampe, aufs Stroh.

Dann rutschten und kollerten sie den Abhang hinab. Dabei glitt Schlaukopf der „Robinson Crusoe" unter dem Arm raus und fiel auf den Boden. Er merkte es nicht. Da blieb es liegen, das Buch.

Deshalb war es auch das einzige, was nicht in Flammen aufging, in dieser Nacht. Der Balken über der Petroleumlampe begann nach und nach zu glimmen. Dann züngelten kleine Flammen. Sie fanden leicht Nahrung. Als das erste

Stückchen brennende Borke vom Dach in die Hütte fiel, loderte das Stroh auf. Da verbrannte auch Schlaukopfs des Großen prahlerischer Zettel mit allem anderen.

Ein heller, roter Schein loderte durch die Nacht. Die Feuerwehr vom Sommerberg rückte aus – mit einem Spritzenwagen. Sie kehrte allerdings vor der Grube wieder um – da war nichts mehr zu machen. Gefahr drohte auch keinem …

Aber der Brand mußte der Polizei gemeldet werden. Inspektor Mauser wunderte sich. Wieso brannte es in der Kiesgrube? Was für ein Gesindel trieb sich da herum?

„Tippe auf irgendeinen blöden Streich. Da wollte mal einer kokeln", meinte Wachtmeister Moll.

„Eben. So einen Zündler können wir bei uns nicht brauchen", meinte Inspektor Mauser. „Wir fahren heut nachmittag raus und gucken uns um. Was halten Sie davon, Moll?"

Wachtmeister Moll schaute aus blauen Augen durchs Fenster. „Warum nicht? Bißchen frische Luft wäre ganz schön."

„Jedenfalls müssen wir den Eigentümer benachrichtigen", meinte Inspektor Mauser.

Tommi in der Klemme

Tommi saß gerade gemütlich am Frühstückstisch, vor sich die dampfende Tasse Super-Milchkaffee – das heißt: fast nur Milch und fast kein Kaffee –, und stopfte sich eine

Scheibe Käsebrot in den Mund.

„Schmeckt's?" fragte Vater Francesco.

Tommi schaute nicht auf. Er überlegte, was er heute zur Vervollkommnung der Einrichtung in die Villa Bärenfett mit rausnehmen könnte. So fiel ihm der prüfende Blick seines Vaters nicht auf.

„Heute nacht hat's gebrannt", verkündete der Vater.

„So?" mampfte Tommi uninteressiert. „Groß?"

„Ich glaube nicht. Es soll nur ein kleines Feuer gewesen sein. Menschen sind auch nicht zu Schaden gekommen. Ich weiß es ja nur von Erbse, aus der Großmarkthalle. Der hat mir's erzählt, als ich heut morgen das Gemüse kaufte. Es gab übrigens besonders gute, kleine Tomaten, ganz würzige..."

„So...", machte Tommi. „Na, dann geh ich jetzt wieder."

„Willst du mir nicht mal verraten, wo ihr euch Tag für Tag rumtreibt..."

„Wir treiben uns nicht rum..."

„Oder aufhaltet?"

„Nein! Mach dir keine Sorgen, Papa. Es ist alles okay. Nichts Verbotenes. Wenigstens nicht sehr. Du kriegst bestimmt keine Schwierigkeiten deswegen."

„So? Na, dann ist es ja gut. Hoffentlich. Aber warum verrätst du mir nichts?"

„Es soll eine Überraschung sein. Erstens haben wir es geschworen, allergrößtes Ehrenwort. Zweitens wollen wir euch überraschen. Irgendwann, wenn wir ganz fertig sind, bald schon vielleicht..."

„Fertig mit was?"

190

„Fertig eben ... Dann laden wir euch ein und feiern ein Fest."

„Schön! Da freue ich mich schon. Hoffentlich wird auch was draus ..."

„Warum nicht?" Tommi war schon an der Tür.

„Ach, übrigens!" rief Vater Francesco hinter ihm her. „Erbse hat gesagt, in der Kiesgrube hat's gebrannt. Komisch, nicht? Was in so einer Kiesgrube wohl brennen kann? Da rätseln jetzt alle rum ..."

„Was?" schrie Tommi. Sein Gesicht war jetzt mindestens so rot wie die Tomaten, die sein Vater heute morgen bei Erbse in der Großmarkthalle gekauft hatte. „Was? In der Kiesgrube? Warum sagst du denn das nicht gleich? Bloß weg! Ich muß sofort zu TH und zu Milli ... und zu Schräubchen ..." Schon war er draußen, fast mehr geflogen als gegangen. Und auf dem Sattel.

„Dachte ich's doch ... Warte! Madonna!" rief Vater Francesco und kratzte sich am Hinterkopf. Er ahnte Schlimmes, Kummer für Tommi, und vielleicht sogar Aufregungen und Ärger.

Die vier von der Pizza-Bande jagten über die Landstraße. Milli hatte Moritz heute zu Hause eingesperrt, mochte er jaulen, soviel er wollte. Er hätte nur gestört, allein schon auf dem Weg, wo man immer aufpassen mußte, daß er nicht vor ein Auto lief. Auch Rolle war nicht bei ihnen – natürlich. Milli fand es selbst sehr unkameradschaftlich, daß sie nicht zu ihm gefahren waren. Aber es hätte zu lange gedauert, und bis er dann zur Kiesgrube gekommen wäre ...

Nein, sie hatten sich nur ganz kurz beraten und waren

sich gleich einig gewesen: „Wir gehen hinterher gleich zu ihm."

Hinterher, das hieß: Wenn wir wissen, was passiert ist.

Die vier Räder flogen in die Büsche. Es war ihnen egal, ob sie noch mal in den Tümpel geschoben wurden. Sie dachten heute nicht einmal an so etwas. Sie flogen geradezu über den Zaun, keuchend, mit stoßendem Atem – in die Kiesgrube. Da sahen sie schon das Unglück ...

„Mensch! Die Villa Bärenfett! Total abgebrannt!"

Hinauf auf die Anhöhe. Schwelende Holzstückchen. Ruß auf dem Kies, ein großer, schwarzer Fleck. Aschehäufchen. Sonst nichts, aber auch gar nichts.

„Ist das eine Scheiße!" sagte TH.

„Verdammt!"

„So eine Gemeinheit!" Milli und Schräubchen hatten fast Tränen in den Augen. Vielleicht sogar wirklich. Sie wischten sie nur ganz schnell raus. Sie ließen die Köpfe hängen; die Haare fielen über ihre Gesichter.

Tommi stocherte mit der Schuhspitze im Schutt. Er zeichnete Kreise. „Das waren die Köpfe", sagte er düster.

„Denen wäre es zuzutrauen."

„Warum sollte die Villa Bärenfett auch plötzlich von selbst zu brennen anfangen?"

„Vielleicht ... die Petroleumlampe?"

„Nein, die habe ich ausgemacht. Bestimmt, die machen wir doch immer aus!"

„Ja. Sicher. Aber beweisen können wir es nicht."

„Nein."

„Wir müssen sie uns schnappen! Oder erst einmal einen. Dann binden wir ihn an den Marterpfahl! Dann foltern wir ihn, bis er redet. Egal wer. Die wissen es alle."

„Ja. Anders geht es nicht. Sonst schiebt man es vielleicht noch uns in die Schuhe!"

„Es weiß doch keiner, daß wir hier waren."

„Aber klar doch: die Köpfe!"

„Ja, verdammt!"

Es war ein trüber Tag. Wind kam auf und blies die Flugasche davon. Ein paar kleine Flammen züngelten in der schwarzen Holzkohle.

„Seid mal still ..."

Sie hielten den Atem an.

„Was ist?"

„Ich glaube, ich hab ein Auto gehört."

„Los, wir verstecken uns – hinter die Hügel!"

Es übertraf ihre schlimmsten Erwartungen. Zwei Polizisten in grüner Uniform, Gürtel, Koppel, Pistole und Schirmmütze. Ernste Gesichter.

Die Freunde hatten sich gut geschützt in den Kies geworfen. Sie hoben die Köpfe ein wenig, gerade so viel, daß sie sehen konnten, ohne selbst entdeckt zu werden.

Inspektor Mauser und Wachtmeister Moll gingen zur Brandstelle. Sie blickten sich suchend um. Doch da war nichts, was ihnen irgendeinen Hinweis geben konnte. Der Inspektor zückte aber trotzdem sein Notizbuch und machte einige Eintragungen. Dann zuckte er die Achseln. Wachtmeister Moll zuckte auch die Achseln. Und nachdem sie die Brandstelle rings umschritten und von allen Seiten betrachtet hatten und die Größe aufgeschrieben und die Lage eingezeichnet hatten, drehten sie sich wieder um und schritten rutschend die Anhöhe hinab.

Unterwegs blieb der Inspektor stehen. Er bückte sich. Er hob etwas auf. Es konnte ein Buch sein oder so was Ähnliches, denn der Inspektor schlug es auf. Dann pfiff er leise durch die Zähne. Dann zeigte er diesen aufgeschlagenen Gegenstand seinem Kollegen. Der Kollege pfiff auch durch die Zähne.

Und jetzt hatten es die beiden Polizisten plötzlich viel eiliger, zurückzugehen. Richtig beschwingt wirkte ihr Gang.

Den aufgelesenen Gegenstand nahmen sie mit.

„Mann, was die wohl gefunden haben?" fragte Tommi flüsternd.

„Hoffentlich etwas, was die Köpfe verrät! Etwas mit Schlaukopfs Namen", wünschte sich Milli.

„Meinst du, daß wir heute so viel Glück haben?"

Schräubchen war voller Zweifel.

„Was es auch war – den Schlaukopf holen wir uns!" erklärte TH. „Der wird zum Reden gebracht, und wenn ich ihm Tag und Nacht auflauern muß."

„Ich lauere mit!" versprach Tommi. Und die Mädchen wollten ebenfalls dabeisein.

„Kommt, zu Rolle! Er muß auch wissen, was los ist."

„Ja", erklärte Tommi. „Aber ich will erst mal zu meinem Vater. Der ahnt schon was. Vielleicht brauchen wir seine Hilfe."

„Mal nur den Teufel nicht an die Wand!"

Vater Francesco erwartete Tommi schon: „Die Polizei war da!" Mamma Gina hatte gerötete Augen. Vielleicht, weil sie sich Sorgen machte, vielleicht aber auch vor Zorn.

„Junge, was habt ihr bloß angestellt?"

„Wir nicht, Mamma, bestimmt nicht!"

„Das kannst du dem Inspektor erzählen", knurrte der Vater. „Ich komme gleich mit."

„Wir natürlich auch", erklärte TH, zugleich für Milli und Schräubchen.

Auf der Polizeiwache schob der Inspektor Tommi gleich das Buch unter die Nase. „,Robinson Crusoe' – ist das deins?"

Tommi war drauf und dran, „nein" zu sagen. Er wußte selbst nicht, warum. Irgendwie lag das vielleicht an dieser blöden Atmosphäre in dem kahlen Raum. Hier muß man ja mit dem besten Gewissen der Welt Schuldgefühle kriegen, dachte er. Die hängen direkt in der Luft. Diese Art, mit einem zu sprechen! Also wirklich, als ob man ein Schwerverbrecher wäre. Diese forschenden Blicke, na ja, und die Uniformen und die Akten und Schreibmaschinen und überhaupt diese ganze farblos-nüchterne Einrichtung, da fehlen nur noch Gitter vor den Fenstern, und schon fühlst du dich wie im Knast.

Aber zu seinem Glück fiel ihm im letzten Augenblick noch ein, daß Lügen bestimmt alles nur noch schlimmer machen würde. Er nickte also.

„Klug von dir", sagte der Inspektor. „Du hast dich wohl erinnert, daß dein Name drinsteht?" Und er schlug die Seite auf. „Oder willst du mir vielleicht erzählen, daß du das Buch gerade gestern weiterverschenkt hast?"

„Der Junge hat zugegeben, daß es sein Buch ist!" rief Vater Francesco dazwischen. „Unterstellen Sie ihm doch nichts."

195

„Ihr Sohn kann ganz gut allein antworten", sagte der Inspektor.

„Kann er, kann er, Herr Inspektor. Aber er ist noch ein Kind, nicht wahr, und ich bin sein Vater, wie Sie sehr richtig bemerkt haben. Und wenn ich nichts sagen darf, dann kann er ja die Aussage verweigern, oder wir können einen Anwalt verlangen ..."

„Warum so aufgeregt?"

„Weil ich erst einmal wissen will, was man meinem Sohn eigentlich vorwirft."

„Vorläufig wird ihm gar nichts vorgeworfen. Wir führen nur Ermittlungen durch. Immerhin besteht ein Verdacht auf Brandstiftung."

„Brandstiftung? Madonna! Brandstiftung? Ja, was denn, wo denn?"

„Das wüßten wir auch gern", brummte der Inspektor. „Jedenfalls hat es gebrannt, und die Feuerwehr mußte ausrücken. Mindestens das kostet Geld. Vielleicht kostet aber auch das Geld, was da abgebrannt ist. Das wollen wir gern wissen."

„Das kann ich Ihnen vielleicht sagen!" rief ein kräftiger Mann, der eben zur Tür hereinkam.

„Sind Sie Beppo Fischhaber, der Besitzer?"

„Ja, der bin ich. Danke für Ihre Benachrichtigung. Meine Schwester läßt sich entschuldigen. Sie hat mir die Vertretung ihrer Interessen übertragen. Ja, also ich war gestern mittag draußen, in meiner Grube. Das war ja ein ganz hübsches Häuschen, was da abgebrannt ist ..."

„Ein Häuschen? Das wird ja immer besser ..."

„Ach was ...", begehrte Tommi auf.

196

Aber der kräftige Herr Beppo, der sich immer wieder den Schweiß von der Stirn wischte, ließ sich nicht unterbrechen. „Natürlich war es ein Häuschen, mit einer Terrasse, Fenstern..."

„Das wird ein teurer Spaß", sagte der Inspektor zu Vater Francesco. „Hoffentlich sind Sie gut versichert. Und außerdem gibt es einen Strafprozeß."

„Aber so lassen Sie sich doch erklären!" schrie Tommi. „Es war doch nur eine ganz einfache Holzbude!"

„Ach, so würde ich es nicht nennen", widersprach Beppo Fischhaber. „Eine ganz einfache Holzbude? Na, jedenfalls war die picobello eingerichtet, mit vier Liegen und Tisch und Stühlen und Bildern an den Wänden ..."

„Wertvolle Ölgemälde?" fragte der Inspektor.

Milli, TH und Schräubchen hatten bisher schweigend und verblüfft zugehört. Jetzt konnte Milli aber nicht mehr an sich halten. Sie rief wütend: „Ölgemälde? So ein Quatsch! Ganz einfache Plakate waren das! Poster ..."

„Aha, das junge Mädchen war also mit dabei", sagte der Inspektor. „Ja, dann wollen wir mal gleich die Personalien aufnehmen. Sonst noch jemand vielleicht?"

TH und Schräubchen meldeten sich.

„Waren das alle?"

„Ja ... das heißt: nein ...", stammelte Tommi. „Da war noch manchmal ..."

Millie gab ihm einen energischen Stups mit dem Ellenbogen. „Das ist doch wirklich nicht nötig!" rief sie.

Tommi zuckte schuldbewußt zusammen. „Ich dachte ja nur...", murmelte er.

„Also, was interessant ist, entscheide ich", bemerkte der

Wachtmeister. „Wer war noch dabei? Ich will jetzt alle wissen!"

„Ach, nur Moritz, mein Hund", erklärte Milli schnell. „Das ist doch sicher nicht wichtig, Herr Inspektor."

„Ausnahmsweise hast du recht", sagte dieser. „Also, nun mal weiter mit diesem Haus ..."

„Es war wirklich nur eine wertlose Bude", erklärte TH. „Sie können es mir glauben. Wir haben sie ja selbst gebaut."

„Aus Holz, was da rumlag. Teile von einer alten Bauhütte..."

„Aha!"

„Ganz wertloses Zeug, Herr Inspektor."

„Das behauptet ihr. Aber den Schaden muß schon der Eigentümer beziffern – Herr Fischhaber."

„Wieso ist er der Eigentümer? Er hat sie doch nicht gebaut."

„Aber das Holz war seines, im Zweifelsfall. Und außerdem gehört ein Gebäude immer dem Grundbesitzer. In diesem Fall also Herrn Fischhaber."

„Dann könnte er Geld für eine Bude verlangen, die er gar nicht gebaut hat?"

„So ist es. Sie gehört ihm. Und außerdem kann er Anzeige erstatten. Wegen Brandstiftung ..."

„Ja, denken Sie denn, wir hätten unser schönes Häuschen selbst angezündet?"

„Jetzt ist es plötzlich ein schönes Häuschen! – Also, wie ist es, Herr Fischhaber, erstatten Sie Anzeige? Fahrlässige Brandstiftung liegt in jedem Fall vor. Etwas anderes läßt sich schlecht beweisen. Schadenersatz können Sie auch verlangen. Wie steht es?"

Beppo überlegte. Und plötzlich sah er sich da stehen, in der Hütte und die Petroleumlampe anzünden … Mein Gott, war er es vielleicht selbst gewesen? Er schüttelte den Kopf. „Ich unternehme nichts", erklärte er. „Das gilt auch für meine Schwester. Die Kinder sind gestraft genug. Ich habe keinen Schaden gehabt. Und die Hütte hätte ich sowieso abgerissen, sobald ich wieder mit dem Kiesabbau beginne. Dann müssen sie auch aus der Grube verschwinden."

„Sie bauen wieder Kies ab?" Vater Francesco erinnerte sich dunkel – da hatte Millis Vater doch mal etwas erwähnt von einem Naturschutzgebiet?

„Klar. Und ich habe die Abbaugenehmigung!" Beppo Fischhaber nickte.

„Aber die Frösche, Lurche, Vögel, Kröten und all die Pflanzen?" rief Milli.

„Nun beruhige dich mal, Kleine", meinte Beppo Fischhaber. Er wischte sich den Schweiß aus dem Nacken. Er ärgerte sich nämlich, daß er sich hatte hinreißen lassen und überhaupt etwas sagte. Aber nun war es zu spät, und er mußte da durch. „Die Viecher da draußen habt ihr selbst schon ganz schön gestört. In einem Naturschutzgebiet können auch keine Kinder spielen. Noch dazu mit einem Hund! Raus müßt ihr sowieso. Aber von Naturschutz ist ja noch lange keine Rede. Erst kommt mal mein Bagger. Und dann mache ich ratzeputz! Die Leute wollen wohnen, die Leute wollen bauen …"

„Ja, und Sie wollen Geld verdienen!" rief Milli böse.

„Ja, kleine Dame. Da ist auch nichts Schlechtes dran. Das will dein Vater auch. Sonst habt ihr nichts mehr zu essen, so ist es doch, oder? Häuser und Wohnungen und Fabriken müssen gebaut werden. Dazu braucht man Kies. Ohne Kies kein Bau. So einfach ist das! Ich helfe nur dabei."

„Es wurde bisher doch auch ohne Ihren Kies gebaut", begehrte Tommi auf.

„Überlaß das gefälligst mir", knurrte Beppo Fischhaber böse. „Ich kann mir das immer noch überlegen, mit der Anzeige und dem Schadenersatz, verstehst du!"

Tommi senkte den Kopf. Vater Francesco hatte eine wütende Bemerkung auf der Zunge. Aber er hielt sich gerade noch zurück. „Können wir jetzt gehen?" brummte er. „Ich hab zu tun, in der Pizzeria. Und die Kinder wollen zu ihren Eltern."

„Ja", knurrte der Inspektor. „Ich lege die Akte erst einmal beiseite. Guten Tag, meine Herrschaften."

Alle waren froh, wieder rauszukommen.

Und ein gewisser Mauskopf rieb sich die Hände, als er diesen Auszug sah, die betrübten Gesichter ... Das mußte er Schlaukopf berichten!

Beppo Fischhaber entfernte sich schnell in die andere Richtung. Er wollte sich auf keine Diskussion über Naturschutz oder solchen Unsinn einlassen. Da kam doch nichts bei raus, höchstens wurde die Sache noch schlimmer. Er wollte gleich bei dem Lieferanten anrufen. Er brauchte seinen Bagger sofort. Jetzt war jeder Tag kostbar. Die bewachsenen Uferstreifen mit all dem Röhricht, den Pflanzen und den Kleintieren hatte er in einem Tag abgetragen. Dann konnte kommen, wer wollte.

Neue Pläne

Die vier Freunde saßen mit hängenden Köpfen im Neben-zimmer der Pizzeria, im Pizza-Treff. Rolle war zu ihnen gestoßen, telefonisch herbeigerufen.

Vater Carotti hatte aber noch mehr getan. Er hatte auch gleich die Eltern zusammentelefoniert. Er fand es wichtig. Und sie waren auch gekommen, hatten sich irgendwie freigemacht. Millis Vater, Joseph Obermaier, vom Maier-hof; Schräubchens Vater, Otto Wagner von der Autorepa-raturwerkstatt, und THs Vater, Ludwig Roland, aus der Keksfabrik.

Daß die Mütter nicht dabei waren, hatte einen ganz ein-fachen, praktischen Grund: Sie mußten kochen. Millis Mutter für die Leute auf dem Hof, Schräubchens Mutter für die ganze Familie Wagner. TH hatte ja keine Mutter, wenigstens keine, die in Sommerberg lebte, denn seine El-tern waren geschieden.

Nur Rolles Vater konnte nicht kommen. Er war gerade bei einer Operation – da war es wirklich unmöglich.

Aber sie würden ja später alles erfahren. Auch so schon war der kleine Pizza-Treff fast überfüllt.

Und einer kam noch in der letzten Minute und gehörte eigentlich gar nicht „zur Familie" – desto mehr gehörte er „zur Sache". Es war der Geoschnüffler, richtiger der Erd-kundelehrer, Herr Guntner. Und er war es auch, der jetzt die kleine Versammlung mehr und mehr leitete. Darüber, daß die Kinder in einem gesperrten Gelände gespielt hatten, ging man schnell hinweg. Das nahm keiner ernst. Nicht einmal den Brand der „Villa Bärenfett" – man glaubte ihnen aufs Wort, daß sie ihr wunderbares Ferienhaus, das sie mit so viel Liebe gebaut und eingerichtet hatten, nicht selbst in Brand steckten. Einfach Pech? Fahrlässigkeit? „Da seht ihr, daß man nicht vorsichtig genug sein kann!"

„Wir sind aber nicht schuld."

Damit war dieses Thema erledigt. Ein anderes erschien dem Geoschnüffler viel, viel wichtiger. Das Biotop war in Gefahr. „Wir haben zu lange gewartet", sagte er traurig. „Ich habe die Dinge schleifen lassen, weil ich nicht mit Beppo Fischhabers Rückkehr rechnete. Mein Gott, es war alles so schön, so friedlich da draußen. Ich dachte: Nur nicht daran rühren, nur niemanden auf die Kiesgrube aufmerksam machen. So wuchsen die Pflanzen, so kehrten die Lurche, die Frösche, die Vögel und Libellen zurück. Die Rohrkolben, die Wasserschläuche ..., die Gelbbandkäfer, die Geburtshelferkröte ..., die Ringelnatter ..., der Flußregenpfeifer, der seltene Eisvogel ... Übrigens, ihr vier, hätte ich gewußt, daß ihr dort euer Unwesen treibt, daß ihr dort spielt und badet, hätte ich alle Hebel in Bewegung gesetzt, es euch zu verbieten."

Millis Vater nickte.

„Ja, und Sie hätten meine vollste Unterstützung gehabt! So gut ich unsere Kinder verstehe, so gern ich dort mit ihnen zusammengewesen wäre, aber die Natur darf dort nicht gestört werden! Wenn ich nur an unseren Moritz und die Enten denke..."

„Ich habe ihn meistens an der Leine gehabt", murmelte Milli.

„Was geschehen ist, ist jedenfalls geschehen", sagte der Geoschnüffler versöhnlich. „Der Schaden, den ihr angerichtet habt, wächst wieder zu. Ja, jetzt bin ich euch sogar dankbar. Denn nur durch dieses Unglück mit eurer in Flammen aufgegangenen Bude haben wir ja überhaupt von Beppo Fischhabers Plänen erfahren! Andernfalls wäre er eines Morgens mit seinem neuen Bagger dort erschienen und hätte die Ufer *gesäubert* – wie er es bestimmt nennt. Dann wäre alles aus- und vorbeigewesen."

„Dann wären all die Tiere und Pflanzen gestorben?" fragte Milli entsetzt.

„Worauf du Gift nehmen kannst. Und wenn uns nicht ganz schnell etwas einfällt, wird es auch noch geschehen."

„Dann müssen wir sofort mit ihm reden!" rief Schräubchen.

„Das wird gar nichts bringen", sagte Vater Francesco.

„Er hat es ja heute morgen auf der Polizei deutlich gesagt. Er hat schon einen Bagger bestellt. Soll er den etwa abbestellen, wegen ein paar Kröten. Das macht er niemals."

Millis und THs Vater nickten. Sie dachten genauso.

Rolle schlug vor: „Mit seiner Schwester, wie hieß sie doch gleich ..."

„Zenzi Hintermooser, geborene Fischhaber ..."

„Mit Zenzi könnten wir aber doch wenigstens sprechen! Sie ist Mitinhaberin der Grube. Und ohne sie kann ihr Bruder vielleicht nichts tun", meinte Rolle. „Ich will gern zu ihr fahren."

„Dann gehen wir mit", sagte TH. Und Milli, Schräub-

203

chen und Tommi nickten. „Wir gehen gleich."

„Ihr könnt das tun. Ja, es ist vielleicht gut, wenn ihr Kinder es tut. Euch kann sie weniger etwas abschlagen als uns Erwachsenen. Aber wir können uns nicht darauf verlassen. Ich bezweifle, daß sie sich gegen den sturen Beppo Fischhaber durchsetzen kann, selbst wenn sie es wollte. Der handelt eventuell sogar auf eigene Faust. Für ihn steht wohl jetzt schon zuviel Geld auf dem Spiel. Nein, ich denke, uns kann nur die Flucht nach vorn helfen ..."

„Was soll das heißen?"

„An die Öffentlichkeit müssen wir!"

„Klar!" rief Rolle. „Die Presse ..."

„Eine friedliche Demonstration!" riefen TH und Milli.

„Ich male Plakate: *Rettet das Kiesgruben-Biotop*", erklärte Schräubchen. Ihre Augen leuchteten. „Oder: *Laßt die Tiere und Pflanzen leben, wir brauchen sie!*"

„Ja!" Der Geoschnüffler nickte. „So ähnlich müssen wir es versuchen. Wir müssen viele, viele Freunde gewinnen. Beppo Fischhaber muß den Widerstand der ganzen Bevölkerung spüren. Er muß sich wie ein Verbrecher vorkommen. Und ich fahre heute noch zum Landratsamt und sehe zu, was ich dort erreichen kann. Aber eines ist schon klar. Der Dienstweg dauert viel zu lange! Bis so ein Antrag auf Schutzwürdigkeit geprüft und nochmals geprüft wird ... und bis die Interessen gegeneinander abgewägt werden ... Das ist alles viel zu unsicher!"

Das sahen sie alle ein, und TH erklärte: „Was wir von der Pizza-Bande tun können, das tun wir."

„Ja!" rief Tommi. „Ich würde mich sogar mit dem Teufel verbünden!"

204

„Hast du jemand Bestimmten im Sinn?"

Tommi gab keine Antwort. Aber die Mädchen, Schräubchen und Milli, waren auch Feuer und Flamme. Dachten sie etwa an die Köpfe?

Und Rolle sprach aus, was sie alle fühlten: „Bisher war alles ein Spiel, ein sehr schönes Spiel. Aber jetzt wird Ernst daraus, jetzt geht es um eine wichtige Sache. Und das ist noch viel, viel besser!

„Los, wir fahren noch einmal in die Kiesgrube", schlug Tommi vor.

„Warum?"

„Genau weiß ich es auch nicht. Ich habe nur so etwas in der Nase ..., eine Art Ahnung, als ob dort noch etwas passieren könnte. Vielleicht auch nur, um von unserem Paradies Abschied zu nehmen – gewissermaßen. Vielleicht aber auch, weil ich glaube, dort – wenn wir mitten darin sind – kommen wir vielleicht auf die richtigen Ideen zu seiner Rettung."

„Du meinst, so eine Art Einflüsterung durch den Ort?"

„So was gibt es. Kann sein, daß die Pflanzen und Tiere uns nachdenken helfen, allein durch ihre stumme Anwesenheit." Und als er des Geoschnüfflers zweifelndes Gesicht sah, fügte er schnell hinzu: „Die Pflanzen und Tiere lassen wir natürlich in Ruhe – wir gehen nur in die Hügel."

Ein Überfall –
und plötzliche Wende

Schlaukopf der Große hatte seinen Zorn auf Spitzkopf völlig vergessen. Er schwelgte im Vollgefühl seines Sieges. Am Brand der Hütte fühlte er sich nicht schuldig. Keiner von ihnen hatte auch nur ein Streichholz in die Hand genommen. Aber daß die Hütte abgebrannt war, empfand er wie das Pünktchen auf dem i. Er fand sich wie durch eine höhere Macht bestätigt. Das Werk der Zerstörung war noch gründlicher durchgeführt worden, als er es gewollt hatte.

Ja, da lag aber auch wieder ein Haken! Die Hütte war nun weg – und sein Zettel war mitverbrannt. Die Pizza-Bande konnte sich also nur denken, daß er draußen gewesen war, wissen konnte sie es nicht. Und nun schoben die Pizza-Fresser ihnen – den klugen Köpfen – vielleicht sogar so eine schändliche Tat wie eine Brandstiftung in die Schuhe, wo sie sich doch nur ein bißchen über das Feuer freuten, aber es selbst niemals angezündet haben würden.

Daß die vier auf die Polizei mußten, hatte ihm sein gutfunktionierender Nachrichtendienst Mauskopf längst gemeldet. Und dann war auch noch Beppo Fischhaber gekommen, aus welchem interessanten Umstand Schlaukopf der Große sofort seine Schlüsse gezogen hatte.

Um so mehr kränkte es ihn, daß die Pizza-Fresser eigentlich doch gar nicht wußten, welch schönes Zerstö-

206

rungswerk er angerichtet hatte. Das war – genau betrachtet, trotz Sieg und Erfolg – nicht der Sinn der Veranstaltung gewesen. Triumph sollte schon sein! Schlaukopf der Große rief seine Gruppe und seine Schwester Strohköpfchen also noch einmal zusammen und befahl einen zweiten Zug zur Kiesgrube. Er war an diesem Tag wirklich ganz groß in Form und dachte an alles! „Erstens: Wir bewaffnen uns mit Holzschilden. Kistendeckel, vier Löcher, Stricke – durch den Oberarm. Da sollen die ruhig mit Steinen werfen, wenn sie überhaupt da draußen sind."

„Ja, aber was willst du denn da?"

„Das kommt zweitens. Wir pflanzen ein Schild auf der Brandstelle auf: *Die Köpfe waren hier und haben eure stinkige Hütte verwüstet. Aber ein Feuer haben sie nicht gelegt!*"

„Aber Moritz, der Hund?" fragte Bumskopf.

„Das kommt drittens. Den fangen wir. Dafür habe ich ein Netz, so ein Stück altes Fischernetz aus Italien! Wenn der Köter kommt, werfen wir es ihm einfach über, oder wir lassen ihn reinlaufen. Wir schleppen ihn ab, nehmen ihn als Geisel und verlangen zur Auslösung vollkommene Unterwerfung!"

Das war wirklich eine Pfundsidee! Einfach irre gut!

In der Kiesgrube hatte sich inzwischen folgendes abgespielt: Tommi, Schräubchen, TH und Milli hatten Rolle auf die Anhöhe geschoben. Milli hatte Moritz an der langen Leine. Und da saßen sie nun, in der Nähe des Brandflecks auf den grauen Steinen, um Rolles Stuhl gruppiert, und hingen traurigen Gedanken nach.

Sie hörten den Anmarsch der Köpfe schon von weitem.

207

Denn die Bande gab sich nicht die geringste Mühe, leise zu sein, ganz im Gegenteil, grölend hielten sie ihren Einzug in die Kiesgrube. Sie sangen, „wir haun die Pizza-Fresser in die Pfanne, schon lange, noch lange!", ohne sich darum zu kümmern, daß es mit dem Reim nicht so ganz stimmte.

Sie sangen schaurig-schön, vor allem aber laut.

Sie marschierten hinter großen Schilden aus Kistendekkeln, fünf Mann hoch – wobei wir Strohköpfchen ruhig als Mann rechnen – und richtig gefährlich aussahen, und weil Schlaukopf der Große eine Holzstange trug, auf der ein Schild befestigt war, dessen Aufschrift aber niemand lesen konnte, denn er hielt es nicht ruhig, sondern schwenkte es wild hin und her. Daß Mauskopf und Spitzkopf außerdem zwischen sich ein Stück Fischernetz spannten, konnte auf dem Hügel noch weniger jemand bemerken, denn sie schritten in der hintersten Reihe.

Am Fuße des Hügels befahl Schlaukopf der Große: „Halt!"

TH, Tommi, Schräubchen und Milli waren längst aufgesprungen und hatten sich vorsichtshalber mit einer Handvoll Kiesel bewaffnet, aber nur für den äußersten Notfall, denn mit Steinen zu werfen fanden sie im Grunde feige. Was sollten sie aber gegen einen gemeinen Gegner sonst machen?

„Ja, werft nur, ihr Arschlöcher!" schrie Schlaukopf. „Diesmal erwischt ihr uns nicht! Könnt ihr blinden Suppenhühner lesen, was ich hier auf das Schild geschrieben habe?" Er hielt es ihnen aufreizend entgegen, stemmte die Stange in den Boden. „Wir waren hier und haben eure Scheißbude mal gründlich aufgeräumt! Schade, daß ihr es nicht gesehen habt! Denn das Feuer haben wir nicht angezündet. So blöd waren wir nicht. Dann hätten wir ja unser eigenes, schönes Zerstörungswerk mit verbrannt. Und meinen Zettel, den ich mitten hineingelegt habe …"

Man konnte ihn freilich kaum verstehen, denn Moritz bellte und knurrte wie wild und zerrte an seiner Leine und richtete sich auf und fletschte die Zähne … Milli versuchte ihn festzuhalten. Aber irgendwie entglitt die Leine ihrer Hand …

Und nun ging alles furchtbar rasch. Moritz jagte bellend den Hang herunter, und Schlaukopf schrie: „Spannt das Netz auf!" Er stellte sich direkt davor, und kaum war Moritz da und wollte an ihm hochspringen, da hüpfte Schlaukopf geschickt wie ein Stabhochspringer an seiner Stange über das Netz, und schon verfing der Hund sich darin. Schlaukopf schleuderte die Tafel beiseite und zog dem tobenden Moritz das Netz ganz über, so daß er wie ein zappelnder Fisch darin hing, mit den Pfoten und mit der Schnauze, und ganz verdutzt war und vor lauter Schrecken ganz still. Schlaukopf gab einen seiner großartigen Befehle. Er schrie: „Schnell weg mit dem Köter! Mauskopf und Spitzkopf tragen ihn, und Strohkopf und Bumskopf decken den Rückzug…", so daß diese vier schleunigst mit dem eingewickelten Hund die Kiesgrube verließen.

„So eine Gemeinheit!" schrie Milli. „Moritz!" Sie wollte hinunter, so daß sie dem triumphierenden Schlaukopf direkt in die Arme gerutscht wäre.

Aber Rolle in seinem Rollstuhl behielt einen kühlen Kopf. Er erkannte sofort, was jetzt zu tun war, er zischte den anderen zu: „Rasch! Milli und Tommi rechts runter,

209

TH und Schräubchen links runter, schneidet Schlaukopf den Rückweg ab! Werft euch nur auf ihn, laßt den Hund! Fangt ihn, bringt ihn hier rauf ..."

Und er selbst brüllte Schlaukopf zu, um ihn abzulenken: „Du Hosenscheißer, du schiefmäuliger Schakal, hast also hier Feuer gelegt ..."

„Hab ich nicht!"

„Das glaubt dir doch keiner, du miese Kröte, du hinterhältige Sau du ..." Er brachte Schlaukopf so in Wut, daß der gar nicht daran dachte, davonzulaufen, sondern sich im geheimen immer noch freute – „Wir haben den Köter!" – und alles dazu tun wollte, daß seine Freunde den Moritz gut abtransportieren konnten. Was inzwischen auch wirklich auf dem Fahrradgepäckträger – nicht sehr bequem für Moritz – geschah.

Aber auf diese Weise bemerkte Schlaukopf die Gefahr nicht, in der er schwebte. Und als er Milli und Tommi von links (nämlich von ihm aus gesehen links) kommen sah, warf er sich kühl auf sie und dachte sie in die Flucht zu schlagen, notfalls mit den Zähnen und mit Fußtritten. Aber da wurde er auch von hinten angegriffen, und es nützte ihm nichts, daß er keuchte: „Ihr feigen Schweine – vier gegen einen!" Aber sie hielten ihn so fest, daß er sich nicht selbst befreien konnte, so wütend er auch um sich trat und spuckte.

Schließlich war es ihm aber sogar ganz recht. Er ließ sich die Anhöhe hinaufschieben und stand dann vor Rolle, der jetzt der Häuptling zu sein schien und von allen als solcher akzeptiert wurde.

„Also wie war das mit dem Feuer?"

„Das waren wir nicht! Ehrenwort", stöhnte Schlaukopf unter THs und Tommis Griffen, die nicht gerade zimperlich mit seinen Armen umgingen. „Da seid ihr selbst dran schuld! Ihr habt die Petroleumlampe brennen lassen. Und da wird das Dach angefangen haben zu glühen ..."

„Könnte leider so gewesen sein", gab Rolle zu. „Vor allem glaube ich dir, daß wir die Verwüstung sehen sollten, die ihr hier angerichtet hattet!"

„Klar, solltet ihr!" grinste Schlaukopf. „Au, du Arschloch, hör auf, an meinem Arm herumzudrehen! Klar solltet ihr! Zu schade nur, daß wir eure blöden Gesichter nun nie mehr zu sehen kriegen, die ihr gemacht hättet, wenn ..."

„Hm", brummte Rolle. „Also vermutlich keine Brandstiftung ... immerhin hättet ihr die Lampe ja ausmachen können, wenn wir sie schon brennen gelassen haben."

„Was? Hätten wir uns wegen euch Pupsern vielleicht die Finger verbrennen sollen?"

Milli interessierte sich im Augenblick nicht für diese wichtige Unterredung. Sie fauchte Schlaukopf an: „Rück Moritz wieder raus, du Mistkerl, oder es geht dir schlecht!"

„Den müßt ihr euch schon selber holen", grinste Schlaukopf. „Aua ..." Tommi hatte ihm den Arm hoch auf den Rücken gedreht.

„Gar nichts werden wir", brüllte ihn Rolle an. „Du wirst noch um die Gnade winseln, daß wir den Hund zurücknehmen und dich dafür freilassen. An den Marterpfahl kommst du!" Tommi verdrehte den Arm noch fester.

„Schwöre, daß ihr Moritz zurückgebt, sofort, und daß ihm nichts geschieht!" rief Milli verzweifelt.

„Ich schwöre", zischte Schlaukopf durch die Zähne.

211

„Ehrenwort!"

„Weg da mit deinen Fingern!"

„Ehrenwort?"

„Meinetwegen, Ehrenwort. Dem Köter passiert nichts. Wir können ihn ja sowieso nicht behalten. Bin ich jetzt frei?"

„Noch lange nicht", sagte Rolle. „Du müßtest ja eigentlich noch bestraft werden für die Zerstörung unserer Villa Bärenfett. Aber wir haben jetzt Wichtigeres im Kopf ..."

„Nehmt das Wort ‚Kopf' nicht in den Mund, ihr Sauhunde!"

„Meinetwegen, du Kojote. Also ..., Wichtigeres im Sinn, wenn dir das lieber ist. Was ich nämlich fragen wollte: Weißt du, daß Beppo Fischhaber wieder Kies abbauen will?"

„Nein, keine Ahnung, schade um den schönen Platz!"

„Und daß dadurch alles zerstört wird, alles, was hier gewachsen ist, die ganze Natur, die Pflanzen, die Tiere ... und die Vögel ihre Nistplätze verlieren!"

„Ist ja echt Scheiße! Bestimmt!"

„Wir wollen das verhindern."

„Ach ... ja? Das wäre gut!"

„Wollt ihr Köpfe uns dabei helfen?"

„Daß die Frösche hierbleiben, und die Schmetterlinge und die Vögel ..."

„Klar!"

„Genau!"

„Mann, darüber ließe sich reden. Das muß man ja direkt! Ich meine, wo mein Alter doch sogar im Bund Naturschutz ist, und überhaupt ..."

„Machst du mit? Deine letzte Chance!" Schlaukopf zö-

212

gerte, dann sagte er: „Das ist ein Ding! Ja, ich mach mit! Wir machen alle mit!"

Jetzt schlug die Stimmung um. Schlaukopf gab Rolle die Hand, TH legte seine darauf, dann Schräubchen, dann Tommi, zuoberst Milli.

„Jetzt sind wir ein Bund!" erklärte Rolle. „Ein Bund im Kampf um das Paradies! Sprichst du auch für deine Freunde?"

„Für jeden von ihnen. Das schwöre ich!"

„Und was können wir tun? Was schlägst du vor?"

Schlaukopf kauerte sich zu Füßen von Rolles Stuhl auf den Boden. Die anderen ließen sich neben ihm nieder. „Also", erklärte Schlaukopf. „Wir fahren jetzt heim. Ihr bekommt Moritz gleich zurück. Es ist ihm bestimmt nichts passiert. Höchstens, daß ihn Strohköpfchen mit Milch gefüttert hat. Vermutlich hat sie ihn in ihr Bett gesteckt. Sie ist doch so hundeverrückt." Er grinste.

„Und dann versammeln wir uns in unserem Hof und beraten. Die Pizza-Bande mit der Köpfe-Bande – einverstanden?"

„Einverstanden!" sagte Rolle. „Aber zuvor fahre ich noch zu Zenzi Hintermooser und rede mit ihr."

„Wir kommen alle mit!"

„Nein! Ich mache das lieber allein. Wenn zu viele kommen, fühlt sie sich überfahren. Allein rede ich auch besser. Und vielleicht ist es in diesem Fall sogar ganz gut, daß ich behindert bin. Da bin ich doch auch mal zu etwas zu gebrauchen."

„Um das festzustellen, brauchst du nicht erst zur Zenzi Hintermooser zu fahren. Das wissen wir längst", sagte

213

Schlaukopf der Große.

Da strahlte ihn Milli an, ihn, den Schlaukopf.

Die anderen nickten.

„Wir gehen noch einmal runter an den See", schlug Tommi vor. „Vielleicht ist es das letzte Mal – so allein."

Das Wasser schimmerte hell. Libellen schwirrten über den Röhricht, Seerosen schienen im Licht zu schweben.

„Schade …", sagte Schräubchen.

Da stieß Tommi einen Schrei aus.

„Ach, das ist doch nur ein Frosch", sagte Milli. Sie lachte.

Tommi wäre fast auf das kleine Tier getreten. Jetzt kauerten sich alle nieder. Der grüne Kerl starrte sie aus seinen runden, kleinen Augen an. Sein Kehlkopf blähte sich. Er blies die Backen auf.

„Sei ganz ruhig, wir helfen dir!" sagte Milli.

„Klar", stimmte Tommi zu.

„Ich nehme dich als Ehrenfrosch in die Köpfe-Bande auf!" erklärte Schlaukopf. Er lachte. Da hatte er wieder mal das letzte Wort gehabt.

Der Frosch hüpfte ins Wasser und verschwand.

Verschwörung

Es war schon dunkel, als sich die beiden Banden trafen, und zwar im Hinterhof der Eisenhandlung Lutz, dem bewährten Versammlungsort der Köpfe. Schon vorher hatte Milli ihren Moritz wiederbekommen. Strohköpfchen brachte ihr den geliebten, struppigen Hund vor die Tür.

214

Und Moritz freute sich lautstark. Aber auch die beiden Mädchen sahen sich neugierig an. „Ich hab den Moritz gut behandelt. Er hat zu trinken bekommen. Zuerst hat er ein bißchen gejault, aber bald war er ruhig. Ich hätte ihn auch bestimmt schon heute abend wieder zu euch gebracht, selbst wenn ihr euch mit Schlaukopf nicht geeinigt hättet", versicherte sie. Und fügte lachend hinzu. „Meine Eltern hätten das ja auch gar nicht erlaubt, daß ich Moritz über Nacht behalte. Habt ihr wirklich den großen Bauernhof?"

„Den Maierhof, ja! Wenn du willst, kannst du ja mal rauskommen."

„Mach ich!"

Milli hatte Moritz dann nach Hause auf den Hof gebracht und ihm erklärt: „Von jetzt ab mußt du hierbleiben. Bei dem, was wir jetzt vorhaben, würden kleine Hunde nur stören." Sie streichelte sein Klappohr, und Moritz guckte sie verständnisvoll an – was ihn freilich nicht daran hinderte, ganz verständnislos hinter Milli her zu winseln, als sie ihn daheim ließ.

Und dann fand das denkwürdige Zusammentreffen statt. Es war so spät geworden, weil man unbedingt das Ergebnis der Unterredung Rolles mit Frau Zenzi Hintermooser, Beppo Fischhabers Schwester, abwarten wollte. So war es ausgemacht.

Schlaukopf der Große aber hatte sich etwas Besonderes ausgedacht – er dachte sich ja immer gern etwas aus und liebte bedeutende Auftritte. Nur nichts Normales!

Als die Pizza-Bande durch die Hofeinfahrt kam, wurde sie von den Köpfen erwartet, indem sie zu je zwei und zwei – nämlich Strohköpfchen und Mauskopf auf der linken, Spitzkopf und Bumskopf auf der rechten Seite – zwei Reihen bildeten, an deren Ende, in der Mitte des Weges, Schlaukopf der Große persönlich stand. Und jeder trug eine brennende Kerze.

Durch dieses Spalier der brennenden Kerzen marschierte die Pizza-Bande und fühlte sich sehr geehrt. Nur einmal gab es einen kleinen Zwischenfall, als nämlich Mauskopf laut „aua!" brüllte.

„Was ist denn los?" herrschte ihn Schlaukopf an.

„Na ja", brummte Mauskopf. „Mir ist das heiße Wachs über die Pfote gelaufen."

Schlaukopf empfing also seine Gäste am Ende das Spaliers, und alle Köpfe der Köpfe, ihre grinsenden Gesichter, wurden so schön vom Kerzenlicht beleuchtet, daß es jedem unvergeßlich blieb.

„Willkommen, Freunde!" rief Schlaukopf.

Und TH erwiderte. „Freunde, wir danken!"

Dann wurden die Kerzen mit heißem Wachs auf die Stapel mit Blechplatten geklebt, so daß ein beleuchteter Raum entstand.

„Ist Rolle noch nicht da?" fragte Tommi.

„Nein!" Aber genau in diesem Augenblick bog er mit seinem Rollstuhl in den Hof ein. „Schade, daß er den Empfang nicht miterlebt hat!" Aber er sah noch die flammenden Kerzen, die im leichten Wind hin und her schwankten.

Schlaukopf der Große hatte noch eine Überraschung im Ärmel: Wortwörtlich, denn er zauberte dort eine Indianerpfeife hervor, hatte auch Tabak und Streichhölzer in der Tasche, er steckte die Pfeife selbst an, rauchte, blies

216

den Qualm in alle vier Himmelsrichtungen und sprach von Frieden und Freundschaft.

Dann taten es ihm alle nach. Die meisten husteten und spuckten hinterher. Aber schön feierlich war es.

Rolle berichtete in aller Kürze. „Die Zenzi hat mich freundlich aufgenommen – das ist aber auch alles. Sie hat mir erklärt, daß sie mit ihrem Bruder einen Vertrag gemacht hat. Und den kann sie nicht brechen, und ihr Bruder darf also den Kies abbauen. Sie sei auch schon zu alt, hat sie gemeint, als sich noch mit irgend jemand zu streiten. Wir müßten uns nur an ihren Bruder halten. Aber gegen den könnten wir sicher nichts ausrichten, der hat als Junge schon so einen Dickschädel gehabt, und manchmal nur aus Trotz was durchgesetzt, auch wenn er es eigentlich gar nicht gewollt hat."

„Das war also Sense."

„Vollkommen! Aber ich mußte es versuchen."

„Hast du auch nicht verraten, daß wir noch was unternehmen wollen?"

„Natürlich nicht. Aber die Zenzi hat mir trotzdem viel Glück gewünscht, gerade, als ob sie was ahnte."

„Natürlich denkt sie sich, daß irgendwas im Busch ist. Der Beppo weiß das sicher. Deshalb wird er sich auch beeilen mit dem, was er vorhat."

„Aber was sollen wir jetzt machen?"

„Wir beschatten ihn! Rund um die Uhr. Wir lassen ihn nicht aus den Augen!"

„Warum?"

„Damit wir wissen, wann er mit dem Bagger zur Kiesgrube rausfährt..."

„Du meinst…"

„Zuerst noch was anderes. Wie schon mit den Eltern besprochen, müssen wir die Leute mobilisieren. Unter den Kurgästen, unter den Touristen gibt es auch viele Naturfreunde. Mehr als wir vielleicht denken. Deshalb kommen die ja schließlich nach Sommerberg. Und bei den Einheimischen ist das doch genauso, viele sind Naturschützer. Oder sie wissen wenigstens, wie wichtig das geworden ist."

„Das stimmt. Und außerdem leben hier die Leute ja auch von den Touristen, die wegen der schönen Landschaft herkommen. Wenn ihr versteht, was ich meine…"

„Du meinst, Naturschutz ist auch ein dickes wirtschaftliches Interesse!"

„Klar! Und das ist in diesem Fall auch gut."

„Na ja, aber es geht denen doch nicht um die Kiesgrube."

„Nein! Natürlich nicht. Aber es geht um ein Prinzip! Das ist es."

„Okay. Was sollen wir jetzt tun?"

„Erstens, wir müssen die Zeitung mobilmachen. Die müssen einen Artikel mit Fotos von der Kiesgrube bringen, wie schön und schützenswert dieses … dieses … wie heißt das Ding doch gleich?"

„Biotop!"

„Klar! Also, wie wichtig dieses Biotop ist. Und wie viele vom Aussterben bedrohte Tiere dort wieder leben."

„Und Pflanzen!"

„Ja, also die Presse. Aber das geht auch nicht so schnell! Inzwischen war der Beppo vielleicht schon draußen und hat zu baggern angefangen."

„Noch hat er seinen Bagger ja nicht!"

„Nein! Aber der bringt es fertig und mietet sich einen von einem anderen Unternehmer, weil er weiß, daß er schnell sein muß."

„Das glaube ich auch. So gemein ist der!"

„So gemein? Der glaubt doch, er ist im Recht."

„Das ist er ja auch eigentlich. Also vor dem Gesetz. Das macht die Sache ja so schwierig. Und wir setzen uns ins Unrecht. Ich schlage deshalb vor, daß wir gleich morgen eine Demonstration machen. Einen Zug durch die Straßen mit Plakaten und Spruchbändern!"

„Dürfen wir denn das?"

„Keine Angst", erklärte jetzt Milli. „Mein Vater und der Geoschnüffler haben sich schon die Genehmigung für eine friedliche Demo geholt."

„Die braucht man doch nicht. Es genügt, wenn man sie anmeldet."

„Ist ja egal. Jedenfalls ist das geregelt. Morgen mittag um zwölf Uhr. Ich wollte es vorhin schon sagen. Aber dann hat mich der feierliche Empfang hier so überwältigt."

„War ja auch wunderbar!"

„Aber wenn wir morgen demonstrieren, dann merkt der Beppo doch erst, wie brenzlig die Sache für ihn wird, und dann fährt er gleich raus. Und wenn er nur mit einer Schaufel anrückt …"

„Das glaube ich auch. Aber wir erfahren das ja durch unsere Beschattung. Und dann geht es los …"

„Was geht los?"

„Dann tritt unser Plan in Aktion. Mauskopf übernimmt das Telefon. Er wird als erster von dem benachrichtigt, der gerade bei Beppo Wache schiebt und etwas Verdächtiges bemerkt. Mauskopf bekommt alle unsere Nummern. Und die von unseren Eltern. Und die von der Lokalredaktion der Zeitung. Das ist sogar ganz wichtig! Ein Reporter mit Fotoapparat muß unbedingt zur Kiesgrube. Ja, also alle Telefonnummern. Auch die von den Kurgästen, die bei der Demonstration mitmachen und uns helfen wollen. Und sogar die von der Zenzi ..."

„Warum denn von der?"

„Warum? Weil ihr die Grube zu genau den gleichen Teilen gehört wie ihrem Bruder. Und daher müssen wir sie informieren."

„Wovon denn?"

„Dreimal darfst du raten! Du liebe Güte, davon sprechen wir doch die ganze Zeit, von der gewaltfreien, friedlichen Besetzung! Sobald nämlich Mauskopf uns angerufen hat ..."

„Das dauert zu lange."

„Ja, das stimmt. Wir machen es so. Mauskopf ruft nur einen an von uns. Sagen wir mal: mich. Ich rufe dann TH und Tommi an. TH ruft dann sofort Milli und Schräubchen an, während Tommi sofort Spitzkopf und Bumskopf anruft."

„Ja, so geht es wie eine Lawine!"

„Und wer ruft mich an?" fragte Rolle traurig.

„Ich!" rief Milli eifrig.

„Danke", sagte Rolle. „Obwohl es leider wenig Sinn hat, denn bis ich mit meinem Rollstuhl draußen bin, ist vielleicht alles schon vorbei ..."

„Das kann man nie wissen!"

„Ich komme jedenfalls gleich."

„Ja, du darfst auf keinen Fall fehlen."

Sie redeten noch eine Weile hin und her. Es war gar nicht wichtig, wer dies oder jenes sagte. Manchmal wußte man es nicht einmal genau, weil sie zur gleichen Zeit redeten. Aber als sie sich trennten, hatten sie ihren Plan in allen Einzelheiten festgelegt, jeder kannte seine Aufgabe, und jeder hatte die Telefonnummern der anderen.

Alle marschieren, und Beppo ärgert sich

Es war Mittag. Ein paar Wolken zogen über den Himmel, weiße Wattebäusche. Die teure Quarzuhr an Beppo Fischhabers linkem Handgelenk schlug leise an. Er stand an der Ecke der Hauptstraße, wo die Untere Bergstraße einmündet.

Da kamen sie! Sie zogen mitten auf der Hauptstraße entlang, und die Autos fuhren an die Seite und machten ihnen Platz. Beppo ärgerte sich furchtbar. Er starrte auf die Demonstration: Männer und Frauen und viele Kinder. Die Erwachsenen hatten die Mittagspause zu diesem Marsch benutzt, angeführt von Lehrer Guntner, dem Geoschnüffler. Es folgten – durcheinander gemischt und nicht in einer festen Reihenfolge – Herr Roland, THs Vater, Vater Joseph Obermaier mit seiner Frau Anna Maria und einigen Mitarbeitern vom Maierhof in ihrer Arbeitskleidung; Vater Otto Wagner von der Autoreparaturwerkstatt mit einigen Gesellen und Lehrlingen und seiner Frau Johanna und Heinrich dem Vierten, seinem unentbehrlichen Faktotum; mit Georg, Millis gutaussehendem Bruder, der bei Wagners arbeitete, und mit Anton und Meyer, den Mechanikern, und den Lehrlingen Stefan und Gerhard. Vater Francesco Carotti hatte ein Schild vor die Tür der Pizzeria gehängt: *Vorübergehend geschlossen*, und marschierte mit Mutter Gina.

Es folgten die Nachbarn, Herr Knopfloch und Frau Triebel, das Rentnerehepaar Laub, Tino, der kugelrunde Gemüsehändler vom Großmarkt ... und natürlich als wichtigste Personen die Pizza-Bande und die Köpfe ..., alle in schönster Eintracht: Schlaukopf der Große und TH, Tommi und Schräubchen, Spitzkopf und Mauskopf, Milli neben Strohköpfchen ... und Bumskopf. Und in der Mitte der Gruppe bewegte Rolle seinen Stuhl vorwärts.

Es war eine große Gruppe, weil ja auch Schlaukopfs Vater dabei war und die anderen Väter der Köpfe-Bande und die meisten Mitglieder des Eishockeyvereins. Und wie sie marschierten, wurde der Zug nach und nach noch ein wenig länger, denn bald reihten sich manche Leute vom Bürgersteig in die Demonstration ein. Vielleicht manche mehr aus Spaß, einige aber sicher, weil sie wußten, wie lebensnotwendig Naturschutz ist.

Doch es waren nicht die Leute und auch nicht die Kinder, die Beppo Fischhaber so ärgerten. Es waren die Tafeln, die Spruchbänder, die kleinen Plakate, es waren vor allem auch die Flugzettel, die Rolle aus seinem Stuhl heraus verteilte – und ihm nahm man sie gerne ab. Auf den Plakaten stand zum Beispiel: *Rettet die Kiesgrube – das wertvolle Biotop!* – oder: *Wenn die Natur stirbt, ist es des Menschen Tod!* – oder: *Wenn nichts mehr blüht und nichts*

222

gedeiht, ist's auch zu End' mit unsrer Zeit!

So ähnlich, nur viel ausführlicher, stand es auf den Flugzetteln.

Beppo wollte sich nicht in die erste Reihe an den Straßenrand stellen, er versteckte sich hinter einer größeren Menschengruppe. War er denn wirklich so feige? Scheute er die Öffentlichkeit? Jedenfalls nahm er ein Flugblatt von einem vor ihm stehenden Mann, der es ihm bereitwillig nach hinten reichte. Er überflog es kaum, ahnte schon, was darauf stand. Der Lehrer Guntner hatte es verfaßt. Es erklärte ausführlich, warum die Kiesgrube so wichtig geworden war, was für geschützte und vom Aussterben bedrohte Pflanzen und Tiere es dort wieder gab; es rief alle auf, mitzuhelfen, dieses kleine Paradies zu erhalten, und schloß mit dem Satz: „Und so fordern wir in letzter Minute, daß die Abbaugenehmigung so lange ausgesetzt wird, bis von zuständiger Stelle eine Entscheidung über die Schutzwürdigkeit des Biotops getroffen worden ist. Die Eigentümer, Frau Zenzi Hintermooser und Herrn Beppo Fischhaber, aber bitten wir dringend, bis dahin alles zu unterlassen, was das kleine Naturwunder vor unserer Haustür zerstört. Rettet das Leben der Pflanzen und Tiere, bewahrt die Natur für unsere Kinder und Enkel!"

Daß sein Name vor allen Leuten genannt wurde, ärgerte Beppo Fischhaber am meisten. Euch werde ich's zeigen, dachte er, jetzt gerade! Gleich morgen in aller Herrgottsfrühe fahre ich raus. Bis dahin treibe ich schon einen Bagger auf! Und dann ist's aus mit dem Scheißbiotop. Und nächste Woche haben sie es alle wieder vergessen, die Spinnerten, die Verrückten!

Beppo Fischhaber fühlte sich vollkommen im Recht, was er ja – nach dem Buchstaben des Gesetzes – auch war. Erst zerknüllte er das Flugblatt, um es wegzuwerfen. Dann steckte er es doch lieber in die Tasche. Daheim wollte er es noch einmal gründlich lesen. Und sich noch einmal gründlich darüber ärgern. Nur seiner Schwester Zenzi wollte er es nicht zeigen, vorsichtshalber, die machte vielleicht doch noch Schwierigkeiten, in letzter Minute. Wenn sie mit niemandem Ärger haben wollte, so ganz bestimmt noch viel weniger mit der ganzen Öffentlichkeit.

Beppo Fischhaber bemerkte nicht mehr, daß der kleine Demonstrationszug vom schnellen Reporter Franz Linse mehrfach fotografiert wurde, und zwar vor der neuen Grundschule und dem Kindergarten, gerade als ob man die enge Verknüpfung von Naturschutz und den zukünftigen Generationen noch besonders betonen wollte.

Am Spätnachmittag fand Frau Zenzi Hintermooser, Beppos Schwester, ein Flugblatt in ihrem Briefkasten. Wer es hineingeworfen hatte, wußte sie nicht. Sie las es und dachte: Mein Gott, nun stehe ich ja fast als Verbrecherin vor meinen Nachbarn da. Ach, wenn mein guter Eugen doch noch lebte. Der hätte mir schon gesagt, was ich tun soll. Er hätte bestimmt alles in Ordnung gebracht.

Dramatische Zuspitzung

Nach der Demonstration wollte Beppo keinen Tag länger warten mit dem Kiesabbau – er nannte das: erst einmal gründlich aufräumen. Aber sein Bagger konnte so rasch doch nicht geliefert werden. Es gelang ihm endlich, nach endlosen Telefongesprächen und gegen viel Geld, für den nächsten Tag einen Mobilbagger mit großen Gummirädern und einem Greifarm zu mieten, mit dem er auch auf der Landstraße fahren durfte. Seine Prüfung als Baggerfahrer hatte er ja schon viele Jahre in der Tasche. Dieser Bagger wurde ihm noch am späten Nachmittag zu seinem Haus in den Hof gebracht, denn in der Grube wollte er ihn auf keinen Fall unbewacht stehenlassen.

Das war nun nicht schwer zu bemerken. Die erste Wache hatten noch Spitzkopf und Strohköpfchen geschoben – immer zwei und zwei, damit einer als Bote zu Mauskopf sausen konnte. Die beiden hatten sich noch die Beine in den Leib gestanden, während sie sich in den Eingang eines gegenüberliegenden Mietshauses drückten und um die Ecke spähten.

„Mensch, passiert denn gar nichts?" stöhnte Spitzkopf.

„Der ist vielleicht gar nicht daheim", mutmaßte Strohköpfchen und drehte sich eine blonde Haarsträhne erst um den Finger, ehe sie sie durch die Zähne zog.

Nach einer Stunde wurden sie von Tommi und Schräubchen abgelöst.

„Viel Spaß!" wünschten sie ihnen. „Hoffentlich schlagt ihr hier keine Wurzeln."

Aber bald darauf donnerte der Bagger heran, und Schräubchen sauste auf ihrem Fahrrad davon. Nur fünf Minuten später drehte Mauskopf die Wählscheibe. Das war erst eine Vorwarnung. Er telefonierte mit Schlaukopf dem Großen, der gemeinsam mit TH in der Rolandschen Wohnung saß. TH konnte seine Bude am besten als Generalquartier hernehmen, weil er allein mit seinem Vater dort lebte, der Vater aber in der Fabrik war und kein anderer Erwachsener störte.

Dort also kam die Nachricht an: „Beppo hat eben seinen Bagger bekommen!"

TH und Schlaukopf brauchten nicht lange zu raten. „Wenn er heute abend seinen Bagger gekriegt hat, fährt er morgen früh damit raus."

„Vielleicht noch heute nacht?"

„Nein, nicht bei Dunkelheit."

Dann ging der Befehl durch die Telefonleitungen. „Bereithalten zum frühen Aufbruch!"

Milli zog sich erst gar nicht aus, als sie schlafen ging.

Kind gegen Bagger

Rolle schlief sehr unruhig in dieser Nacht. Immer wieder schreckte er auf. Schweißperlen standen auf seiner Stirn. Er träumte schwer. Es war noch dunkel, als er wieder erwachte. Der Mond stand als schmale Sichel am Himmel.

Rolles Zimmer war im Erdgeschoß. Sein Rollstuhl stand im Hausflur vor der Tür. Eine Treppe gab es nicht, nur eine kleine Stufe, die Rolle aber längst gelernt hatte zu überwinden.

Sein Vater schlief tief und ruhig. Er hörte aus seinem Zimmer kein Geräusch. Rolle richtete sich auf. Er zog die Kleider vom Stuhl und streifte sie sich schnell über. Er wusch sich nicht. Er angelte nach seinen Krücken. Leise hob er sich aus dem Bett und schleppte sich an die Tür. Er drückte die Klinke herunter. Nichts – kein Laut. Er humpelte in sein Zimmer zurück, an seinen Tisch und schrieb seinem Vater einen Zettel. *Mach dir keine Sorgen, ich fahre zur Kiesgrube. Rolle.*

Dann verließ er das Zimmer in seinem schleifenden Gang an den Krücken. Er schob sich in seinen Stuhl, öffnete die Tür, rollte aus dem Haus, schaltete seine Beleuchtung ein und bewegte sich auf der Straße vorwärts. Es war noch dunkel. Doch die Straßenlaternen brannten, und als Rolle auf die Landstraße kam, begann sich im Osten der Himmel zu erhellen, und im gleichen Maße wurde der Mond blasser.

Wenig später läuteten viele Telefone in der Stadt. Sie läuteten beim Reporter Franz Linse, sie läuteten bei Zenzi Hintermooser, sie läuteten bei Schräubchen, sie läuteten bei Milli, beim Lehrer Guntner – dem Geoschnüffler – in der Pizzeria – und bei sämtlichen Mitgliedern der Köpfe, soweit sie eben nicht schon Wache schoben und die Nachrichten zu Mauskopf brachten, der sie eifrig weiterleitete. „Bei Beppo ist eben das Licht angegangen... Beppo geht auf seinen Hof... Beppo macht das Tor auf... Beppo läßt den Motor an... der Bagger verläßt den Hof."

Ja, die Telefondrähte liefen heiß – und dann jagten die Räder über die Straße. Nur schneller sein! Nur früher kommen als Beppo!

Die kleinen Scheinwerfer leuchteten, die roten Rücklichter strahlten ...

„Grüß Gott ... Guten Morgen ... Beeil dich! ... Fahr schon, ich komme!"

Nacheinander kamen sie bei der Grube an und warfen die Räder an den Straßenrand und riefen: „Mensch, Rolle, daß du auch da bist!"

Und sie setzten sich in einer langen Reihe auf den Weg, bildeten eine Kette über die Straße.

Eine Kette von Kindern, kleine Gestalten, die mit blassen Gesichtern in den hellen Morgen schauten ...

Aus der Kiesgrube tönte das Quaken der Frösche.

Endlich das Dröhnen des Baggers. Leise erst, langsam näherkommend, ein schweres Fahrzeug. Die Luft zitterte, sie zitterte und vibrierte immer mehr, je näher die Maschine kam. Nun tauchte sie oben an der Einbiegung von der Hauptstraße auf, noch klein, donnerte den Feldweg hinunter, wurde größer, rumpelte.

Die Kinder sprangen auf, wie auf ein geheimes Kommando, schwenkten erst die Arme, machten auf sich aufmerksam, faßten sich dann an den Händen und bildeten eine lange Reihe. Rolle in der Mitte, mit seinem Rollstuhl, auch er faßte die Hände von Milli und Strohköpfchen, die zu seiner Rechten und zu seiner Linken standen.

Beppo sah sie, erfaßte blitzschnell die Situation.

Verdammt, die sind mir zuvorgekommen! dachte er.

228

Instinktiv trat er auf die Bremse, brachte das schwere Gefährt zum Stehen. Der Greifarm schwankte.

Hundert Meter vielleicht trennten ihn von seinen Gegnern, die ihm die Zufahrt versperrten.

Was sollte er tun? Er überlegte fieberhaft. Würden sie nicht schließlich den Weg doch freigeben, wenn er näherkam? So ein Bagger wirkt groß und gefährlich, wenn er auf einen Menschen zufährt, und man braucht schon mehr als starke Nerven, wenn man da standhaft bleiben will ...

Auf der Straße waren Autos. Sie bogen in den Feldweg ein, hielten hinter ihm.

Auch das noch! Erwachsene, Eltern, Lehrer ... Sie sollten verdammt noch mal für Ordnung sorgen.

Beppo stellte den Motor ab. Ganz ruhig war es plötzlich. Er beugte sich aus dem Führerhaus.

Autotüren klappten. Menschen, Männer und Frauen sprangen aus den Wagen. Ein Mann – Franz Linse mit der Blitzlichtkamera – umkurvte den Bagger und fotografierte Beppo mit Blitzlicht, dann die Besetzer.

Beppo brüllte: „Alle mal herhören! Ich darf hier meinen Kies abbauen – was ihr tut, ist widerrechtlich! Ihr werdet bestraft. Ich warne euch. Die Eltern sollen ihre Kinder zurückrufen!"

Keine Antwort. Die Menschentraube hinter dem Bagger und zu beiden Seiten kam näher. Also gut, desto besser konnten sie ihn hören!

„Noch mal: Die Eltern sollen die Kinder zurückrufen! Ich zähle langsam und laut bis drei! Ich will niemanden verletzen! Aber bei drei fahre ich los. Ich garantiere dann für nichts!"

Schweigen. Nur eine klägliche, leise Stimme ertönte. „Ach, Beppo! Mein ... warte ..." Es war die Stimme von Zenzi, von seiner Schwester. Aber er hörte sie nicht.

„Eins ..."

Keine Reaktion.

„Zwei ..."

Noch immer nichts.

Eine längere Pause.

„Und eins ... ist ..."

„... ist ... drei!" Wenn man es nicht anders wollte! Beppo ließ den Motor an. Der Lärm verlieh seiner Drohung Nachdruck.

Nichts bewegte sich, weder vor ihm noch hinter ihm. Oder irrte er sich vielleicht? Gewiß, die Eltern waren unruhig geworden, sprachen miteinander, steckten die Köpfe zusammen.

Jetzt galt es! Er mußte nur langsam losfahren. Je langsamer, desto besser, desto gefährlicher wirkte sein Näherkommen.

Er rumpelte und ratterte voran. Noch achtzig Meter...

Noch siebzig ...

Noch fünfzig ...

Nichts rührte sich ...

Noch vierzig ...

Nur die Erwachsenen, die folgten ihm dicht an dicht. Beppos Hemd war auf dem Rücken ganz durchgeschwitzt.

Noch etwas langsamer, Zentimeter für Zentimeter...

Da endlich eine Bewegung! Endlich – die Kette riß auf! Gottlob, er hatte gesiegt. Er ließ den Motor aufheulen.

„Zur Seite!" hatte Rolle Schräubchen und Milli zugeru-

230

fen, und allen anderen Kindern zu seiner Rechten und zu seiner Linken.

„Geht zur Seite! Schnell!" Er winkte sie fort.

Die Kinder lösten die Hände. Sie gaben die Straße frei. Es lag so etwas Zwingendes in Rolles Stimme.

Rolle packte seine Handgriffe und fuhr dem Bagger entgegen.

Beppo preßte die Lippen zusammen: Was wollte der Junge, der Behinderte?

Langsam kamen die beiden ungleichen Fahrzeuge aufeinander zu, der zerbrechliche Rollstuhl mit dem schmalen Kind und der mächtige Bagger mit dem kräftigen Mann.

Zögernd, ja fast wie Schnecken, aber doch stetig und unaufhaltsam ...

Franz Linse knipste und knipste – was für dramatische Bilder!

Nur noch ein winziger Raum. Riesengroß ragte der Greiferarm des Baggers über Rolle empor, schwankte in der Fahrbewegung, ein tödliches Werkzeug.

War es überhaupt noch ein Meter?

Rolle zögerte nicht.

Jetzt berührten sie sich fast ...

Da stand der Bagger. Beppo zog die Bremse an. Nein, das nicht ... Das nicht!

Und auch Rolle blieb stehen. Seine aufgestützten Füße fühlten fast das Eisen der Maschine.

Die Kinder schwiegen, waren wie erstarrt. Auch die Erwachsenen hielten den Atem an.

Was würde jetzt geschehen?

Eine Frau im grauen Kleid lief zum Bagger, reckte sich

zum Führerhaus empor. Frau Zenzi ...

Beppo beugte sich herab.

„Was sagst du?"

Es war nichts zu verstehen. Nur daß sie den Mund auf und zu machte, erkannte man.

„Stell den Motor ab."

Der Lärm verstummte.

Wieder redete Zenzi auf Beppo ein. Beppo bewegte den Kopf hin und her, griff sich in den Nacken, wischte, überlegte, wischte wieder, überlegte noch einmal.

Dann stieg er aus. Sofort umringten ihn die Erwachsenen, sofort liefen die Kinder zu ihm. Man ging vor den Bagger, wo Rolle war, die Griffe fest umklammernd, so daß das Weiß seiner Knöchel hervortrat.

„Du meinst, wir sollten das Grundstück teilen?" fragte Beppo seine Schwester.

„Aber ja", antwortete sie. „Ich bekomme die Weiher mit dem Biotop, du bekommst die andere Hälfte mit den Kieswänden zum Abbau ..."

„Das wäre eine Idee", brummte er.

„So wäre allen geholfen."

„Sind Sie damit einverstanden?" fragte Beppo den Lehrer Guntner und Millis Vater als Vertreter des Naturschutzbundes.

„Das wäre eine gute Lösung!"

„Dann machen wir es so", erklärte Beppo. „Sie behindern mich nicht weiter, und ich lasse das Biotop unberührt."

Die Kinder jubelten. Die Eltern schlossen ihre tapferen Sprößlinge in die Arme.

Rolle lächelte. Langsam bewegte er seinen Rollstuhl

rückwärts, weg vom Bagger, zum Straßenrand. Dort wartete sein Vater. Nun war der Weg frei!

Er schaute den erregt miteinander redenden und diskutierenden Leuten zu und seinen Freunden.

So viele neue Freunde hatte er jetzt ... Hatte er sie wirklich?

Milli entdeckte ihn zuerst. Er war allein. Sie lief zu ihm, kauerte sich nieder, umarmte Rolle über die Armlehnen hinweg. Dann kam Tommi, dann Schräubchen, TH, Schlaukopf der Große und alle anderen.

Rolle war plötzlich der Mittelpunkt. Sogar Beppo reichte ihm die Hand. „Alle Achtung", sagte er. „Du hast mich schön zum Schwitzen gebracht. Du hast allerhand Mut – weiß nicht, ob ich das geschafft hätte! Ich habe nämlich Schiß, wenn so ein Bagger auf mich zukommt."

„Ich eigentlich auch", gab Rolle zu. Er lachte.

Da rief eine rundliche, lebhafte Person weiblichen Geschlechts aus der Erwachsenenschar: „Fort hier! Fort! Avanti! Vorwärts! In die Pizzeria *Mamma Gina!* Ich lade euch alle ein, alle! Zur Feier des Tages. Es gibt viele, viele gute Pizzas!"

Vater Francesco stöhnte: „So viele auf einmal? Aber das ist die beste Idee, die du je gehabt hast, Mamma Gina!"

„Die beste Idee war, daß ihr geheiratet habt", erklärte Tommi. „Sonst hätte ich dies alles nie erlebt."

„Und ich – irgendwie – vermutlich auch nicht", meinte Rolle nachdenklich. „Fahrt nur voraus, ich komme nach. Aber bitte hebt mir eine Pizza auf!"

„Wieso nur eine? So viele du willst!" rief Mamma Gina.

Zuerst fuhr Rolle los, die anderen holten ihre Fahrräder,

Beppo ließ den Bagger bei der Grube stehen und fuhr mit Lehrer Guntner im Auto.

Als Tommi, TH, Milli und Schräubchen Rolle erreichten, stiegen sie ab, schoben ihre Räder, gingen neben ihm.

Dann kamen die Köpfe. Sie machten es genauso.

Eile? Wer hatte was von Eile gesagt? Es waren ja Ferien.

Die Morgensonne stand hell und klar über den Bergen.

Der See funkelte. Was für ein Tag!

MAX KRUSE

Das Paradies der Frösche

oder
Der Bandenkrieg

Die Straßenhaie

Tommi stand hinter der Theke der elterlichen Pizzeria *Mamma Gina* und wickelte Bestecke in Servietten. In einer Stunde würde das Mittagsgeschäft anlaufen, und dann war für diese wichtigen Kleinigkeiten keine Zeit mehr.

Tommi seufzte leise. Er wünschte, er hätte mehr Zeit für sich und seine Freunde. Vor allem jetzt in den Sommerferien. Aber so war das nun mal bei einem kleinen Familienbetrieb: Jeder mußte mithelfen, besonders während der Stoßzeiten und an den Wochenenden. Denn obwohl Tommis Mutter einen Ruf als ausgezeichnete Köchin italienischer Speisen genoß und die Pizzeria daher immer gut besucht war, konnten sie sich zusätzliches Personal einfach nicht leisten.

„He, Schmalzlocke!"

Tommi schreckte zusammen. Er war tief in Gedanken versunken und hatte nicht bemerkt, daß zwei etwa siebzehn- bis achtzehnjährige Burschen das noch leere Lokal betreten hatten. Bei ihrem Anblick schwante Tommi Böses. Sie trugen mehrfach geflickte, abgewetzte Jeans, hochgeschnürte Fallschirmspringerstiefel und schwarze Lederjacken. Langes, fettiges Haar fiel ihnen bis auf die Schultern, an ihren Ohren hingen Rasierklingen. Als sich der eine von ihnen in der Pizzeria umsah und Tommi dabei kurz den Rücken zukehrte, konnte dieser den Schriftzug aus Nieten hinten auf der Lederjacke lesen: Street Shark! Darunter prangte ein weißer Hai mit aufgerissenem Maul.

Straßenhai! So sehen sie auch aus! fuhr es Tommi durch den Kopf, und das mit der Schmalzlocke war nun wirklich eine Frechheit. Als ob er sich Öl ins Haar schmieren würde! Gut, er hatte dunkles Haar und dunkle Augen. Seine Eltern waren Italiener, doch er selbst war in Deutschland geboren und sprach Deutsch so gut wie jeder andere deutsche Junge in seinem Alter. Seit seiner Geburt lebte er hier in Sommerberg, einer mittelgroßen Stadt an einem oberbayerischen See. Außerdem hatten diese beiden Typen viel mehr Fett in ihren ungewaschenen Haaren als jemand, der seine Frisur mit Pomade bändigte, fand Tommi.

Er wünschte, sein Vater Francesco wäre schon von seinen Besorgungen zurück. Doch Tommi war mit seiner Mutter allein und mußte nun zusehen, wie er mit der Situation fertig wurde. Vielleicht sahen sie auch nur schlimmer aus, als sie in Wirklichkeit waren. Außerdem war Tommi kein Feigling; mit gelassener, freundlicher Stimme fragte er jetzt: „Ja, bitte? Was darf es sein?"

„Schieb zwei von deinen Mehlfladen in den Ofen, Schmalzlocke!" forderte ihn der größere der beiden „Stra-

238

ßenhaie" auf. Er hatte eine dicke Warze auf der linken Backe.

Tommi dachte nicht daran, sich provozieren zu lassen. „Also zweimal Pizza", stellte er fest. „Was wollen Sie drauf haben? Salami und Peperoni, Thunfisch, Sardinen, Schinken, Pilze…"

„Alles, was du hast, die volle Palette, kapiert?" unterbrach ihn Warze. „Und nun schwing die Hufe. Wir brauchen dringend was zwischen die Kiemen."

„Und nicht zu dünn!" sagte der andere. „Greif kräftig in die Töpfe, Kleiner!"

„Also tutto completo", stellte Tommi fest und hatte nun doch Mühe, seine lässige Haltung zu wahren. Von den beiden Burschen ging etwas Beklemmendes, Einschüchterndes aus. „Wenn Sie sich bitte an einen der Tische setzen wollen…"

„Sehen wir so aus, als würden wir uns hier in dem Schuppen den Hintern breitsitzen wollen, Bubi?" schnauzte Warze. „Also mach die Lappen zum Mitnehmen fertig, klar?"

Tommi nickte und ging schnell zu seiner Mutter in die Küche. Mamma Gina, eine rundliche, lebhafte Frau, stand vor der Anrichte und formte Teigballen. Dabei summte sie ein italienisches Lied. Mamma Gina war eine fröhliche und herzensgute Frau, die ihre Worte gern gestenreich unterstrich. Freunde behaupteten, Tommis Mutter könne mit ihren Händen in ein paar Minuten mehr erzählen als andere mit tausend Worten. Aber wurde sie mal ärgerlich, dann machte man sich besser aus dem Staub.

„Zweimal Pizza completa!" rief Tommi laut und fügte

239

dann hastig mit leiser Stimme hinzu: „Da sind zwei Typen, die nach Ärger aussehen, Mamma! Sollen wir nicht besser jemand holen?"

Mamma Gina wischte sich die Hände an ihrer Schürze ab; sie furchte die Stirn und warf einen schnellen Blick durch den Schlitz in der Durchreiche. „Ach, was! Eine Lederjacke und schmutzige Hosen machen noch keinen Unruhestifter. Außerdem können wir uns die Kunden nicht nach ihrem Aussehen aussuchen!" Damit war das Thema für sie beendet, und sie machte sich an die Arbeit.

Tommi ging wieder nach vorn. Warze hatte sich aus dem kleinen Metallständer auf der Theke eine der fingerdicken Salzstangen genommen, das Zellophan abgerissen und in die Stange gebissen.

„Die kostet achtzig Pfennig."

„Schreib's auf die Rechnung, Schmalzlocke", nuschelte der mit der Warze auf der Wange und grinste Tommi herausfordernd an.

Genau das tat Tommi. Er schrieb auch zweimal Pizza completa auf den Block, addierte, riß das Blatt ab und legte es auf die Theke. „Macht zusammen achtzehn Mark und achtzig", sagte er.

„Schlaues Kerlchen, kann sogar bis achtzehn-achtzig rechnen", höhnte Warze, machte jedoch keine Anstalten, Geld herauszuholen.

„Kommt bestimmt von ihrem vielen Olivenöl und dem Spaghettifraß", sagte sein Begleiter mit einem breiten Grinsen. „Kein Wunder, daß das auf die Dauer auf den Keks schlägt und man 'ne Matschbirne bekommt."

Tommi beherrschte sich, er wickelte weiter Bestecke

240

ein. Was sollte er auch anderes tun? Er schaute immer wieder verstohlen zur Tür hinüber, in der Hoffnung, seinen Vater oder ein paar Gäste hereinkommen zu sehen. Eine Hoffnung, die sich nicht erfüllte.

„He, wo bleiben die Dinger? Hab nicht vor, hier Wurzeln zu schlagen", nörgelte Warze nach ein paar Minuten. „Legt mal 'n Brikett mehr in 'n Ofen!"

„Wahrscheinlich backen die die Pizzas über 'ner Feuerzeugflamme", bemerkte der andere Straßenhai spöttisch.

Augenblicke später wurden die Schiebetüren der Durchreiche aufgerissen, und Mamma Gina schob zwei dampfende, köstlich riechende Pizzas hindurch. „Zweimal Pizza completa!"

Tommi deutete noch mal auf den Rechnungszettel. „Achtzehn Mark achtzig bitte..."

„Laß mal erst die Fladen rüberwachsen, Steppi!"

Tommi blieb nun hart. „Erst bezahlen!"

„Sind im Moment nicht flüssig, Kleiner", sagte Warze mit einem breiten Grinsen. „Schreib's an. Wir kommen morgen vorbei und bringen den Schotter."

Tommi schluckte. „Angeschrieben wird bei uns nicht!"

Warze schaute seinen Freund an. „Tito, mir stößt das Gelaber von diesem Sardinen-Luschi übel auf."

„Zeig diesem Makkaroni, was hier Sache ist! Hab keinen Bock, hier rumzuhängen, bis mir graue Haare sprießen. Mir hängt der Magen schon auf den Zehen!"

Warze kam nun zu Tommi hinter die Theke. „Laß mich an die Fladen ran und verpiß dich, Spaghettifresser! Sonst gibt es was an die Mütze, daß du am hellichten Tag 'ne Sonnenfinsternis erlebst!"

Tommi war kein Feigling, aber er war auch kein Draufgänger. Normalerweise hätte er nicht im Traum daran gedacht, sich mit zwei Siebzehnjährigen von dieser Sorte anzulegen. Aber in dieser Situation hatte er keine andere Wahl. Und er hatte auch keine Zeit, lange zu überlegen. Er wußte nur eins: Freiwillig würde er diesen unverschämten Kerlen die Pizzas nicht geben. Dazu kam natürlich auch noch die in ihm angestaute Wut über die Beleidigungen, die er sich hatte anhören müssen.

„Verschwindet!" schrie er. Sein Blick fiel auf den Tennisschläger, den ein Gast tags zuvor im Lokal vergessen hatte. Er lag direkt vor ihm im offenen Fach unter der Kasse. Griffbereit!

Blitzschnell packte Tommi den Schläger und knallte Warze den hölzernen Rahmen mit aller Kraft vor das rechte Schienbein.

Warze brüllte auf, riß die Augen vor Schmerz und Fassungslosigkeit weit auf und taumelte zurück. Tommi gab ihm keine Gelegenheit, sich von beidem zu erholen, und schlug erneut zu. Warzes Schrei stieg in schrille Höhen, die man bei einem Mann kaum erwarten würde, und alarmierte Mamma Gina. Mit dem Pizzaschieber in der Hand kam sie aus der Küche gestürzt, mit wutfunkelnden Augen und aus Leibeskräften in ihrer Muttersprache schimpfend.

„Was ist denn hier los?" rief Francesco Carotti. Tommis Vater kam gerade zur Hintertür herein, als der Tumult im Restaurant losbrach.

„Hier wollen uns ein paar Rocker betrügen!" schrie Tommi aufgeregt.

242

„Scheiße!" fluchte Warzes Komplize. Er fuhr wie von der Tarantel gestochen herum und riß dabei einen Tisch und zwei Stühle um. „Nichts wie raus hier, Charley!" Sprach's und stürmte aus der Pizzeria, gefolgt von seinem hinkenden Komplizen.

Sie sprangen auf ihre Motorräder und jagten mit aufheulenden Maschinen davon. Warze riß seine Maschine so abrupt vom Bürgersteig auf die Straße, daß er beinahe gestürzt wäre. Sie rasten bei Rot über die Kreuzung, bogen in eine Querstraße ein und waren im nächsten Moment außer Sicht.

Schräubchen staunt

„Caro mio! Caro mio! Tommaso!" Mamma Gina umarmte ihren Sohn. Sie war stolz, daß er so beherzt gehandelt hatte.

Auch sein Vater, der schnell begriffen hatte, was vorgefallen war, lobte ihn und strich ihm übers Haar. „Ein Sohn, der ganz wie sein Vater wird", erklärte er. Nele, Tommis jüngere Schwester, sprang plötzlich auch um ihre Eltern und Tommi herum und wollte wissen, was passiert war. Jede Einzelheit wollte sie wissen.

Tommi hatte nichts dagegen, als Held gefeiert zu werden, obwohl er sich eigentlich gar nicht so fühlte. Ganz im Gegenteil. Der Schreck darüber, in was er sich da eingelassen hatte und wie es hätte ausgehen können, war ihm nachträglich ganz mächtig in die Glieder gefahren. Sein

Herz schlug wie wild. Seine Knie zitterten. Und dann noch Neles unerbittliches Kreuzverhör!

Schließlich sagte Tommi: „Dio mio! Macht doch nicht so ein Theater! Ich war einfach nur stinksauer und habe mit dem Tennisschläger zugeschlagen. Allein hätte ich gegen die doch keine Chance gehabt. Wir haben sie gemeinsam in die Flucht geschlagen."

„Richtige Verbrecher?" fragte die achtjährige Nele, die eigentlich Daniela hieß, aufgeregt.

„Rocker", seufzte Tommi, dem das „Kleinmädchengeschrei" seiner Schwester manchmal furchtbar auf die Nerven ging.

„Mensch, was ist denn bei euch los, Tommi?" rief plötzlich eine Mädchenstimme hinter ihm.

Tommi wandte sich um. Stephanie Wagner stand in der Tür. Sie starrte fassungslos auf den umgestürzten Tisch und die am Boden liegenden Stühle. Das sportliche Mädchen mit den blonden Haaren und den blauen Augen hatte den Spitznamen Schräubchen. Schon als kleines Kind hatte sie lieber in der Autowerkstatt ihres Vaters mit Zylinderkopfdichtungen und Verteilerkappen gespielt als mit Bauklötzen oder Puppen. Schräubchen war ein Jahr jünger als Tommi, doch sie wußte sich in der Pizza-Bande, zu der außer Tommi und ihr noch Milli und Walther gehörten, durchzusetzen. Gelegentlich bekam Schräubchen auch mal die Worte „alte Schreckschraube" zu hören. Dann war sie beleidigt, aber nicht lange.

„Mensch, Schräubchen!" rief Tommi erfreut. Schräubchens unverhofftes Auftauchen bot ihm vielleicht die Möglichkeit, sich für den Rest des Tages mit seinen Freun-

244

den absetzen zu können.

„Du, Tommi hat gerade zwei gefährliche Gangster verjagt!" sprudelte Nele hervor. „Es hat 'nen richtigen Kampf gegeben!"

„Im Ernst?" fragte Schräubchen.

„Si, si!" versicherte Mamma Gina. „Tommaso hat sie aus dem Lokal gejagt!"

„Das ist ja irre! War schon die Polizei hier?"

Tommi winkte ab. „War alles halb so schlimm. Die Kerle wollten zwei Pizzas zum Nulltarif abstauben, und als sie frech wurden, hab ich dem einen von ihnen eins mit dem Tennisschläger verpaßt. Das war alles."

Schräubchen schaute ihn sichtlich beeindruckt an. „Toll! Einfach toll!"

„Fang du jetzt nicht auch noch an", brummte Tommi. „Erzähl mir lieber, was ansteht."

Schräubchen fiel wieder ein, warum sie gekommen war. „Du wirst gebraucht. Das heißt, wir alle werden gebraucht."

„Wo?"

„Auf dem Maierhof! Milli hat mich vorhin angerufen", berichtete Schräubchen. „Auf dem Maierhof wird jede Hand gebraucht, um das Heu einzubringen. Ein Gewitter kommt, und wenn das Heu naß wird, kostet das Millis Eltern eine Menge Geld."

„Und da hat Milli uns gebeten, sofort zu kommen und zu helfen!" folgerte Tommi und hatte Mühe, seine Freude zu verbergen. Das war die Chance! Arbeit war das auf dem Maierhof zwar auch, aber dafür draußen im Freien und zusammen mit den Freunden von der Pizza-Bande.

Er wandte sich an seine Eltern. „Ich darf doch gehen, oder?"

Tommis Vater lächelte. „Aber sicher, Junge..., wo du dich so tapfer geschlagen hast. Ich bin ja jetzt wieder da. Also mach, daß du wegkommst!"

Tommi strahlte. „Dann nichts wie los!"

„Kann ich nicht mitkommen?" bat Nele.

„Kommt gar nicht in Frage!" sagte Tommi entschieden. „Heu einbringen ist nichts für Kleinkinder. Kämm du besser deine Puppen, oder geh Murmeln zählen!"

Nele streckte ihrem Bruder wütend die Zunge heraus.

Tommi kümmerte das wenig. Er lief schnell in den Hof und holte sein Fahrrad. „Was ist mit Walther?" fragte er Schräubchen, bevor sie losfuhren.

„Ich hab schon bei ihm angerufen, doch er ist nicht zu Hause. Sein Vater war da, und er hat gesagt, daß wir Walther im katholischen Jugendheim finden. Er übt da."

„Walther übt im katholischen Jugendheim?" wiederholte Tommi verständnislos. „Das klingt ja wie ein ganz blöder Witz. Kannst du mir mal verraten, was der da übt?"

Schräubchen zuckte die Achseln. „Keine Ahnung. Vielleicht will er als Gitarrist bei der Jugendmesse mitmachen oder so. Ich war noch nicht da, weil ich zuerst dich abholen wollte. Das Jugendheim liegt in der anderen Richtung."

„Das ist ja vielleicht ein Ding!" Tommi schüttelte den Kopf. „Los, auf zum Jugendheim, Schräubchen!"

246

Im Scheinwerferlicht

Zehn Minuten später sprangen Schräubchen und Tommi vor dem Jugendheim von ihren Rädern, schlossen sie ab und liefen in das Gebäude. Es war wie ausgestorben. Eine Putzfrau fegte den Vorraum. Sonst war weit und breit niemand zu sehen.

„Also, hier ist er, das ist schon mal sicher. Sein Fahrrad steht draußen", meinte Tommi.

Plötzlich hörten sie wildes Johlen, Schreien und Klatschen, das gedämpft aus dem Saal des Jugendheims zu ihnen drang.

Tommi und Schräubchen sahen sich an.

„Sag bloß, Walther ist da drin!" sagte Tommi.

„Schauen wir nach, dann wissen wir es."

„Aber da läuft doch irgendeine Vorstellung."

„Na und?" meinte Schräubchen; sie ging beherzt zur Tür und öffnete sie einen Spalt. Tommi spähte hinter ihr in den Saal.

„Heilige Peperoni!" stieß Tommi hervor. „Ich glaub, mein Dynamo jodelt! Da auf der Bühne ist ja Walther!"

Schräubchen war nicht weniger fassungslos. „Mit seiner Gitarre! Und voll angestrahlt! Mensch, ich bin von den Socken!"

Tommi verzog das Gesicht zu einem spöttischen Lächeln. „Komm, wir schleichen uns ganz leise an die Bühne ran. Der wird Augen machen!"

247

Schräubchen kicherte.

Walther Roland stand auf der kleinen Bühne und blinzelte in das Licht der Scheinwerfer, während der Saal selbst in Dunkelheit getaucht war. Hinter ihm war ein Schlagzeug aufgebaut. Rechts und links davon erhoben sich die Boxen einer beachtlichen Verstärkeranlage. Doch außer Walther war sonst niemand auf dem Bretterpodest.

Walther war groß und ziemlich dünn. Er trug eine Brille, und sein mittelblondes Haar hatte schon lange kein Friseur mehr unter die Schere bekommen.

TH, wie Walther meistens genannt wurde, weil er immer „mit TH" sagte, wenn er nach seinem Namen gefragt wurde, TH also stand mit umgehängter Gitarre vor dem Mikrofon und genoß den tosenden Applaus, der durch den Saal brauste. Schließlich legte sich das wilde Johlen und Kreischen.

Er räusperte sich, kippte das Mikrofon in der Halterung ein wenig tiefer und sagte dann: „Danke!... Schönen Dank, Freunde!... Ich weiß nicht, was ich sagen soll... Ich hätte nie gedacht, daß ich einmal hier oben stehen und vor so einem tollen Publikum spielen würde. Ich danke euch... für euren Applaus..., und daß ihr für mich gestimmt habt." Er machte eine Pause, schlug auf der Gitarre einen Akkord an und fuhr dann lächelnd fort. „Dieser Tag heute ist der schönste in meinem Leben..."

Schräubchen und Tommi hatten sich zum rechten Bühnenaufgang geschlichen.

„Kannst du mir mal sagen, was das zu bedeuten hat?" raunte Schräubchen. „Hat der noch alle Tassen im Schrank?"

248

„Am besten fragen wir ihn", flüsterte Tommi zurück, der ebensowenig wußte, was er von Walthers Benehmen halten sollte. Offensichtlich probte Walther irgend etwas.

Der Saal war jedenfalls absolut leer.

„... und deshalb werde ich das Siegerlied noch einmal spielen", sagte Walther gerade.

„Und für wen, wenn ich mal fragen darf?" machte sich Tommi nun mit lauter Stimme bemerkbar und sprang auf die Bühne, von Schräubchen gefolgt.

Walther fuhr zu Tode erschrocken herum. Fassungslos starrte er sie an. „Tommi? Schräubchen?" stieß er hervor. Das Blut wich ihm aus dem Gesicht. „Woher..., wie...?" Ihm fehlten die Worte vor Überraschung.

„Sag mal, bist du krank, daß du hier vor 'nem leeren Saal eine Show abziehst?" fragte Schräubchen.

Walther schluckte. „Ich... ich übe!"

„Üben? Wofür?"

„Na, für den Nachwuchswettbewerb nächste Woche", erklärte Walther. Er war verlegen. „Ich hab mich dafür angemeldet. Jeder muß einen Song spielen oder singen. Ich wollte mich ein bißchen daran gewöhnen, wie das so ist, wenn man auf einer Bühne steht... im Scheinwerferlicht und so."

„Und wo hast du den wahnsinnigen Applaus hergezaubert?" wollte Tommi wissen. Er konnte sich nur mit größter Mühe verkneifen, laut loszuprusten.

„Den hab ich gestern vom Fernsehen aufgenommen, als die Dokumentation über die Beatles lief, und hier vom Tonband über die Verstärkeranlage laufen lassen", sagte TH mürrisch und zupfte nervös am Gitarrenbund.

„Mensch, man muß so was doch üben..., auch, was man sagen soll, falls man gewinnt! Sonst steht man nachher wie ein Depp hier oben und kriegt nichts raus."

Schräubchen blickte ihn spöttisch an. „Sag mal, spinnst du? Du und gewinnen? Du spielst zwar gern Gitarre, aber nicht besonders gut. Wie willst du denn den ersten Preis machen?"

„Das laß meine Sorge sein!" erwiderte Walther heftig. „Zumindest werde ich es versuchen!"

„Ist ja okay", sagte Tommi begütigend. TH suchte Anerkennung und Bestätigung. Das hing wohl auch mit der Scheidung seiner Eltern zusammen, die er noch immer nicht ganz überwunden hatte. Walther wohnte bei seinem Vater, der einen guten Posten in der Keksfabrik von Sommerberg hatte. Vater und Sohn verstanden sich gut, aber Walther fehlte doch das Zuhause einer richtigen Familie. „Warum soll er nicht bei diesem Nachwuchswettbewerb mitmachen? Aber um das zu bequatschen, sind wir nicht hier."

„Sondern?" fragte TH dankbar, daß er das Thema wechseln konnte.

Schräubchen und Tommi informierten ihn über die Notlage auf dem Maierhof und fragten ihn, ob er seinen originellen Auftritt vor seinem Phantasie-Publikum dafür abbrechen würde. Walther war sofort Feuer und Flamme. „Klar komme ich mit", sagte er und bat sie dann, Stillschweigen über seine Vorstellung zu bewahren, auch Milli gegenüber. „Muß ja nicht jeder wissen..."

Schräubchen und Tommi versprachen es. Schließlich waren sie Freunde, die zusammenhielten.

250

Pistazien-Paule

Die drei Freunde radelten über den Rathausplatz, fuhren die Hauptstraße hinunter und waren dann bald auf der Landstraße. Der Maierhof von Joseph und Anna-Maria Obermaier, Millis Eltern, lag nur ein paar Kilometer außerhalb von Sommerberg, eingebettet in eine hügelige Landschaft aus weiten Wiesen, Feldern und Wäldern. Die Fahrt dorthin gehörte zu Tommis, Schräubchens und auch Walthers Lieblings-Fahrradstrecken.

„Sieht wirklich schon ganz schön bezogen aus!" sagte Tommi und deutete auf die dunkle Wolkenfront am Himmel.

„Hoffentlich dauert es noch, bis es anfängt zu gießen", sagte Walther. Er fürchtete, seine Gitarre, die er hinten auf den Gepäckträger gebunden hatte, könnte naß werden. Das Instrument steckte zwar in einem Überzug, aber ob der auch regendicht war, bezweifelte TH.

„Die Regenwolken sind noch ein gutes Stück entfernt", beruhigte Schräubchen ihn. „Noch radeln wir im Sonnenschein, oder etwa nicht?"

„He, seht mal da vorn!" rief Tommi plötzlich, als sie um eine Kurve kamen. Ein kleiner, altmodischer Tankwagen stand halb auf der Landstraße und halb auf einem Schotterweg, der in ein Waldstück führte. Das Fahrerhaus wies in Richtung Wald. Zehn, zwanzig Meter davor stand am Straßenrand ein Warndreieck.

251

„Ein Unfall!" rief Schräubchen.

„Quatsch! Der ist im Abflußgraben steckengeblieben oder so was", meinte Walther.

„Sieht eher nach einem Platten aus", sagte Tommi. Und er behielt recht.

Als sie näher kamen, sahen sie deutlich, daß der vordere linke Reifen geplatzt war und das Fahrerhaus ein wenig Schlagseite nach links hatte. Der Tank hatte einen rostbraunen Anstrich mit einem gelben Querstreifen auf jeder Seite. *Firma Friedhelm Strader – Grubenentleerung und Abfallbeseitigung* stand darunter.

Ein untersetzter, stämmiger Mann in einem verschlissenen Blaumann und mit einem hellbraunen Lederkäppi auf dem Kopf kniete vor dem kaputten Reifen. Mit dem Kreuzschlüssel versuchte er die Schrauben von der Felge zu lösen. Doch das schien ihm nicht zu gelingen.

Deutlich hörten die drei Freunde ihn fluchen, denn nicht eine Schraube bewegte sich, so sehr er sich auch anstrengte.

„Wahrscheinlich sitzen die Schrauben zu fest, oder sie sind angerostet", überlegte Tommi. „Was meint ihr, sollen wir ihm nicht schnell dabei helfen?"

„Klar", sagte Schräubchen.

Die drei Freunde hielten an. Sie lehnten ihre Räder gegen den Weidezaun und gingen auf den Fahrer des Tankwagens zu, der so beschäftigt war, daß er ihr Kommen noch immer nicht bemerkt hatte.

Schräubchen rümpfte die Nase. „Mensch, das stinkt ja schlimmer als ein Jauchewagen", sagte sie leise.

„Entschuldigen Sie, können wir helfen?" rief Tommi, als

252

sie nur noch ein paar Schritte entfernt waren.

Erschrocken fuhr der Mann herum. Er hatte ein grobes Gesicht, seine Augen lagen tief unter buschigen Brauen. Auf die Brusttasche seines Overalls war ein Namensschild aufgenäht. *Paul* stand darauf. Er spuckte etwas aus. „Was habt ihr hier zu suchen?" fuhr er die Freunde an.

„Wir haben gesehen, daß Sie einen Platten haben und die Schrauben nicht locker kriegen...", begann Walther.

„Was geht euch mein Reifen an?" sagte der Fahrer abweisend; er griff in seine Overalltasche und holte eine Handvoll kleiner Nüsse hervor. Sie waren oval, graubraun und hatten dünne Schalen wie Bucheckern. Ohne hinzusehen, knackte der Mann, der offenbar Paul hieß, die Schalen vom Kern und schob sich die Nuß in den Mund. „Macht, daß ihr verschwindet! Ihr habt hier nichts verloren! Ich komme allein klar."

Die drei Freunde sahen ihn verdutzt an.

„Aber wir wollen Ihnen doch nur helfen", wandte Schräubchen ein.

„Habt ihr Tomaten auf den Ohren?" brüllte der stämmige Kerl nun, und sein Gesicht wurde rot. „Ihr sollt machen, daß ihr weiterkommt, sonst helfe ich nach! Verschwindet!"

„Ist ja gut, wer nicht will, der hat schon", brummte Tommi. Er war ärgerlich über die Art, mit der der Fahrer ihre Hilfsbereitschaft honorierte. „Wir gehen ja schon."

„Mögen die Schrauben festsitzen bis zum Jüngsten Tag!" murmelte Walther. Sie entfernten sich nun rasch vom Tankwagen.

Schräubchen trat aufgebracht nach einem Stein. „So eine

Frechheit! Da wollen wir helfen, und statt sich darüber zu freuen, brüllt er uns an! Als ob wir ihm was hätten klauen wollen! So was Hirnrissiges!"

„Vermutlich ein Choleriker", meinte Walther. „Einer, der wegen jeder Kleinigkeit einen Rappel kriegt und auf die Palme geht", erklärte Walther und schwang sich aufs Rad.

„Dieser Pistazien-Paule kann uns doch egal sein", meinte Tommi und trat in die Pedale. „Soll er mit seiner zum Himmel stinkenden Fuhre meinetwegen dort festsitzen, bis er grau wird. Mann, hat das Zeug vielleicht gestunken, das der da durch die Gegend kutschiert!"

Walther holte Tommi auf. „Wie kommst du auf Pistazien-Paule?"

Tommi zuckte die Achseln. „Ach, nur so. Weil Paul auf seinem Namensschild stand und weil's Pistaziennüsse waren, die er gekaut hat."

Walther lachte. „Pistazien-Paule! Mann, du hast eine blühende Phantasie! Toll!"

Wenige Minuten später tauchte der Maierhof vor ihnen auf. Als sie in den Hof radelten, kam ihnen Millis struppiger Liebling Moritz entgegen, eine grau-braun-beige-melierte Promenadenmischung mit einem Ringelschwanz und einem Klappohr. „Der klügste Hund der Welt!" Davon war Milli fest überzeugt.

Moritz fegte um ihre Fahrräder herum, sprang an ihnen hoch und bellte so lange, bis Milli endlich aus der Scheune gelaufen kam.

„Da seid ihr ja!" rief sie fröhlich. „Ihr wißt gar nicht, wie nötig jetzt alle gebraucht werden! Es kann jeden Augen-

254

blick anfangen zu regnen! Und gerade heute sind zwei von unseren Helfern ausgefallen!"

Milli Obermaier hieß eigentlich Anna, doch diesen Vornamen hörte sie nur äußerst selten. In der Schule und in der Nachbarschaft, ihre Freunde und Verwandten – jeder rief sie Milli, weil sie leidenschaftlich gern Milch trank.

Milli war so alt wie Steffi, aber kleiner und zierlicher. Ihr langes, blondes Haar hatte sie für die Arbeit im Heu zu einem Zopf geflochten. Sie liebte die Landwirtschaft und die vielen Tiere, die es auf dem Maierhof zu versorgen gab. Und es war ausgemachte Sache, daß sie eines Tages den Hof übernehmen würde. Ihr älterer Bruder hatte andere Interessen.

„Na, worauf warten wir denn noch?" fragte Tommi unternehmungslustig. „Packen wir mit an, Freunde! Nach dem Motto: ‚Wo steht das Klavier? Ich will die Noten tragen!'"

„Kommt mit. Vati ist mit den anderen schon draußen", sagte Milli, und die vier von der Pizza-Bande beeilten sich, daß sie auf die abgemähten Wiesen kamen.

Das trockene, tags zuvor gewendete Heu lag in scheinbar endlos langen Reihen auf den Weiden. Vater Obermaier fuhr mit der Heumaschine langsam über die Reihen. Das trockene Gras wurde von den rotierenden Metallrechen gepackt, hochgeschleudert, in der Maschine zusammengepreßt, automatisch verschnürt und hinten als Heuballen ausgestoßen. Die Ballen mußten nun auf dem angekoppelten Wagen aufgestapelt werden. Das war eine Arbeit, die in die Arme ging. Außerdem mußte das Heu, das von den Rechen nicht erfaßt wurde, hinüber auf die näch-

255

ste Reihe geharkt werden. Manchmal platzte auch ein Heuballen auf. Dann schimpfte Joseph Obermaier, weil die Maschine angehalten und das Heu mit der Hand noch einmal in den Einwurfschacht geworfen werden mußte. Der Himmel hatte sich inzwischen noch mehr verdunkelt. Es gab keinen Zweifel mehr – das Gewitter würde kommen. Die Frage war nur: wann? Würden sie das Heu noch rechtzeitig in die Scheunen bringen?

Grillfest im Regen

Es war ein Wettlauf mit dem aufziehenden Unwetter, doch sie entschieden ihn für sich. Der letzte Wagen, mit Heuballen hoch beladen, rumpelte gerade zum Hof zurück, als es zu regnen begann.

„Glück gehabt!" rief Milli erleichtert, als der Heuwagen unter dem schützenden Vordach der Scheune stand und das Gewitter mit voller Kraft losbrach.

„Glück?" Tommi verdrehte die Augen. „Wir haben wie die Verrückten geschuftet. Manchmal dachte ich, mir würden die Arme abfallen!"

Schräubchen lachte. „Du bist das eben nicht gewöhnt, Tommi. Ab und zu mal ein paar Pizzas durchs Lokal tragen, davon kriegt man keine Kondition."

„Nun laß doch, Schräubchen", sagte Millis Vater lachend. „Ihr habt alle kräftig mit angepackt, das muß ich euch lassen. Ohne eure Hilfe wären wir bestimmt nicht rechtzeitig fertig geworden. Wir sind euch wirklich dankbar, und wir sind froh, daß Milli euch als Freunde hat!"

Tommi, Schräubchen und TH genossen die Anerkennung, sie strahlten. Sie waren stolz, daß sie nicht schlappgemacht hatten. Über vier Stunden waren sie mit den Obermaiers im Heu gewesen. Wenn das nichts war!

„Mann, hab ich jetzt einen höllischen Durst...", sagte TH und streckte seinen schmerzenden Körper. Er fühlte sich wie gerädert. Körperliche Arbeit waren sie alle nicht gewöhnt.

„Und einen Bärenhunger", fügte Schräubchen hinzu.

„Keine Sorge, ihr werdet weder hungrig noch durstig den Hof verlassen. Das wäre ja noch schöner!" versicherte Millis Vater.

„Kann mir mal einer verraten, wie wir bei diesem Regen nach Hause kommen sollen?" fragte Tommi.

„Warum bleibt ihr nicht einfach hier?" schlug Milli spontan vor. „Wir können hier draußen unter dem Vordach Koteletts und Kartoffeln grillen und die Nacht auf dem Heuboden schlafen! Warm genug ist es ja!"

Tommi, TH und Schräubchen waren begeistert; sie liefen mit Milli ins Haus, um ihre Eltern anzurufen. Die hatten nichts dagegen, daß ihre Kinder auf dem Hof blieben. Der Grillfete auf dem Maierhof stand also nichts mehr im Wege.

Nachdem sie sich gewaschen und ihren Durst gestillt hatten, holten sie den Grill aus dem Schuppen und entzündeten unter dem Vordach ein Holzkohlenfeuer. Während Milli Gartenstühle und ihr Kofferradio holte, brachte ihre Mutter ein Tablett mit großen Koteletts sowie dicken Kartoffeln, die sie im Ofen schon vorgebacken und dann für den Grill in Alufolie gewickelt hatte. Sie brachte auch noch einen großen gemischten Salat sowie süß-saure Gurken und Limonade.

Tommi übernahm die Rolle des Grill-Chefs, und schon bald stieg ein würziger Duft vom Holzkohlenfeuer auf und ließ ihnen das Wasser im Mund zusammenlaufen.

„So lasse ich's mir gefallen", seufzte Tommi, nachdem er den Knochen seines zweiten Koteletts abgenagt hatte.

„Das sind Ferien", stimmte Walther ihm zu und unterdrückte noch so eben einen Rülpser.

„Mensch, Tommi!" rief Schräubchen auf einmal. „Du hast Milli und TH noch gar nicht vom Überfall auf die Pizzeria erzählt! Und von deiner Heldentat!"

„Überfall? Heldentat?" fragten Milli und TH wie aus einem Mund.

„Nun übertreib doch nicht!" meinte Tommi, sonnte sich aber in der Aufmerksamkeit seiner Freunde, die ihn mit Fragen bedrängten. Er ließ sie eine Weile zappeln, um die Spannung zu erhöhen. Dann berichtete er, was am Vormittag bei ihnen in der Pizzeria vorgefallen war.

„Straßenhaie! Und du hast sie in die Flucht geschlagen! Ich werd nicht mehr!" sagte Milli.

„Echt stark!" sagte auch TH anerkennend.

Tommi verzog das Gesicht. „Abwarten, was noch daraus wird."

„Was soll denn noch daraus werden?" fragte Milli verwundert. „Kommt es zu einem Prozeß?"

„Nein, das nicht. Wir haben das ja gar nicht der Polizei gemeldet. Zuviel unnützer Papierkram, meint Papa. Wir wissen ja noch nicht mal ihre Namen."

„Na also", sagte Milli. „Dann weiß ich wirklich nicht, was du meinst. Es ist doch alles gelaufen."

„Gelaufen ist gut!" brummte Tommi. „Das kann noch Ärger geben mit den Burschen. Die werden natürlich stinksauer auf mich sein, und vielleicht wollen sie sich rächen. Das wäre ihnen zuzutrauen..., und sie wissen ja, wo sie mich finden können."

Milli blickte erschrocken drein. „Mensch, daran habe ich ja überhaupt nicht gedacht."

Tommi verzog das Gesicht zu einer Grimasse. „Aber ich. Und wenn ich ehrlich bin, macht mir das ganz schön Magenschmerzen. Immerhin haben die alle Vorteile auf ihrer Seite. Sie können zuschlagen, wenn es für sie günstig ist, und ich sehe dann verdammt alt aus, wenn sie mich erst mal in der Mache gehabt haben."

„Ach was, das schaukeln wir schon!" versicherte TH großspurig. „Wir werden dich die nächsten Tage bewachen."

„Genau das tun wir!" fiel Schräubchen entschlossen ein. „Von jetzt an sind wir deine Leibwächter, Tommi. Auf uns kannst du dich verlassen. Stimmt's, Milli?"

„Logo!" sagte Milli ohne Zögern. „Die sollen bloß versuchen, dir was zu tun. Dann kriegen sie es mit uns allen zu tun. Wir von der Pizza-Bande halten zusammen. Alle für einen, einer für alle!"

„Wir beschatten dich rund um die Uhr!" erklärte TH.

Tommi war gerührt, aber dennoch blieb er skeptisch. So leicht, wie sie sich das vorstellten, würde es nicht sein. Aber es war immerhin eine gewisse Beruhigung, zu wissen, daß er der Gefahr nicht allein in die Augen blicken müßte – wie diese Gefahr dann auch immer aussehen würde. Und wenn es soweit war, würde ihnen wohl etwas einfallen. Das hoffte Tommi wenigstens.

TH schob den Grill ein wenig aus dem Schutz des Vordaches, damit der Regen die Glut der Holzkohle löschte. Als er zur Landstraße blickte, sah er auf einmal den Tankwagen jenseits der Hecken langsam vorbeifahren. „Pistazien-Paule hat es also doch allein geschafft", sagte er spöttisch.

„Pistazien-Paule?" fragte Milli verständnislos. „Wer ist denn das?"

Tommi lachte. „Ach, das ist der spinnerte Fahrer von dieser Jauche-Kutsche da", sagte er und deutete mit dem Kopf zum Tankwagen.

Schräubchen erzählte Milli von ihrer merkwürdigen Begegnung mit dem Fahrer, dem Tommi spontan den Spitznamen Pistazien-Paule verpaßt hatte.

Der Tankwagen verschwand Augenblicke später aus ihrem Blickfeld, und sie sprachen bald über etwas anderes. Doch zwanzig Minuten später tauchte der Wagen erneut auf der Landstraße auf.

„Da ist er schon wieder", sagte Tommi erstaunt. „Was macht der bloß hier?"

TH zuckte die Achseln, er gähnte herzhaft. „Vielleicht hat er sich verfahren oder hier in der Gegend zu tun. Ist doch egal." Die körperliche Anstrengung der letzten Stunden und das reichhaltige Essen machten sich bemerkbar. Er war müde. „Was haltet ihr davon, wenn wir schon mal damit beginnen, unser Nachtlager oben im Heu zu bauen?"

Tommi grinste. „Schon geschafft, TH?"

TH schoß ihm einen ärgerlichen Blick zu. „Tu doch nicht so, als wärst du noch taufrisch. Du gähnst doch auch schon am laufenden Band!"

„Reg dich nicht auf", mischte sich Milli begütigend ein. „Wir sind alle müde. Ich gehe mit Schräubchen Decken und Schlafsäcke holen. Ihr beiden könnt hier ein bißchen aufräumen. Wir können im Heu ja noch reden."

Tommi und TH stellten die Klappstühle und den Campingtisch in den Schuppen zurück, während die Mädchen Geschirr und Besteck auf dem Tablett ins Haus trugen und zehn Minuten später mit zwei Schlafsäcken und mehreren Decken zurückkamen. Es wurde ausgelost, wer von ihnen in die Schlafsäcke kriechen durfte und wer sich mit den Decken begnügen mußte. Tommi und Schräubchen waren die Glücklichen. Aber frieren würde keiner von ihnen, dafür war es zu dieser Jahreszeit auf dem Heuboden zu warm.

Sie stiegen die Leiter hoch und machten sich im Heu eine gemütliche Kuhle.

„So lasse ich mir die Ferien gefallen", sagte Tommi mit einem wohligen Seufzer, als er in den Schlafsack geschlüpft war.

„Und wie das Heu duftet!" schwärmte Schräubchen.

Auch TH war mit sich und der Welt zufrieden. Er lag nahe an der Wand und konnte durch einen Spalt zwischen den Brettern hinausspähen. Die Landschaft verschwamm hinter dichten Regenschleiern. Das letzte Licht des Tages wurde von dunklen Wolken verschluckt, und bald brach die Nacht herein. Mit einschläfernder Monotonie trom-

261

melte der Regen auf das Blechdach der Scheune; aber drinnen war es herrlich warm und trocken. TH empfand ein merkwürdiges Gefühl der Geborgenheit.

Die vier Freunde unterhielten sich noch eine Weile. Doch dann wurden die Pausen zwischen den Sätzen immer länger, und schließlich übermannte sie die Müdigkeit. Sie versanken in einen tiefen Schlaf, der mit wilden Träumen durchsetzt war.

*

Ein unterdrückter Schreckenslaut und ein Stoß gegen die Hüfte rissen TH gerade in dem Moment aus dem Schlaf, als er davon träumte, wie das Publikum nach seinem Auftritt beim Nachwuchswettbewerb von den Stühlen sprang, ihm stehend zujubelte und in lauten Sprechchören immer wieder *Zugabe! Zugabe! Zugabe!* forderte.

Benommen richtete er sich auf und blinzelte in die Dunkelheit. „Was ist?" murmelte er schläfrig, tastete nach seiner Brille und warf einen Blick auf die grünlich phosphoreszierenden Ziffern seiner Armbanduhr.

„Entschuldige, TH, ich hab mich wahnsinnig erschrokken! Ich glaube, mich hat eine Fledermaus gestreift!" Es war Milli.

TH mochte Milli sehr. Mehr, als er vor seinen Freunden zugab. Und wann immer er konnte, brachte er ihr ein kleines Geschenk, Schokolade oder Kekse, mit. Aber ihn mitten in der Nacht aufzuwecken, nur weil sie mal wieder Angst vor Geistern und Fledermäusen hatte, strapazierte seiner Meinung nach auch die stärkste Sympathie. „Fledermäuse! Als ob sich ausgerechnet Fledermäuse dein Ge-

262

sicht als Landeplatz aussuchen würden!" zischte er unwillig.

„Warum denn nicht?" fragte Milli leise, denn Schräubchen und Tommi schliefen fest.

„Weil Fledermäuse kein Licht brauchen, um ihren Weg zu finden! Sie haben ein ganz genaues Orientierungsvermögen..., das ist noch besser als das teuerste Flugzeug-Radar! Sie fliegen in schwärzester Nacht millimetergenau dorthin, wo sie hinwollen – und zu dir wollen sie ganz bestimmt nicht. Für sie gibt es auch kein zufälliges ‚Streifen‘ irgendeines Hindernisses!"

„Bist du sicher?" Millis Stimme klang noch immer unsicher.

„So sicher, wie ich weiß, daß jetzt ein Uhr zweiundzwanzig ist!" knurrte TH. „Dich hat bestimmt bloß ein Strohhalm gekitzelt."

Milli seufzte leise in der Dunkelheit und tastete dann nach seiner Hand. „Tut mir leid, TH. Ich hab dich wirklich nicht aufwecken wollen. Aber du weißt ja, wie das bei mir ist... Es könnte ja auch ein Geist gewesen sein!"

TH drückte ihre Hand. „Ist ja okay", murmelte er ein wenig verlegen, und sein ganzer Unmut war von einer Sekunde zur anderen verflogen. „Wir müssen ja morgen zum Glück nicht in die Penne." Er wünschte, er könnte ihre Hand länger halten. Warum eigentlich nicht? Die anderen sahen es doch nicht. Und auch Milli konnte von ihm kaum etwas sehen. Daß sein Gesicht brannte und sein Herz auf einmal heftig schlug, das blieb ihr zum Glück verborgen. Und so hielt er ihre Hand fest. „So was sollten wir öfter machen", sagte er leise. „Zusammen grillen und so wie hier im Heu über Nacht bleiben."

„Ja, es war ein schöner Tag, trotz der Schufterei", stimmte Milli ihm zu, und TH war, als schwinge ein zärtlicher Ton in ihrer Stimme.

TH überlegte fieberhaft, was er noch sagen konnte. Solange sie redeten, konnte er ihre Hand halten. Doch sowie Schweigen einsetzte, bekam das Handhalten eine zu große Bedeutung. Doch ihm war, als hätte er ein Brett vor dem Kopf. Ihm fiel nichts ein, und so ließ er Millis Hand schließlich los.

Das tiefe Brummen eines Motors drang aus der Ferne zu ihnen. TH spähte durch einen Bretterspalt hinaus. Die Lichtkegel zweier Scheinwerfer durchschnitten die dunkle, regnerische Nacht.

„Das gibt's doch nicht!" stieß er hervor.

„Was?" Millis Stimme klang nun wieder so normal wie immer. Sie lehnte sich vor und preßte ihr Gesicht an die Bretterwand der Scheune.

„Der Wagen da!" raunte TH. „Das ist doch der Tankwagen von Pistazien-Paule!"

Milli sah angestrengt zur Landstraße hinüber. „Woher willst du das wissen? Das kann auch ein anderer Wagen sein."

„Ich hab doch keine Glasmurmeln im Kopf! Das ist Pistazien-Paule mit seiner Jauche-Gondel!" beharrte TH. „Man kann doch ganz deutlich den gelben Streifen auf dem Tankbehälter sehen. Nein, das ist Paule!"

„Kann ja sein, aber warum findest du das so merkwürdig?" wollte Milli wissen. „Ist doch seine Sache, wenn er nachts durch die Gegend fährt. Du, ich hau mich wieder aufs Ohr. Schlaf gut."

„Ja, du auch", murmelte TH und rollte sich wieder in seine Decke. Er konnte aber lange nicht einschlafen. Er lauschte dem Geräusch des Nieselregens und bekam Pistazien-Paule einfach nicht aus seinen Gedanken. Warum kutschierte dieser Kerl mitten in der Nacht mit seinem Tankwagen durch die Gegend? Das war doch nicht normal! Niemand ließ nachts um halb zwei seine Sickergrube oder seine Kanalisation säubern. Außerdem hatte TH irgendwie den Eindruck, als würde Pistazien-Paule ständig im Kreis fahren.

Das ist nun wirklich geistiger Sauerquark, schalt TH sich selbst und zwang sich, an etwas anderes zu denken. Das fiel ihm dann auch gar nicht schwer. Er brauchte nur an die Augenblicke zu denken, als er mit Milli Hand in Hand hier in der Dunkelheit gesessen hatte...

Zwischenfall beim Trödelmarkt

Auf dem Maierhof begann der Arbeitstag, wie das auf Bauernhöfen seit Generationen nun mal so üblich war, beim ersten Hahnenschrei. Die Milchkühe drängten sich mit prallen Eutern vor den Stallungen und konnten es nicht erwarten, an die Melkmaschine angeschlossen zu werden.

Die vier von der Pizza-Bande bekamen natürlich auch mit, daß der Maierhof zum Leben erwachte. Aber all das geschäftige Klappern, Türschlagen und Maschinenrattern galt nicht ihnen, sondern machte ihnen nachdrücklich bewußt, wie gut sie es doch hatten. Sie konnten in ihrer tiefen Heumulde liegenbleiben, sich noch mal auf die andere Seite drehen und sich langsam mit dem Gedanken, irgendwann einmal aufzustehen, vertraut machen. Der Alltag lag noch in weiter Ferne. Noch waren sie Schüler mit langen Sommerferien.

Auch Milli war froh, daß sie nicht schon in aller Herrgottsfrühe raus mußte, um die Kühe zu melken. Sie liebte zwar die Landwirtschaft und scheute auch nicht die Arbeit, die ein solcher Hof mit sich brachte. Doch so früh aus den Federn zu steigen war ihre Sache eben auch nicht.

Es war schließlich Frau Obermaier, die sie alle vom Heuboden holte. Sie stand unten an der Leiter und schlug mit einem Knüppel gegen einen Eimer. Das Scheppern war ohrenbetäubend.

„Raus jetzt!" rief sie lachend. „Ihr seid doch keine Hühner, die sich ins Heu graben, um Eier zu legen. Es ist halb neun, und das Frühstück steht schon auf dem Tisch. Also macht, daß ihr von da oben runterkommt!"

„Höre ich richtig? Frühstück?" rief TH zurück, plötzlich hellwach. „Gibt es etwa zufällig auch frische Landeier und Kakao, Frau Obermaier?"

Millis Mutter lachte gutmütig. „Zufällig nicht, Walther. Aber wenn ihr in zehn Minuten einigermaßen gewaschen und ohne Heu in euren Sachen am Tisch sitzt, gibt es dazu auch noch Rühreier und Bratkartoffeln!"

„Ich bin schon fertig!" rief Tommi, der genau wie TH mit knurrendem Magen aufgewacht war.

Von den zehn Minuten, die ihnen Frau Obermaier zugestanden hatte, gingen fünf für eine ausgelassene, staubige Heuschlacht drauf. Aber dann bewiesen sie, daß sie wirklich sehr schnell sein konnten. Ein bißchen Zahnpasta auf den Zeigefinger, ein paarmal im Mund hin und her gerieben, zwei Handvoll Wasser ins Gesicht gespritzt und die Haare einigermaßen gebändigt – und schon waren sie fertig für das deftige Frühstück in der großen, gemütlichen Wohnküche der Obermaiers.

„Beim nächsten Heumachen bin ich wieder dabei", sagte TH und legte sich noch eine riesige Portion Rührei und Bratkartoffeln auf den Teller. „Also nicht vergessen, Milli!"

Schräubchen sah ihm kopfschüttelnd zu, wie er auch diese Portion verdrückte. „Kannst du mir mal sagen, wo du das läßt?" fragte sie. „Du mußt ein Loch im Magen haben!"

TH zwinkerte ihr zu. „Wenn du mal eine Woche lang die Küche von meinem Vater und mir genossen hast, wirst du wissen, warum ich hier so zuschlage!"

„Das liegt doch bloß an eurer Faulheit", meinte Tommi. „Kochen ist nicht nur Frauensache. Die besten Köche sind Männer. Warum macht ihr nicht mal einen Kochkurs mit?"

TH lächelte ihn entwaffnend an. „Du hast es doch schon gesagt: Faulheit!"

Milli schaute aus dem Fenster. Ein dunkelblauer Mercedes war im Hof vorgefahren. Sie kannte den Wagen. Er gehörte dem Tierarzt Alois Pichler, der als Oberster Veterinär bei der Bezirksbehörde tätig war.

267

Im nächsten Moment hörte sie die Stimme ihres Vaters, der mit Alois Pichler im Flur sprach. Beide Stimmen klangen aufgeregt.

„Ist irgendwas passiert?" fragte Schräubchen.

Milli zuckte die Achseln. „Keine Ahnung. Es klingt so. Ich geh mal kurz hören, worum es geht. Bin gleich wieder da."

„Laß dir nur Zeit, Milli", meinte TH mit vollem Mund und machte sich über seine Rühreier her.

Milli verließ die Küche. Minuten später kehrte sie zu ihren Freunden zurück. Ihr Gesicht war ernst.

„Na?" fragte Schräubchen gespannt.

„Die Milchkühe auf dem Sanderhof sind krank", berichtete Milli. „Pichler, der Tierarzt, hat in der Milch Giftstoffe gefunden. Die Milch darf nicht verkauft werden."

„Eine Epidemie?" fragte Tommi.

Milli schüttelte den Kopf. „Nein, die Kühe müssen das Gift auf den Weiden gefressen haben. Ich hab das so genau nicht verstanden, aber Herr Pichler hat gesagt, daß das Gras vergiftet ist."

TH sah sie verwundert an. „Vergiftetes Gras? Davon habe ich noch nie gehört. Wie kann denn so etwas passieren?"

„So genau weiß ich das auch nicht", sagte Milli. „Aber da müssen irgendwelche Chemikalien in den Boden und dann ins Gras gelangt sein."

„Saurer Regen, der schon überall in Deutschland die Wälder kaputtmacht?" fragte Tommi.

Milli zuckte die Achseln. „Kann sein, aber das wird erst noch untersucht. Auf jeden Fall will Herr Pichler jetzt

268

auch Milchproben von unseren Kühen nehmen und im Labor untersuchen lassen."

„Und wenn sie bei euch auch Giftstoffe in der Milch entdecken?" fragte Schräubchen.

„Dann kostet das meine Eltern viel Geld", sagte Milli bedrückt. „Denn soviel wirft der Hof auch nicht ab."

„Ach, man muß doch nicht immer gleich das Schlimmste befürchten", versuchte Schräubchen sie aufzumuntern. „Der Sanderhof liegt doch ein gutes Stück von euch entfernt, nicht wahr?"

„Ja, sechs Kilometer."

„Also. Wenn dahinten ein paar Weiden schlechtes Gras haben, muß das doch nicht zwangsläufig hier bei euch auch so sein", sagte Schräubchen. „Nur die Kühe, die tun mir leid. Wahrscheinlich haben sie Schmerzen."

Bedrückt sahen sie sich an.

„Kommst du gleich mit uns nach Sommerberg?" fragte Tommi, um Milli abzulenken. „Wir könnten doch mal auf den Marktplatz gehen, da ist heute Flohmarkt. Dann ist da immer was los." Er blickte aus dem Fenster. Der Himmel war noch bewölkt, aber hier und da schien die Sonne durch ein Wolkenloch. „Der Regen hat zum Glück auch aufgehört. Also kein Grund, länger in der Bude zu hokken. Ist mein Vorschlag nun angenommen, oder seid ihr alle meiner Meinung?" lachte er.

„Angenommen!" sagte Schräubchen.

„Klasse Idee!" rief TH und schob seinen leeren Teller von sich. „Worauf warten wir noch, Freunde? Stürzen wir uns in den Trödel von Sommerberg."

Kaum eine Viertelstunde später radelten sie aus dem

269

Hof. Der Hund Moritz begleitete sie bellend ein Stück, doch dann schickte Milli ihn schweren Herzens zurück. Das Gedränge und der Lärm auf dem Markt waren für ihren vierbeinigen Liebling nicht das richtige. Da war er auf dem Maierhof besser aufgehoben. Ebenso wie sein enger Freund, der Kater Max. Auch er war Millis Liebling.

Sie befanden sich gerade auf halbem Weg nach Sommerberg, als sie an eine schlecht zu übersehende Kreuzung kamen. Ein kleines Waldstück reichte rechts bis an die Straße, und genau an der Ecke stand ein altes Haus. Es war seit Jahren nicht mehr bewohnt und sah entsprechend aus.

Die vier von der Pizza-Bande hatten Vorfahrt und radelten, ohne anzuhalten, über die Kreuzung, obwohl sie das Geräusch eines näherkommenden Wagens hörten. Schräubchen, die mal wieder am kräftigsten in die Pedale trat, war allen ein paar Meter voraus.

Plötzlich sah Schräubchen etwas auf sich zurasen. Es war der Tankwagen von Pistazien-Paule. Er erschien ihr wie ein riesiges, unheilbringendes Ungetüm auf Rädern. Zu Tode erschrocken, schrie sie auf und riß ihr Fahrrad herum, während der Tankwagen haarscharf an ihr vorbeidonnerte. Schräubchen verlor die Balance auf dem Rad und stürzte.

Pistazien-Paule hatte zwanzig Meter weiter abgebremst und angehalten. Jetzt stieß er die Fahrertür auf, lehnte sich hinaus und brüllte ihnen erbost zu: „Könnt ihr nicht die Augen aufmachen? Eine Straße ist kein Spielplatz! Träumen könnt ihr zu Hause, habt ihr verstanden? Wenn ihr nicht wißt, wie man sich im Verkehr verhält, solltet ihr im

Sandkasten spielen!" Er knallte die Tür zu, gab Gas und fuhr davon.

Fassungslos standen Milli, Tommi und TH auf der Kreuzung, während Schräubchen sich aufrappelte. Erst der Beinahe-Unfall und dann noch das! Wenn das nicht eine bodenlose Unverschämtheit war!

„Hast du dich verletzt?" fragte Milli besorgt.

„Nur ein paar Kratzer. Hab noch mal Glück gehabt", sagte Schräubchen und tastete vorsichtig über die Hautabschürfungen am linken Knie. Sie beugte es mehrmals, und sie war erleichtert, daß sie dabei keine Schmerzen verspürte. Gebrochen hatte sie sich also nichts.

„Der hat wohl nicht mehr alle Tassen im Schrank, diese geistige Blindschleiche!" tobte Tommi nun voller Zorn los. „Uns so anzufauchen!"

„Dabei war er schuld!" schimpfte Milli. „Wir haben Vorfahrt gehabt. Er hätte vor dem Stoppschild halten müssen!"

„Eine Frechheit sondergleichen!" machte auch TH seinem Ärger Luft. „Der ist doch wie ein Verrückter um die Kurve gebraust! Und uns dann noch so zu beschimpfen, das ist ja wohl der Gipfel der Unverschämtheit! Den sollten wir bei der Polizei anzeigen!"

„Ja, sollten wir", sagte Schräubchen. „Aber bringen wird das nichts. Er wird es einfach abstreiten, und einer Aussage von Kindern glaubt man doch nicht."

„Vielleicht fällt uns was anderes ein, wie wir diesem Stinktier der Landstraße das heimzahlen können", sagte TH grimmig.

„Was können wir schon machen?" überlegte Milli skeptisch.

„Wenn wir unseren Grips anstrengen...", begann TH.

Schräubchen winkte ab. „Vermiesen wir uns doch nicht den Tag, TH! Hauptsache, daß nichts passiert ist."

TH schüttelte energisch den Kopf. „Nein, mit Pistazien-Paule rechnen wir noch ab... auf die eine oder andere Art, das schwöre ich dir."

Tommi nickte zustimmend. „TH hat recht. Der Kerl hat einen Denkzettel verdient. Uns wird schon was einfallen. Und wir wissen ja, für welche Firma er arbeitet."

Schräubchen zuckte die Achseln. „Gut, aber wollen wir hier auf der Kreuzung stehenbleiben, bis euch etwas eingefallen ist?" fragte sie spöttisch. „Ich jedenfalls will zum Trödelmarkt."

„Kannst du denn überhaupt radeln?" wollte Milli wissen.

„Na klar, ich bin doch nicht aus Zucker!" erklärte Schräubchen empört. „Die paar Schrammen machen mich nicht zum Invaliden!" Sie schwang sich wieder auf ihr Rad und radelte los, Milli dicht an ihrer Seite.

Tommi und TH fuhren hinter den Mädchen her.

„So einfach kommt Pistazien-Paule nicht davon", sagte TH entschlossen. „Irgend etwas lassen wir uns einfallen, abgemacht?"

Tommi nickte. „Klar!"

Die Verfolgung

Die vier von der Pizza-Bande hatten ihre Fahrräder auf dem Hof hinter der Pizzeria abgestellt, denn bis zum Rathausplatz waren es nur ein paar Straßen weiter.

Die Verkaufsstände des Trödelmarktes zogen sich in langen Reihen über den Platz. Dichtes Gedränge herrschte zwischen den Ständen. Von teuren Antiquitäten bis zu Kitsch und billigem Ramsch wurde hier alles angeboten. Viele junge Leute beteiligten sich am Trödelmarkt. Anstatt Tische aufzustellen, hatten sie alte Decken auf dem Boden ausgebreitet und boten Comic-Hefte, Taschenlampen, Spielzeug, Fahrradzubehör und vieles mehr an. Manche verdienten gar nicht schlecht dabei.

„Mensch, das ist gar keine schlechte Idee", sagte Tommi beeindruckt, als er beobachtete, wie ein etwa fünfzehnjähriger Junge erfolgreich Comics verhökerte. „So was sollten wir auch mal machen. Da kommt was zusammen."

Das fand Schräubchen auch. „Wir brauchen doch bloß mal bei uns im Keller und auf dem Dachboden rumzustöbern. Da liegt soviel alter Kram, den man hier bestimmt für ein paar Mark verscherbeln kann."

„Klar", sagte TH, „gegen ein paar Mark Taschengeld mehr ist nichts einzuwenden. Ich hab noch eine ganze Kiste, die bis obenhin voller Puzzle-Spiele ist und die ich immer von einer Ecke in die andere räume."

„Ich hab auch eine ganze Menge Kram", sagte Tommi.

„Und wenn du von deinem Vater noch ein paar Keksrol-
len und so organisieren kannst, die wir billig abgeben,
können wir unsere Club-Kasse mal wieder ordentlich auf-
füllen. Da ist nämlich Ebbe!"

Während sie über den Trödelmarkt schlenderten, sprachen sie voller Begeisterung darüber, was sie alles verkaufen konnten und wie sie das am besten organisieren wollten. TH vertrat die Überzeugung, daß es bestimmt keine
Schwierigkeiten bereiten würde, von der Stadtverwaltung
eine Erlaubnis zu bekommen. Und sie beschlossen, sich
zu erkundigen, wann der nächste Trödelmarkt stattfindet.

Als sie eine der Verkaufsgassen hinuntergingen, stießen
sie auf einen Informationsstand der GRÜNEN, einer Partei, die für eine bessere und sauberere Umwelt kämpft.
Die Anhänger dieser Partei verteilten Informationsmate-
rial über Umweltverschmutzung. Außerdem sammelten
sie Unterschriften gegen den geplanten Bau eines Auto-
bahnabschnittes, der ihrer Ansicht nach nicht benötigt
wurde und zudem durch ein Naturschutzgebiet führen
würde, wo seltene Vögel ihre Brutplätze hatten. Dieses
Bauvorhaben würde die Natur zerstören und dazu beitra-
gen, die Ausrottung einiger Vogelarten weiter voranzu-
treiben. Gegner und Anhänger der Umweltschützer bildeten eine große Gruppe um den Stand und lieferten sich
eine erregte Diskussion.

„Da geht es ja hoch her!" sagte Milli. „Hören wir uns
doch mal an, worüber sie sich streiten."

Die vier Freunde drängten sich durch die Menge nach
vorn zum Info-Stand.

274

„... saubere Umwelt schön und gut", sagte gerade ein älterer Herr zu einem der mit Jeans, T-Shirt und Tennisschuhen bekleideten Umweltschützer. „Aber ohne Industrie läuft nichts, und irgendwoher muß das Geld kommen. Nein, Leute wie Sie ruinieren mit ihren überspannten Forderungen unsere Industrie. Noch mehr Arbeitslose werden wir bekommen, wenn Eiferer Ihres Schlages in unserem Staat etwas zu sagen haben!"

„Jetzt kommen Sie uns bloß nicht mit dem alten Spruch, daß unsere Industrie durch die Umweltschutzmaßnahmen in den Ruin getrieben würde!" widersprach ihm ein anderer Marktbesucher verärgert. „Die großen Firmen, die unsere Luft verpesten und die Gewässer in Giftmüll-Kloaken verwandeln, machen Millionengewinne – und zwar auf unsere Kosten!"

„Das sind nichts als Behauptungen!" winkte der andere ab.

„So?" fragte ein anderer Zuhörer. „Und was ist mit den Umweltskandalen, die kein Ende nehmen?" Industriegifte werden einfach irgendwo abgeladen oder auf Schiffe geschafft und dann vor der Küste ins Meer gelassen. Und warum ist schon mehr als die Hälfte unseres Waldes zerstört?"

„Ja, genau das ist die Wahrheit!" stimmte ihm einer der Grünen zu. „Unsere Gesetze sind zu lasch. Es wird kaum kontrolliert, wer wo welche Gifte irgendwohin kippt oder welche schädlichen Abgase in welcher Konzentration in die Luft abgelassen werden. Unsere Natur ist einmalig und nicht wie ein Wagen, den man gegen einen neuen austauscht, wenn der alte kaputt ist!" sagte er beschwörend.

275

„Ein Unternehmer muß und soll Gewinne machen, aber das schließt nicht aus, daß er Rücksicht auf die Umwelt nimmt. Technisch sind Entgiftungsanlagen und ähnliches doch schon längst erfunden und in anderen Ländern erprobt!"

„Außerdem steht unsere Gesundheit, die Sauberkeit von Luft, Wasser und Boden an erster Stelle!" erklärte eine ältere Dame resolut. „Und daß die Leute dafür heute auf die Straße gehen, finde ich richtig! Wurde auch allmählich Zeit, daß für die Umwelt etwas getan wurde. Und gegen die neue Autobahn bin ich auch. Wald und Wiesen sind wichtiger als ein paar Kilometer Beton. Deshalb unterschreibe ich!"

TH stieß Milli an. „Starke Oma, was?" flüsterte er ihr zu.

„Sie hat recht", sagte Milli. „Wenn ich an den giftigen Boden der Sanderhof-Weiden denke... Also, da muß wirklich was gemacht werden."

„Du, eigentlich sollten wir auch unterschreiben", schlug Tommi vor. „Umwelt und Natur gehen uns genauso an wie jeden anderen. Los, kommt!"

Schräubchen nickte. „Ich bin dafür, aber ob die uns auch unterschreiben lassen?"

Die Umweltschützer hatten nichts dagegen einzuwenden. „Warum nicht", sagte einer von ihnen erfreut über ihre Bitte. „Umweltschutz ist Aufgabe eines jeden, und man kann nie früh genug beginnen, sich darum zu kümmern. Sonst geht unsere Welt nämlich vor die Hunde. Hier, schreibt euch in die Liste ein. Jede ehrlich gemeinte Unterschrift ist wichtig – und ein Grundstein zu einer besseren Umwelt für uns alle."

Nacheinander schrieben sie ihre Namen in die Liste, Milli zuerst. Vor ihr standen schon vierhundertdreiundsechzig. Als sie weitergingen, waren sie sehr zufrieden. Jede Unterschrift ist wichtig, hatte er gesagt! Es tat gut, von Erwachsenen einmal richtig ernst genommen zu werden.

„Das mit den Schiffen, die all den Dreck und Industriemüll einfach ins Meer kippen, stimmt", sagte TH, der sich an einen kurzen Beitrag im Fernsehen erinnerte, den er mit seinem Vater gesehen hatte. „Die pumpen Säure und andere Giftstoffe ein paar Kilometer vor der Küste einfach ins Meer. Und das ist sogar erlaubt."

„Eine Gemeinheit ist das!" rief Milli empört. „Ich finde, jeder soll für den Dreck und die Giftstoffe, die bei seiner Arbeit anfallen, auch verantwortlich gemacht werden!"

„Warte! Die richtige Gemeinheit kommt erst noch", sagte TH. „Das Wasser der Nordsee zum Beispiel ist von all dem giftigen Zeug schon so versaut, daß die Fische mit Mißgeburten zur Welt kommen, Geschwüre am ganzen Körper aufweisen und einfach ungenießbar sind. Denn sie schwimmen ja ständig in der Giftbrühe!"

„Wie die Kühe auf dem Sanderhof, die das vergiftete Gras fressen", murmelte Schräubchen nachdenklich. „Eigentlich dürfte so etwas doch gar nicht passieren!"

Milli seufzte. „Eigentlich dürfte viel nicht sein. Krieg zum Beispiel dürfte nicht sein!"

„Oder ungerechte Lehrer", warf Tommi ein.

Auch Scheidungen dürften eigentlich nicht sein, fügte TH im stillen hinzu. Daß sich seine Eltern getrennt hatten, würde für ihn immer eine Wunde sein, die nicht völlig verheilte.

„Tierversuche sind auch kein...", begann Schräubchen. Doch sie kam nicht mehr dazu, den Satz zu beenden.

Tommi blieb plötzlich stehen. „Heilige Giftnudel!" stieß er hervor.

„Was ist?" fragte TH.

Tommi machte schnell einen Satz zurück und versuchte sich hinter TH und Milli zu verbergen. Er war sehr blaß geworden. „Die beiden Rocker! Da drüben am Getränkestand!" flüsterte er. „Die Straßenhaie, die bei uns Pizza zum Nulltarif abstauben wollten!"

„Bist du sicher?" TH blickte zu den beiden Lederjackentypen hinüber, die mit einem Pappbecher Bier neben dem Getränkeausschank standen. Mit ihrem harten Gesichtsausdruck, den schäbigen Hosen und den nietenbeschlagenen, schwarzen Lederjacken sahen sie ganz schön furchterregend aus, fanden die vier. Daß Tommi sie in die Flucht geschlagen haben sollte, erschien ihm irgendwie selbst unglaubhaft.

„Mensch, noch brauch ich keinen Blindenausweis!" zischte Tommi. „Nichts wie weg, sonst machen die Hackfleisch aus mir!"

„Die gucken ja zu uns rüber!" rief Schräubchen erschrocken. „Ich glaube, die haben dich erkannt!"

Genauso war es. Warze und sein Komplize Tito hatten in Tommi den Jungen wiedererkannt, der ihnen in der Pizzeria *Mamma Gina* die Schlappe zugefügt hatte. Tito wies sogar mit der Hand auf die Pizza-Bande, worauf Warze seinen noch halbvollen Pappbecher mit einem Zug

278

leerte, ihn achtlos auf die Straße warf und seinem Freund ein unmißverständliches Zeichen gab, das soviel bedeutete wie: Los, die schnappen wir uns!

„Sie kommen! Jetzt bloß nichts wie ab durch die Menge!" schrie Tommi.

Im Zickzack rannten sie den Weg zurück, den sie gekommen waren. Die beiden Rocker waren älter und im Spurt vielleicht auch schneller. Doch hier im dichten Gedränge des Trödelmarktes konnten sie ihre Stärke nicht ausspielen. Hier waren die vier von der Pizza-Bande wendiger und schneller. Sie konnten ihren Vorsprung sogar noch ein wenig ausbauen.

Doch dann hatten sie das Ende des Trödelmarktes erreicht. In welche Richtung sollten sie jetzt laufen? Zum Bahnhof hinüber? Nein, da kannten sich Schläger wie Warze und Tito bestimmt zehnmal besser aus als sie.

Tommi wandte sich nach rechts in Richtung Hauptstraße und rannte weiter. Milli, Schräubchen und TH waren dicht hinter ihm. Er hörte ihr schnelles Atmen.

„Die holen uns ein!" rief TH keuchend.

Tommi warf einen Blick über die Schulter zurück. TH hatte recht. Ihr Vorsprung betrug höchstens noch sechzig Meter. Warze und Tito holten sichtlich auf.

„Mist!"

„Wir hätten... in Richtung... Seeufer... rennen sollen", stieß TH hervor. „Da unten... gibt es... enge Gassen... und jede Menge Höfe... zum Verstecken!"

Tommi ärgerte sich, daß er nicht selbst darauf gekommen war. Im alten Stadtviertel hätten sie die beiden Schläger leichter abschütteln können als auf der Hauptstraße.

„Am besten trennen wir uns!" keuchte Tommi. „Jeder läuft in eine andere Richtung."

„Kommt gar nicht in Frage!" widersprach Schräubchen. „Die sind hinter dir her, und allein hast du gegen diese Typen keine Chance. Wir bleiben zusammen!"

Sie näherten sich der breiten Einfahrt einer Tiefgarage. Milli hatte plötzlich eine Idee. „Los, ab in die Tiefgarage!" Und das Einverständnis ihrer Freunde voraussetzend, rannte sie die Rampe zu den Parkdecks hinunter.

Tommi, TH und Schräubchen folgten ihr.

Sie erreichten das erste Parkdeck. Milli lief immer noch voraus. Sie steuerte auf das Treppenhaus und die Aufzüge zu, die zu sechs weiteren Parkdecks hinunterführten.

„Mensch, was willst du denn hier?" fragte TH verwirrt.

„Sie verwirren!" beschied Milli ihn. „Du wirst schon sehen."

Die vier von der Pizza-Bande stürmten die kahlen Betontreppen hinunter, drückten auf jeder Etage die Fahrstuhlknöpfe und knallten mit den Türen, an denen sie vorbeikamen.

„Tolle Idee", sagte Tommi grinsend und spurtete mit den anderen ins fünfte Parkdeck hinunter.

Milli legte plötzlich den Zeigefinger an die Lippen; sie öffnete ganz leise die Tür zur fünften Parketage, bedeutete ihnen, hier zu warten, und schlüpfte aus ihren Sandalen. Bevor Tommi, TH und Schräubchen begriffen, was sie vorhatte, lief Milli die Stufen zur sechsten Etage hinunter, drückte dort auf den Fahrstuhlknopf, riß die schwere Eisentür auf und lief nach oben zurück. Die Tür knallte gegen den Rahmen, als sie schon wieder bei ihren Freunden war.

280

Über sich im Treppenhaus hörten sie die Stimmen von Warze und Tito.

Ganz leise schlossen die vier die Tür zum fünften Parkdeck hinter sich.

„Jetzt sollen die erst einmal herausfinden, auf welcher Etage wir uns befinden!" sagte Milli leise, doch mit triumphierender Stimme.

„Das mit dem Türenschlagen und dem Fahrstuhl war eine tolle Idee", rief TH, er rang nach Atem. Er hatte Seitenstechen und war froh, daß die Hetze ein Ende hatte. Zumindest vorläufig.

„Aber wir können uns doch hier nicht verstecken", wandte Tommi ein. Auch ihm stand der Schweiß auf der Stirn. Sie waren aber auch wirklich gerannt, als wäre der Teufel hinter ihnen her. Nun, in gewissem Sinn stimmte das ja auch. „Die brauchen doch nur ein Parkdeck nach dem anderen durchzukämmen, und schon sitzen wir in der Falle."

„Wir können jetzt langsam und vorsichtig über die Wagenrampen von einer Parketage zur nächsten hochschleichen", schlug Schräubchen vor. „Die sind bestimmt bis nach ganz unten runtergerast. Wir haben also zwei Etagen Vorsprung."

TH verzog das Gesicht. „Es sei denn, sie haben den Geistesblitz und suchen die Parkdecks von oben nach unten ab. Dann laufen wir ihnen direkt in die Arme."

Einen Augenblick sahen sich die Freunde betroffen an.

„Ach was! Auf die Idee kommen sie nicht!" sagte Milli dann betont optimistisch. „Und jetzt laßt uns hier allmählich den Abflug machen."

„Na dann", brummte Schräubchen, „auf in den Kampf!"

Geduckt schlichen sie zwischen den geparkten Wagen auf die Rampe zu. Als plötzlich eine Autotür keine zehn Schritte vor ihnen zuschlug, fuhren sie zu Tode erschrocken zusammen. Doch es war nur ein harmloser Parker, der seinen Wagen aus der Lücke fuhr und die Ausfahrtrampe hochfuhr.

Schräubchen preßte ihre rechte Hand auf die Herzgegend. „Mein Gott, hab ich mich erschrocken!" ächzte sie und schloß kurz die Augen. „Ich dachte schon, die hätten uns erwischt."

„Nicht so schreckhaft", flüsterte TH. Aber es klang gezwungen.

„Weiter!" drängte Milli.

Unbemerkt gelangten sie eine Etage höher, und ihre Zuversicht wuchs. Sie liefen an der Betonmauer entlang, die das Parkdeck halbierte und am anderen Ende in die Auffahrtrampe zu Parketage 3 überging.

„Runter!" rief TH plötzlich, und die vier Freunde gingen hinter einem blauen VW-Bus in Deckung. „Da kommt jemand!"

Die Tür, die zu Treppenhaus und Fahrstühlen führte, ging auf. Die Beleuchtung zwischen den Betonpfeilern war miserabel, und die Entfernung betrug etwa fünfzig Meter. Aber dennoch bestand kein Zweifel: bei den beiden Gestalten dort drüben handelte es sich um Warze und Tito.

„Mist, verdammter!" fluchte Tommi.

„Und was jetzt?"

„Wir sitzen fest", stellte TH fest. „Da, der eine von ihnen

282

bleibt in der offenen Tür zum Treppenhaus stehen, während sein Kumpel das Parkdeck absucht. Damit sind wir geliefert. Wir können nur nach unten zurück, und zwar über die Rampe. Aber in der letzten Etage ist dann Feierabend."

„Aber irgendeinen Ausweg muß es doch geben!" wisperte Schräubchen beschwörend.

„Gibt es auch!" flüsterte Tommi und deutete auf den Kleintransporter, der zwei Wagen weiter neben einer der Betonpfeiler abgestellt war. Der Transporter hatte eine offene Ladefläche, auf der ein halbes Dutzend Pappkisten standen. „Wir verstecken uns auf dem Wagen. Los, keine lange Diskussion. Dafür ist jetzt keine Zeit mehr!"

„Wenn das bloß gutgeht", murmelte TH, er folgte Tommi aber. Im Sichtschutz der Betonsäule kletterten sie einer nach dem anderen auf den Wagen. Sie nahmen den linken Hinterreifen als Tritthilfe, zogen sich über die Ladekante und kauerten sich zwischen den zum Glück leeren Umzugskisten auf den Boden.

„Bloß nicht rühren!" warnte Tommi seine Freunde. „Und gebt keinen Muckser von euch!"

„Pst! Schritte! Das ist er bestimmt!" zischte Tommi.

Die vier hielten den Atem an. Die Schritte kamen näher. Sand- und Steinpartikel knirschten unter Schuhsohlen. Es klang unnatürlich laut und bedrohlich. Immer näher kam es.

Schräubchen preßte die Augen ganz fest zu, als könnte sie auf diese Weise den Rocker dazu bringen, sie nicht zu bemerken. Ihr Herz schlug wie wild.

„Irgendwas zu sehen, Tito?" Warzes Stimme hallte vom

Treppenaufgang durch das Parkdeck.

„Nichts als Blechkisten!" kam Titos Antwort.

Tommi bekam fast einen Herzschlag, als er die Stimme des Rockers hörte. Sie war so nahe! Tito mußte direkt vor dem Transporter stehen.

„Hab doch gesagt, daß sie sich nach unten verzogen haben", fügte Tito hinzu.

„Okay, nehmen wir uns das nächste Deck vor!" rief Warze ihm zu. „Diesmal entwischt mir dieser Makkaroni nicht. Oder ich will Nudel-Lui heißen!"

Die Schritte entfernten sich vom Kleintransporter. Die Stimmen der beiden drangen undeutlich zu ihnen herüber, dann schlug eine Tür.

„Entwarnung!" sagte TH mit einem schweren Seufzer der Erleichterung.

„Das war mehr Glück als Verstand", murmelte Schräubchen.

„Bleibt noch unten", meinte Tommi. „Will erst mal die Lage peilen. Diesen Typen traue ich jeden schmutzigen Trick zu."

Er richtete sich auf und lugte über den Rand der Ladefläche. Es war jedoch nichts Verdächtiges zu sehen oder zu hören. Er wartete noch einen Moment, doch es blieb ruhig.

„Ich glaube, die Luft ist rein", sagte er und sprang vom Wagen. „Verschwinden wir, Freunde!"

Die vier von der Pizza-Bande machten, daß sie auf dem schnellsten Weg aus der Parkgarage kamen. Als sie auf der Straße standen, lachten sie sich unsicher an. Dieses unfreiwillige Abenteuer hatten sie überstanden.

284

„Ich schlage vor, wir räumen hier das Feld und zischen auf den Schreck eine Cola!" schlug Tommi vor. „Meine Kehle ist richtig ausgedörrt!"

„Und meine erst!" sagte TH.

„Dann auf zur Pizzeria!" rief Tommi.

Pfeffer im Tomatensaft

Die Freunde entschieden sich für den Weg über den Hinterhof in die Pizzeria *Mamma Gina*. Sie wollten ganz sicher sein. Als sie dann in dem kleinen Hinterzimmer saßen, das der offizielle Treffpunkt der Pizza-Bande war, fiel ihnen allen ein Stein vom Herzen.

„Freunde, unser Sieg über die rohe Gewalt muß gefeiert werden!" verkündete Tommi.

„Was muß gefeiert werden?" Mamma Gina stand in der Tür, und Tommis Schwester Nele drängte sich neugierig an ihr vorbei ins Zimmer.

„Ach, nichts von Bedeutung, Mamma."

„Von wegen! Raus mit der Sprache! Was ist passiert?" forderte Mamma Gina sie auf. „Ich sehe euch doch an, daß irgend etwas gewesen ist. Ihr seid ja ganz verschwitzt!"

Tommi wand sich unter dem forschenden Blick seiner Mutter. Er wußte aus Erfahrung, daß sie keine Ruhe geben würde, bis sie die Wahrheit wußte. Deshalb leugnete er nicht länger. „Wir hatten wieder Ärger mit den Lederjacken-Kerlen."

„Ihr habt euch doch wohl nicht mit ihnen angelegt?"

285

fragte Mamma Gina erschrocken.

TH verzog das Gesicht. „Nein, dann sähen wir garantiert anders aus, Frau Carotti."

„Gott sei Dank! Aber nun erzähl endlich, Tommaso!"

Tommi berichtete kurz und knapp und widerwillig von ihrer Begegnung mit den Straßenhaien und ihrer erfolgreichen Flucht durch die Parkgarage.

Mamma Gina war sprachlos vor Schrecken. „Da muß aber etwas geschehen!" stieß sie hervor. „Sonst seid ihr auf der Straße nicht mehr sicher! So eine Gemeinheit von diesen Kerlen! Mein armer Tommaso! Ich habe ja keine ruhige Minute mehr, wenn du unterwegs bist…"

„Mamma, da kann man gar nichts machen", erklärte Tommi, dem die Sorge seiner Mutter vor seinen Freunden peinlich war.

„Wir müssen die Polizei anrufen!" rief Nele aufgeregt. „Vielleicht kriegt Tommi dann Leibwächter wie im Fernsehen, wenn Gangster jemanden bedrohen."

„Red doch keinen Quatsch, Nele!" herrschte Tommi seine Schwester an. „Erstens sind das keine Gangster, sondern ein paar blöde Primitivlinge…"

„Aber du mußt sie ernst nehmen!" warnte Mamma Gina.

„… und zweitens nützt es überhaupt nichts, zur Polizei zu gehen", fuhr Tommi unbeirrt fort. „Mit denen geben die Polizisten sich gar nicht ab. Außerdem werden Warze und Tito bestimmt etwas anderes zu tun haben, als mir aufzulauern. War nur ein dummer Zufall, daß wir ihnen auf dem Trödelmarkt über den Weg gelaufen sind."

Mamma Gina sah ihren Sohn besorgt an. Seine Worte hatten sie nicht überzeugt. „Ich weiß nicht, ob wir nicht doch zur Polizei gehen sollten..."

„Damit ich mich lächerlich mache? Kommt nicht in Frage!"

„Wir passen mit auf Tommi auf", mischte sich nun Milli ins Gespräch.

„Ja, darauf haben Sie unser Ehrenwort!" versprach TH. „So leicht fährt uns keiner an den Wagen, stimmt's, Tommi?"

Tommi gab sich gelassen. „Logo. Wegen so einer Sache muß man nicht gleich einen Riesenwirbel machen. Und jetzt hol ich die Cola, die ich euch versprochen habe!" Er ging hinaus, um seiner Mutter zu verstehen zu geben, daß das Thema für ihn erledigt war. Dabei war er alles andere als überzeugt davon, daß Warze und Tito ihn in Ruhe lassen würden. Noch zu gut war ihm in Erinnerung, was Warze seinem Kumpel zugerufen hatte: „Diesmal entwischt mir dieser Makkaroni nicht. Oder ich will Nudel-Lui heißen!" Kaum anzunehmen, daß er Tommis Verschwinden einfach so hinnehmen würde. Aber damit würde er schon klarkommen. Irgendwie. Die Hilfe seiner Freunde nahm er dabei gern an. Aber sich hinter seinen Eltern zu verstecken..., das kam nicht in Frage!

Mamma Gina blickte skeptisch. „Das gefällt mir nicht. Bitte, gebt acht auf meinen Tommaso!" bat sie Milli, Schräubchen und TH, bevor sie wieder in die Küche ging.

Nele dagegen war nicht so leicht abzuschütteln. Sie wollte unbedingt hören, was die vier von der Pizza-Bande beredeten und tun wollten.

Tommi jedoch konnte es nicht ausstehen, wenn seine Schwester ihre Nase in die Angelegenheiten der Pizza-

Bande streckte. Und das gab er ihr mal wieder deutlich zu verstehen. „Ich kann mich nicht daran erinnern, dich zu unserer Sitzung eingeladen zu haben!"

Nele reckte das Kinn vor. „Na und? Ich habe mich eben selbst eingeladen!" antwortete sie schlagfertig.

„Damit kommst du vielleicht bei deinen Puppen durch, aber nicht bei uns!" fuhr Tommi sie an. „Also sieh zu, daß du Land gewinnst! Du weißt ja, wo der Schreiner das Loch in der Wand gelassen hat, damit du dich verziehen kannst!"

„Wir haben wirklich was zu besprechen, was nur uns angeht", sagte Milli besänftigend.

„Aber warum kann ich denn nicht mit dabeisein?" beharrte Nele trotzig. „Immerhin bin ich hier genauso zu Hause wie Tommi!"

„Aber das ist nun mal *unser* Treffpunkt!" Tommi wurde ungeduldig. „Das hier ist eine Sitzung der Pizza-Bande, und da du kein richtiges Mitglied bist, hast du auch nichts bei uns verloren. Also schieb ab!"

„Du glaubst wohl, du bist ein großer Held und kannst dir jetzt alles erlauben, bloß weil du es mit den Rockern aufgenommen hast!" zeterte Nele wütend. „Aber mit mir machst du das nicht, du Ekel!"

„Blas dich nicht so auf, sonst platzt du gleich!" erwiderte Tommi. „Und jetzt sieh endlich zu, daß du die Tür von außen zumachst!"

Nele streckte ihm die Zunge heraus. „Selbst aufgeblasen! Alter Angeber!"

Tommi sprang vom Stuhl auf und tat so, als wollte er sich auf sie stürzen. „Na warte!" rief er.

288

Nun hielt Nele die Zeit endgültig für gekommen, schleunigst aus dem Zimmer zu verschwinden. Sie spurtete zur Tür, riß sie auf, bedachte ihren Bruder mit einer Grimasse und knallte die Tür hinter sich zu.

Die vier kamen wieder auf ihren Plan zu sprechen, sich an dem nächsten Trödelmarkt mit einem eigenen Stand zu beteiligen. Begeistert und voller Vorfreude besprachen sie, wie sie alles organisieren wollten und wer was dazu beisteuern sollte.

Eine gute halbe Stunde hatten sie sich schon die Köpfe heißgeredet, als TH plötzlich das dringende Bedürfnis verspürte, die Toilette aufzusuchen. Die Cola, die er durstig hinuntergekippt hatte, machte sich bemerkbar.

„Augenblick, Freunde, ich muß mal verschwinden. Bin gleich wieder zurück." Er machte die Tür auf, ging um die Treppe herum, die nach oben in die Wohnräume der Familie Carotti führte, und wollte zum Gäste-WC. Als er die Tür zum Restaurant aufmachte und um die Ecke bog, fiel sein Blick automatisch auf den großen Tisch mit der Eckbank in der Nische. Es war noch früher Mittag, und nur ein einziger Gast saß dort am Tisch.

TH erstarrte mitten in der Bewegung und machte dann zwei, drei schnelle Schritte zurück. Blitzschnell war er wieder bei den anderen der Pizza-Bande.

„Mensch, das ging ja flott", meinte Tommi.

„Ihr werdet es nicht glauben!"

„Ich glaub's dir jetzt schon nicht", sagte Tommi, der ihn falsch verstand. „Noch nicht einmal der fliegende Holländer kann so schnell sein!"

„Quatsch! Das meine ich doch nicht!" sagte TH ungeduldig. „Ratet mal, wer da in der Pizzeria sitzt!"

Tommi zuckte die Achseln. „Ein paar von unseren Stammkunden wahrscheinlich."

TH schüttelte heftig den Kopf. „Nein! Eine ganz besondere Person. Na los, strengt euren Grips an!"

„King Kong vielleicht?" fragte Milli scherzhaft.

„Seit wann steht King Kong auf Pizza oder Lasagne?" spottete Tommi. „Nein, ich tippe eher auf das Krümelmonster von der Sesamstraße, Milli. Dem würd's bei uns bestimmt gut schmecken."

„Quatsch! Pistazien-Paule sitzt am Nischentisch!" platzte TH mit der Sensation heraus, weil er es nicht länger erwarten konnte, ihre verdutzten Gesichter zu sehen.

Er kam auf seine Kosten. Milli, Schräubchen und Tommi sahen ihn so ungläubig an, als hätte er soeben verkündet: Ab morgen braucht niemand mehr zur Schule zu gehen. Die Regierung hat die Schule ersatzlos abgeschafft!

„Nein!" stieß Tommi hervor.

„Doch! Er sitzt da!"

„Unmöglich!" sagte Schräubchen kopfschüttelnd.

TH stemmte die Fäuste in die Hüften. „Glaubt ihr vielleicht, ich hätte Kürbisse auf den Augen oder Halluzinationen am hellichten Tag? Der Kerl, der da am Tisch sitzt, ist Pistazien-Paule, wie er leibt und lebt."

„Santa Maria, das muß ich sehen, sonst glaub ich es nicht", sagte Tommi.

„Ich auch!" rief Milli.

„He, wartet! Ich komme doch auch mit!" Schräubchen folgte den anderen in den Flur.

Tommi öffnete vorsichtig die Tür, die ins Restaurant

290

führte, und spähte um die Ecke. „Er ist es wirklich! Pistazien-Paule!"

„Laß mich mal sehen!" zischte Schräubchen und drängte
sich vor. Milli wollte sich natürlich auch selbst überzeugen.

Es war wirklich nicht zu glauben. Der Fahrer des Tankwagens saß dort drüben am Tisch und bestellte gerade einen Tomatensaft und eine Pizza mista.

„Wenn das nicht ein Wink des Schicksals ist", flüsterte
TH mit grimmiger Zufriedenheit.

„Kannst du mir mal verraten, was uns das Schicksal zu-
winken soll?" fragte Schräubchen spöttisch.

„Ist doch klar!" raunte Tommi. „Das Schicksal hat Pistazien-Paule zu uns in die Pizzeria geführt, damit wir ihm
eins überbraten können, Schräubchen. Oder hast du vergessen, wie er dir auf der Landstraße zu einer ordentlichen
Bauchlandung verholfen hat?"

„Seit wann leide ich unter Erinnerungsstörungen?" gab
Schräubchen zurück. „Klar bin ich stinksauer auf Pistazien-Paule. Aber ich weiß nicht, wie wir ihm eins überbraten können. Oder willst du einfach so an seinen Tisch spazieren und ihm die Pizza mista mitten ins Gesicht klatschen?"

Milli unterdrückte ein fröhliches Kichern. „Das ist eine
tolle Idee. Und verdient hätte er so eine heiße Gesichts-
packung wirklich."

Auch TH grinste. „Es würde bestimmt klappen. Ehe
Paule kapiert, was mit ihm passiert, sind wir doch schon
über alle Berge."

Tommi verzog das Gesicht. „Das blöde ist nur, daß die

besten Ideen meist einen verdammt dicken Haken haben, Freunde. Und der dicke Haken hierbei ist, daß dies die Pizzeria meiner Eltern ist! Mit über alle Berge und so ist da nichts! Was glaubt ihr, was ich zu hören und zu spüren kriege, wenn ich einem unserer Gäste eine Pizza ins Gesicht klatsche!"

„Vermutlich eine ganze Menge", lachte Milli.

„Ja, es ist eben nicht jeder zum Märtyrer geboren", frotzelte TH. „Vergessen wir das also und lassen wir uns etwas anderes einfallen. Ich bitte um Vorschläge! Und bloß keine falschen Hemmungen! Jede Idee wird auf Herz und Nieren geprüft, und nichts kann ausgefallen und verrückt genug sein. Ran an den Speck, Freunde!"

„Vorschläge!" brummte Schräubchen. „Du bist gut. Eigentlich sind uns doch hier in der Pizzeria von Tommis Eltern die Hände gebunden. Oder willst du Krach mit ihnen haben?"

„Nein", sagte Milli energisch. „Das ist dieser Tankwagen-Paule nicht wert!"

„Denk an unsere Abmachung!" raunte TH Tommi zu.

„Das tue ich schon die ganze Zeit", antwortete Tommi leise.

Pistazien-Paule bekam seine Pizza mista serviert und machte sich mit Heißhunger darüber her. Er fuhrwerkte mit Messer und Gabel herum und stopfte sich die Backen voll, als fürchtete er, jemand könnte ihm etwas wegnehmen.

Die vier von der Pizza-Bande beobachteten ihn, sie zermarterten sich das Gehirn, wie sie ihm die Gemeinheit von heute vormittag heimzahlen konnten, ohne den Ärger von

Mamma Gina und Papa Francesco zu erregen.

„Ein Armutszeugnis ist das!" sagte TH, ärgerlich über sich selbst. „Jetzt sitzt er da vor uns, und wir haben keine zündende Idee auf der Pfanne, wie wir ihm einen Denkzettel verpassen können."

„Einer von uns könnte sich anschleichen und seine Schnürsenkel ans Tischbein binden", schlug Milli vor. „Wenn er dann aufstehen will, hängt er am Tisch fest und fliegt hin!"

„Dein Vorschlag hat nur einen kleinen Schönheitsfehler", sagte Schräubchen. „Keiner von uns kann sich unsichtbar machen. Oder glaubst du wirklich, er würde das nicht merken, wenn da einer angekrochen kommt?"

„Habt ihr einen besseren Vorschlag?" fragte Milli.

„Eben nicht", brummte TH. „Es ist zum Haareausreißen! Gleich ist er mit der Pizza fertig, und wir wissen noch immer nicht, wie wir ihm eins auswischen können! Das ist ein Armutszeugnis für die Pizza-Bande!"

„Nun mal langsam!" beruhigte Tommi ihn. „Noch ist nicht alles verloren!"

Pistazien-Paule bestellte mit dröhnender Stimme ein Glas Tomatensaft und schaufelte das letzte Drittel der großen Pizza in sich hinein.

Plötzlich ließ er Messer und Gabel sinken, obwohl noch ein handgroßes Stück auf seinem Teller lag, und stand vom Tisch auf.

„Er geht aufs Klo!" sagte Milli.

„Ich hab's!" rief Tommi unterdrückt. „Los, laßt mich vorbei!" Tommi spähte ins Lokal. Außer Pistazien-Paule befanden sich nur noch drei weitere Kunden in der Pizzeria. Einer war Otto Bierbaum. Mamma Gina nahm gerade Ottos Bestellung auf, und das war stets eine komplizierte Angelegenheit. Der dicke Taxifahrer wußte nie, wofür er sich entscheiden sollte.

Das war die Gelegenheit!

Tommi schlüpfte aus dem dunklen Gang, war mit einem Satz in der Küche und nahm eine kleine Flasche aus dem Regal, die nur noch zu einem Drittel gefüllt war. Dann zwang er sich, ganz ruhig zum Tisch von Pistazien-Paule zu gehen.

Niemand im Lokal beachtete ihn. Otto Bierbaum wußte noch immer nicht, was er wollte, und das Liebespaar schaute sich zärtlich und weltvergessen in die Augen.

Jetzt oder nie!

Schnell schraubte Tommi den Flaschenverschluß auf und leerte die rötliche Flüssigkeit in das halbvolle Glas Tomatensaft. Als er nebenan die Wasserspülung rauschen hörte, drehte er sich hastig um und war Augenblicke später wieder bei seinen Freunden. Sie bedrängten ihn mit Fragen.

„Was hast du da gemacht?" wollte TH wissen.

„Was war in der Flasche?" fragte Milli.

Tommi grinste breit. „Feuerwasser, Kameraden! In dieser Flasche war höllisches Feuerwasser... auch flüssiger Pfeffer genannt. Normalerweise reicht davon schon ein kleiner Spritzer, um aus einer langweiligen Suppe einen sizilianischen Feuertopf zu machen. Pistazien-Paule hat aber mindestens fünf, sechs Eßlöffel von dem flüssiger Pfeffer in seinem Tomatensaft. Ich sage euch, wenn er davon auch nur einen Schluck trinkt, wird er glauben, sei

294

Mund hätte sich in einen Flammenwerfer verwandelt!"

TH lachte schadenfroh. „Flüssiger Pfeffer! Mensch, das ist Spitzenklasse!"

„Toll!" meinte auch Schräubchen.

Nur Milli hatte Bedenken. „Kann ihm dabei nichts passieren?"

„Er wird nach Luft schnappen und für ein paar Stunden das Gefühl haben, ständig auf Brennesseln zu kauen, aber das ist auch alles", beruhigte Tommi sie. „Ich hab ihm ja nicht die ganze Flasche ins Glas gekippt."

„Da kommt er!" rief TH gedämpft.

Pistazien-Paule setzte sich wieder an den Tisch und aß weiter.

Gespannt warteten die vier von der Pizza-Bande darauf, daß er einen Schluck aus seinem Glas trank. Doch er tat ihnen den Gefallen nicht.

„Zahlen!" rief er, spießte den letzten Bissen mit der Gabel auf und schob den leeren Teller von sich. Das Glas Tomatensaft mit dem Feuerwasser ließ er halbvoll stehen.

„So ein Mist!" fluchte Tommi leise.

„Ob er vielleicht was gemerkt hat?" fragte Milli enttäuscht.

„Bestimmt nicht!" sagte TH. „Dann hätte er schon längst Krach geschlagen. Nein, wir haben einfach nur Pech, daß er eben keinen Durst mehr hat."

Tommi schlug vor Ärger die geballte rechte Faust in die linke Hand. „Umsonst und vergebens! Ein Blindgänger! Mensch, warum müssen wir auch bloß so ein verdammtes Pech haben!"

Mamma Gina trat zu Pistazien-Paule an den Tisch,

295

reichte ihm die Rechnung und kassierte. Er gab nicht einen Pfennig Trinkgeld.

Maßlos enttäuscht beobachtete die Pizza-Bande, wie Pistazien-Paule aufstand und sich eine Zigarette anzündete, während Mamma Gina den Tisch abräumte.

Doch plötzlich blieb der Tankwagenfahrer stehen, drehte sich um und nahm Mamma Gina das Glas mit dem Tomatensaft vom Tablett. Dabei sagte er etwas, was die vier Freunde nicht hören konnten.

„Heilige Schote!" stieß Tommi begeistert hervor. „Er kippt das ganze Zeug hinunter! Paßt jetzt auf! Gleich beginnt der Tanz!"

Pistazien-Paule trank das Glas mit einem Schluck leer und wollte es aufs Tablett zurückstellen. Doch dann erstarrte er mitten in der Bewegung. Steif stand er da. Die sensationelle Wirkung des flüssigen Pfeffers zeigte sich zuerst auf seinem Gesicht. Die Augen wurden größer und größer, und gleichzeitig riß er den Mund so weit auf, als wollte er sich den Unterkiefer ausklinken. Kein Ton kam aus seiner Kehle, obwohl man ihm ansah, daß er nach Worten rang.

„Der erste Schock!" registrierte Tommi fachmännisch. „Noch spürt er nicht viel davon. Aber gleich wird ihm so sein, als würden ihm die Flammen aus dem Mund schlagen!"

Kaum hatte Tommi das gesagt, als Pistazien-Paule endlich seine Sprache wiederfand. Er gab ein dumpfes Ächzen von sich, gleichzeitig ließ er das Glas fallen. Es glitt über den Rand des Tabletts und zersplitterte am Boden.

Das Klirren schien Paules Erstarrung zu lösen, denn

nun kam Bewegung in ihn. Ganz wie Tommi gesagt hatte: Pistazien-Paule führte einen wilden Tanz auf, den er mit unverständlichen Lauten begleitete. Er preßte eine Hand vor den Mund, Tränen liefen ihm über das Gesicht.

Mamma Gina starrte ihn erschrocken an. „Aber mein Herr, was haben Sie?"

Pistazien-Paule brachte ein paar unverständliche Worte hervor, wankte, ohne zu fragen, hinter die Theke, drehte den Wasserhahn auf und hielt seinen Mund darunter. Er trank wie ein Verdurstender.

„Na, viel wird das nicht helfen", bemerkte Tommi nüchtern.

Pistazien-Paule kam schnell wieder hinter der Theke hervor. In seinen Augen flammte Wut auf, als Mamma Gina ihn fragte, ob er gegen Tomatensaft allergisch sei. Doch das Brennen in seinem Mund ließ ihm weder Kraft noch Luft, sich mit ihr auseinanderzusetzen. Stöhnend torkelte er aus der Pizzeria.

Tommi, Milli, Schräubchen und TH beeilten sich, daß sie ins Hinterzimmer kamen, denn sie konnten sich kaum noch beherrschen. Sie brachen in schallendes Gelächter aus.

„Dem haben wir es aber gegeben!" schrie Tommi.

„Das Gesicht werde ich nie vergessen!" versicherte Schräubchen und hatte Lachtränen in den Augen. „Und wie der gesprungen ist!"

„Pfeffer für Pistazien-Paule! Das ist der absolute Knüller des Tages!" rief TH begeistert. „Das war die Rache für seine Rücksichtslosigkeit und Gemeinheit!"

Es dauerte noch eine ganze Weile, bis sie sich beruhigt

hatten. Sie hatten sich auf ihre Weise an dem Tankfahrer geächt. Und wenn sie in den nächsten Stunden, die sie gemeinsam verbrachten, auch noch öfters lachend darauf zurückkamen, so war das Kapitel Pistazien-Paule für sie doch damit erledigt. Das glaubten sie wenigstens. Doch es sollte sich als Irrtum herausstellen. Schon am Tag darauf.

Der rote Sportwagen

Die Pizza-Bande traf sich am Nachmittag des nächsten Tages. Jedoch nicht in der Pizzeria, sondern am Seeufer, wo die Ausflugsdampfer anlegten. Schräubchen hatte ihrer Patentante nämlich versprochen, sie zu besuchen. Und Ilse Wagner wohnte im Dachgeschoß einer alten Villa an der Seestraße.

TH und Tommi warteten schon vor der Anlegestelle. Sie warfen mit kleinen Steinen nach einer leeren Cola-Dose, die im Wasser dümpelte.

„Na, hat dich deine Tante endlich aus ihren Klauen gelassen?" begrüßte Walther sie spöttisch, denn Schräubchen kam zehn Minuten zu spät.

Schräubchen stieg vom Rad und lehnte es gegen das Geländer. „Ihr wißt doch, wie Tanten und Onkel sind. Wenn man zum Kaffee kommt, glauben die immer, man wäre kurz vorm Verhungern."

Tommi und TH lachten. Sie wußten aus Erfahrung, wovon Schräubchen sprach.

„Aber sonst ist Tante Ilse schwer in Ordnung. Auf jeden

298

Fall ist sie die einzige, die den Mut hat, meinem Vater zu widersprechen", fuhr Schräubchen fort.

Tante Ilse war die älteste Schwester ihres Vaters, sie kümmerte sich um das Büro der Kfz-Werkstatt. Wann immer sie eine Auseinandersetzung mit ihrem Bruder hatte, begann sie ihre Erwiderung mit: „Als ich dich noch im Kinderwagen durch die Straßen schob, hätte ich mir nie träumen lassen, daß du mir eines Tages..."

„Da kommt ja endlich Milli!" rief TH erleichtert. Er hatte schon befürchtet, daß sie auf dem Maierhof gebraucht würde. Dabei hatte er ihr doch eine Schachtel von ihren Lieblingswaffeln mitgebracht.

Milli radelte über die Strandpromenade, die im Schatten der hohen Kastanienbäume lag. Es war ein warmer, gewitterschwüler Tag. Das Sonnenlicht brach sich glitzernd auf den kleinen Wellen des Sees.

„Hallo, Milli!" rief Schräubchen der Freundin fröhlich zu.

„Hallo!" antwortete Milli und bremste ab. Ihr Gruß klang nicht gerade übersprudelnd vor Lebensfreude. Sie sah bedrückt aus.

„Hier, bevor ich es vergesse und wieder mit nach Hause schleppe: Waffeln mit Vanillefüllung!" TH gab Milli die Packung und sah sie erwartungsvoll an.

„Sieh an, sieh an, Opfergaben für die große Liebe", spottete Tommi.

Schräubchen, die Vanillewaffeln genauso gern aß wie Milli, seufzte. „Ja, Liebe geht durch den Magen, sagt meine Mutter immer. Irgendwie muß da wohl was dran sein."

„Danke", sagte Milli nur, ohne einen Blick auf die

299

Schachtel zu werfen. Sie schien mit ihren Gedanken ganz woanders zu sein. Und ihrem Gesichtsausdruck nach zu urteilen, waren das nicht eben angenehme Gedanken.

„He, bist du krank?" fragte Tommi. Irgend etwas stimmte nicht mit Milli. „Du machst ein Gesicht, als wären die Ferien morgen schon vorbei."

TH nickte. „Genau. Du siehst aus, als wärst du am liebsten woanders", sagte er enttäuscht.

Milli schüttelte den Kopf und versuchte zu lächeln. „Nein, TH. Ich freue mich sehr über die Waffeln. Bestimmt. Es ist nur... na ja, ich mache mir eben Sorgen um Papa und den Hof. Pichler war heute wieder bei uns."

„Der Tierarzt von der Behörde?" fragte Schräubchen.

Milli nickte. „Ja, und er hat keine guten Nachrichten gebracht. Auch ein Teil unserer Weiden ist mit Chemikalien vergiftet. Er hat was von Benzol, DCP und anderen Stoffen gesagt. Ich hab das nicht alles mitgekriegt. Aber auf jeden Fall dürfen wir unsere Kühe da nicht mehr weiden lassen. Es kann sogar sein, daß wir die Milch vernichten müssen."

„O nein!" rief Schräubchen erschrocken.

„Leider ist es so!" erwiderte Milli bedrückt.

„Aber wo zum Teufel kommen denn diese chemischen Stoffe her?" fragte Tommi verwundert. „Die müssen doch irgendwie da in den Boden gelangen?"

Milli zuckte die Achseln. „Keine Ahnung. Meinen Eltern und Herrn Pichler ist das auch ein Rätsel. Es sollen noch weitere Untersuchungen angestellt werden. Aber wenn das so weitergeht, kommt mein Vater mit dem Hof in Schwierigkeiten."

„Wenn wir irgend etwas tun können", bot TH an, „dann sag es..."

Während sie ihre Fahrräder langsam über den Bürgersteig der Uferpromenade schoben, überlegten sie, wie wohl die giftigen Chemikalien in den Boden gekommen sein konnten.

„Im Regen sollen doch schon viele giftige Stoffe sein, die ja auch die Bäume kaputtmachen", meinte Schräubchen.

„Nein, der saure Regen ist es nicht", sagte Milli. „Da ist sich Pichler sicher."

„Dann bleiben ja bloß noch zwei andere Möglichkeiten", sagte Tommi.

Schräubchen blickte ihn gespannt an. „Und die wären?"

„Entweder sind diese Chemiegifte irgendwie ins Grundwasser oder in einen Bach gelangt, der die Weiden mitbewässert", erklärte Tommi. „Oder aber jemand hat das Zeug dort hingekippt."

„Ein Bach ist da nicht in der Nähe", sagte Milli. „Und was das Hinkippen betrifft: Wer sollte so etwas tun? Und vor allem wie?"

Das waren zwei Fragen, auf die die Pizza-Bande auch keine Antwort wußte. Tief in Gedanken gingen sie an den verglasten Ausstellungsräumen eines exklusiven Autohändlers vorbei. *Autohaus Josef Kutscher.*

TH blickte zufällig in eines der Schaufenster; er runzelte die Stirn und stieß Schräubchen an, die neben ihm ging. „He, ist das nicht Pistazien-Paule da drinnen?"

„Na klar ist er das!"

Tommi starrte durch das Fenster. „Kann mir mal einer

verraten, was der da zu suchen hat? Hier sind doch bloß sauteure Sportwagen ausgestellt."

„Merkwürdig!" brummte TH.

Pistazien-Paule stand mit einem elegant gekleideten Verkäufer vor einem metallicroten Sportwagen. Der Verkäufer schrieb etwas auf einen Notizblock, ging mit Paule um den Wagen herum und bat ihn dann in ein Büro. Zehn Minuten später kamen beide wieder aus dem Zimmer. Der Verkäufer begleitete Paule zur Tür und verabschiedete ihn wie einen guten Kunden.

„Habt ihr das gesehen?" fragte Schräubchen, als Pistazien-Paule sich in anderer Richtung entfernte. „Das sah ja ganz so aus, als hätte er den Sportwagen gekauft!"

„Unsinn!" sagte Milli. „Er ist doch bloß Fahrer bei dieser Firma. Wie sollte er sich da so einen teuren Wagen leisten können?"

„Das ist es ja eben", sagte Tommi gedehnt. „Paule kutschierte doch ständig da draußen herum."

„Auf dem Land gibt es eben noch viele Sickergruben", gab Milli zu bedenken. „Das hat doch nichts zu sagen."

TH war nachdenklich geworden. „Kann sein, kann aber auch nicht sein." Er dachte an die Nacht auf dem Maierhof, als Milli ihn ungewollt aufgeweckt hatte und sie den Tankwagen auf der Landstraße vorbeifahren gesehen hatten. Daß Sickergruben nachts entleert wurden, war wohl nicht anzunehmen. Was hatte er also zu dieser Zeit da draußen gesucht?

„Erinnert ihr euch noch an den Platten?" fragte TH die Freunde.

„Klar!" rief Tommi. „Als wir Paule helfen wollten, wäre

er uns fast an die Kehle gesprungen."

„Ja, aber das meine ich nicht", sagte TH. „Erinnert ihr euch denn nicht mehr, wie das gestunken hat?"

„Bestialisch!" sagte Schräubchen. „Richtig nach giftiger Chemie!"

Milli blickte zweifelnd von einem zum andern. „Sagt bloß, ihr wollt Pistazien-Paule mit den vergifteten Weiden in Zusammenhang bringen?"

„Du mußt doch zugeben, daß einiges ganz schön verdächtig ist", sagte TH. „Und falls Paule wirklich den Schlitten da drinnen gekauft hat, hat er Dreck am Stekken."

Schräubchen verzog das Gesicht zu einem breiten Lachen. „Ganz einfach! Wir spazieren in den Laden und fragen den Verkäufer!"

„Du träumst wohl!" brummte Tommi. „Als ob der feine Pinkel uns auch nur seine Schuhgröße sagen würde! Mann, der schmeißt uns achtkantig wieder raus!"

„Wetten, daß nicht?"

„Wie willst du das anstellen, Schräubchen?" fragte Milli neugierig.

„Kommt mit, aber laßt mich reden!" sagte Schräubchen.

Sie stellten ihre Räder an einen Baum, sicherten sie und gingen dann in die Ausstellungsräume des exklusiven Autohändlers, Schräubchen voran. Forschen Schrittes steuerte sie auf den Verkäufer zu, der die vier Jugendlichen mit einem unfreundlichen Blick musterte.

„Sucht ihr jemand?" fragte er ungehalten.

Schräubchen atmete erleichtert auf, als sie das kleine Metallschildchen auf der Anzugtasche entdeckte. *Dieter*

303

Burkhardt stand darauf.

„Guten Tag, Herr Burkhardt", begrüßte Schräubchen ihn so selbstsicher, als würde sie seinen Namen schon länger kennen. „Ich wollte nur fragen, ob mein Vater schon bei Ihnen war?"

„Dein Vater?" Die Stimme des Verkäufers nahm nun einen deutlich freundlicheren Ton an. „Wie heißt du denn?"

Schräubchen tat so, als hätte sie seine Frage nicht gehört. „Mein Vater wollte sich mit uns an der Dampferanlegestelle treffen, wußte aber noch nicht, ob er vorher noch zu Ihnen kommen würde. Leider ist er immer unpünktlich. Zu viele geschäftliche Termine, wissen Sie. Meine Mutter sagt immer: ,Paule, eines Tages kriegst du noch einen Herzinfarkt, wenn du nicht kürzertrittst'..."

„Paul? Ach, dann bist du die Tochter von Paul Zander! Ja, dein Vater war schon hier. Du hast ihn um fünf Minuten verpaßt."

„Und? Hat er den Wagen nun gekauft oder nicht?" fragte Schräubchen und deutete mit dem Kopf auf den roten Sportwagen.

Der Verkäufer nickte. „Ja, das hat er. Er hat gleich die Hälfte angezahlt."

Schräubchen warf ihren Freunden einen triumphierenden Blick zu. „Wie ich Papa kenne, hat er das Geld bestimmt bar hingeblättert", sagte sie leichthin.

Der Verkäufer nickte. „Ja, also das ist schon ein wenig unvernünftig, so viel Bargeld mit sich herumzutragen."

„Das sagt meine Mutter auch immer. Bitte sagen Sie meinem Vater nicht, daß wir hier gewesen sind", bat Schräubchen. „Das mit dem Wagen soll eigentlich eine Überra-

304

schung werden. Als mein Vater heute im Büro telefonierte, habe ich nur zufällig mitbekommen, daß er zu Ihnen wollte."

„Aber klar doch! Ich werde deinem Vater doch nicht die Freude verderben!" Der Verkäufer sah verständnisvoll drein.

Schräubchen schenkte ihm ein dankbares, unschuldiges Lächeln. „Das ist lieb von Ihnen, Herr Burkhardt. Vielen Dank und auf Wiedersehen."

„Wiedersehen", riefen Tommi, TH und Milli im Chor.

Als sie aus dem Geschäft waren, umringten sie Schräubchen begeistert.

„Na, das war eine absolute Spitzen-Show!" sagte TH begeistert. „Ganz irre, wie du den aufs Kreuz gelegt hast!"

„Du solltest Schauspielerin werden", sagte Milli bewundernd. „Das hast du toll hingekriegt."

Schräubchen genoß das Lob ihrer Freunde.

Tommi brachte das Thema auf Pistazien-Paule. „Habt ihr den Preis gesehen, der auf der Windschutzscheibe klebte? Fast vierzigtausend Mark kostet die Kiste, und Paule hat schon die Hälfte hingeblättert. Bar auf die Flosse! Seit wann kann sich ein Fahrer einen so teuren Sportwagen leisten?"

„Brandneu ist er ja nicht", wandte Milli ein. „Es ist ein Vorführwagen, der schon ein halbes Jahr alt ist und ein paar tausend Kilometer auf dem Tacho hat."

„Na und?" fragte Tommi. „Er kostet doch trotzdem noch einen verdammten Haufen Geld, den ein stinknormaler Lastwagenfahrer eigentlich nicht hat. Oder kennst du jemanden mit Paules Job, der zwanzig Tausender lokker aus der Hosentasche zieht, um so einen Wagen anzuzahlen?"

„Nein", gab Milli zu. Dann fügte sie hinzu: „Vielleicht hat er geerbt oder in der Lotterie gewonnen." Pistazien-Paule war ihr alles andere als sympathisch. Doch es widerstrebte ihr, fremde Menschen einfach so zu verurteilen. Denn wirklich bewiesen war ja noch gar nichts.

TH schüttelte nachdrücklich den Kopf. „Dann würde Paule nicht mehr hinter dem Steuer von einem Tankwagen durch die Gegend kutschieren. Nein, der hat das Geld aus einer anderen Quelle. Und wenn das nicht drei Meilen gegen den Wind nach einer krummen Sache stinkt, will ich nicht mehr Walther mit TH heißen!"

„TH hat recht", sagte Schräubchen.

Tommi nickte. „Ich habe das Gefühl, Freunde, daß wir im Gift-Weide-Skandal auf eine heiße Spur gestoßen sind."

Milli zuckte die Achseln. „Ich sage ja gar nicht, daß Pistazien-Paule nichts damit zu tun hat. Ich finde das alles auch reichlich merkwürdig. Aber wir haben doch gegen ihn nichts in der Hand, was irgend etwas beweist. Das mit der Anzahlung bringt uns doch nicht weiter."

„Milli hat recht", räumte Schräubchen ein. „Wir haben vielleicht eine Spur, aber sonst auch nichts. Richtig nachweisen, daß er Dreck am Stecken hat, können wir ihm doch nicht."

„*Noch* nicht!" betonte TH. „Wo eine Spur ist, da findet man früher oder später auch Beweise. Man muß der Spur nur folgen und clever sein."

„Das klingt ja ganz gut", meinte Tommi. „Aber wie

stellst du dir dieses ‚der Spur folgen‘ vor?"

„Wir könnten ihn beschatten", schlug Schräubchen vor.

„Das kannst du vergessen", sagte Tommi sofort. „Wie sollen wir ihm per Rad folgen? Wenn der den zweiten Gang reinlegt, sehen wir von ihm bald nur noch die Rücklichter seines Wagens und dann gar nichts mehr. Nein, so kriegen wir bloß Muskelkater, aber nichts über ihn heraus."

„Aber irgend etwas müssen wir doch tun", sagte Schräubchen beharrlich.

„Klar, und ich weiß auch schon was", erklärte TH. „Warum sehen wir uns nicht mal zuallererst den Laden an, für den Paule arbeitet? *Firma Friedhelm Strader – Grubenentleerung und Abfallbeseitigung* stand doch auf dem Tankwagen."

„Und wie finden wir die Adresse heraus?" wollte Schräubchen wissen.

„Mensch, das ist doch das Leichteste der Welt!" erklärte Tommi. „Ein Blick ins Branchenverzeichnis, und wir wissen, wo genau Paule seine Brötchen verdient!"

„Also, auf zur Firma Strader!" sagte TH ungeduldig und voller Unternehmungslust. „Schauen wir uns da mal um. Dann sehen wir weiter!"

Eine neue Sonderfuhre

Die vier von der Pizza-Bande steuerten die nächste Telefonzelle an; sie hatten Glück. Telefonbuch und Branchenverzeichnis waren nicht wie in vielen anderen Telefonzellen von zerstörungssüchtigen Zeitgenossen aus ihren Halterungen gerissen worden.

TH blätterte im Branchenverzeichnis und fand die Firma schnell. Wie fast nicht anders zu erwarten gewesen war, lag sie im Industrieviertel jenseits der Bahngleise: Neue Werkstraße 26.

Die vier Freunde schwangen sich wieder auf ihre Räder; sie passierten zehn Minuten später die Eisenbahnunterführung und radelten an der Keksfabrik vorbei, wo Walthers Vater arbeitete. Sie fuhren zweimal in die Irre, fragten dann einen Taxifahrer, der einen Fahrgast beim Sägewerk absetzte, und bogen schließlich in die Neue Werkstraße ein.

Es war eine Sackgasse, die nach etwa dreihundert Metern Asphalt vor einem unbebauten Gelände mit viel Gestrüpp und einigen alleinstehenden Bäumen endete. Rechts und links der Straße hatten sich mehrere kleinere Betriebe angesiedelt, wie eine Autolackier-Werkstatt, eine größere Schreinerei, ein Reifen-Großhändler und ein Betrieb, der Heizungskessel herstellte. Zwischen den einzelnen Gebäuden war noch viel Platz, was erkennen ließ, daß mit der Erschließung erst vor nicht allzu langer Zeit begonnen worden war. Die Firma Friedhelm Strader lag ganz am Ende der Sackgasse.

„Da ist es!" rief Milli.

„Na ja, eine Firma wie tausend andere", meinte Schräubchen.

„Abwarten!" sagte TH.

Die vier von der Pizza-Bande stiegen von ihren Rädern, sie musterten das teils mit Maschendraht, teils mit Bretterwänden umzäunte Gelände. Schräubchen hatte recht, viel gab es da eigentlich nicht zu sehen: vier Personen- und zwei Tankwagen von der Art, wie Pistazien-Paule einen fuhr, standen auf dem Hof vor einer zirka dreißig Meter langen Werkshalle, an die sich ein kleiner Flachbau anschloß. Hier waren vermutlich die Büroräume untergebracht. Eine zweite Halle war erst zur Hälfte errichtet. Baumaschinen, große Wellblechplatten, mehrere Tanks und anderes Baumaterial beanspruchten den größten Teil des Platzes.

„Und was jetzt?" fragte Milli.

„Ich schlage vor, wir sehen uns den Laden mal aus der Nähe an", schlug TH vor, der das Kommando mal wieder an sich gerissen hatte. „Am besten schlagen wir einen Bogen, verstecken unsere Räder da irgendwo zwischen den Sträuchern und schauen mal nach, ob da im Bretterzaun nicht irgendwo eine Lücke ist."

Tommi, Milli und Schräubchen waren einverstanden. Hätte sie jemand gefragt, was sie sich davon erhofften, so hätten sie keine klare Antwort geben können. Was zählte, war, daß sie etwas unternahmen... und daß die Sache nach einem spannenden, aufregenden Abenteuer roch. Und daß

309

irgend etwas Unrechtes dabei war, hatten sie schon längst gewittert.

Die Räder waren schnell hinter einem Gebüsch versteckt. Geduckt schlichen sich die vier an die Rückseite des Firmengeländes. Hier standen noch keine in den Boden gerammten Stahlpfosten, zwischen denen sich hoher Maschendraht mit Stacheldrahtkrone spannte, sondern Bretterwände. Bestimmt würden sie bald abgerissen und durch Maschendraht ersetzt werden – und so baufällig sahen sie auch aus.

Die Pizza-Bande brauchte keine fünf Minuten, um einen geeigneten Durchschlupf zu finden. Ein fast zwei Meter breites Zaunstück aus verrotteten Brettern wurde von einer Spanplatte nur notdürftig verschlossen. Die Platte war noch nicht einmal angenagelt, weil die Nägel vermutlich im morschen Holz auch keinen Halt gefunden hätten, sondern einfach nur dagegen gelehnt.

„Komm, pack mal mit an, Tommi!" sagte TH. Sie schoben die Platte ein Stück zur Seite. Im nächsten Moment befand sich die Pizza-Bande auf dem Firmengelände.

„Was ist, wenn man uns entdeckt?" fragte Schräubchen leise. Ihrer Stimme war ein wenig Angst anzuhören.

„Was soll schon passieren?" meinte Tommi. „Mehr als vom Hof jagen können die uns nicht."

„Los, kommt!" zischte TH und schlich voran. Sie hielten sich in Deckung der Kessel, Wellblechstapel und Baumaschinen.

Ungesehen gelangten sie an die Rückseite der Halle. Auf einmal hörten sie Radiomusik, das Prasseln eines Wasserstrahls und unmelodisches Pfeifen.

„Da ist jemand drin!" raunte TH und wollte schon um die Ecke spähen, als in der Halle eine Tür laut schlug und eine Stimme rief: „He, Paul! Der Chef will dich sprechen!"

Das Gepfeife brach ab.

„Geht nicht!" antwortete eine Stimme.

Die Pizza-Bande erkannte sie sofort als die von Pistazien-Paule.

„Du siehst doch, daß ich meinen Wagen abspritze. Bin von oben bis unten eingesaut. Wenn es was Wichtiges ist, muß er schon zu mir kommen, Werner."

„Wie du meinst. Werd's ihm sagen, Paul."

„Sollten wir uns nicht besser verdrücken?" fragte Milli. „Wenn Pistazien-Paule uns entdeckt, wird er bestimmt mißtrauisch werden..., und dann haben wir keine Chance mehr, irgend etwas herauszufinden."

„Kommt gar nicht in Frage!" widersprach Tommi. „Jetzt wird es doch erst richtig spannend. Ich bin dafür, daß wir noch bleiben."

„Ich auch", sagte Schräubchen.

TH hatte sich indessen flach auf den Bauch gelegt und schob sich um die Ecke herum. Eines der drei Rolltore stand offen, und TH konnte in die Halle blicken. Er sah Paul Zander, der vor seinem schmutzigen Tankwagen stand und den Wasserschlauch schwang.

Augenblicke später klappte wieder eine Tür. Ein dicker Mann Anfang Fünfzig erschien in Walthers Blickfeld. Er trug einen hellbraunen Anzug mit Nadelstreifen und eine Krawatte. Das konnte kein anderer als Friedhelm Strader sein, der Chef von Pistazien-Paule.

311

„Pst! Da kommt jemand!" rief TH leise und zog sich schnell zurück. „Das scheint der Chef zu sein, dieser Friedhelm Strader!"

Die vier Freunde preßten die Ohren an die Wand aus dünnem Wellblech. Sie konnten gut hören, was auf der anderen Seite gesprochen wurde.

„He, Paul!"

„Was gibt's, Chef?"

„Ich muß mit dir reden, und zwar ungestört", sagte der Firmenchef. „Also stell den verdammten Wasserschlauch ab, bevor du mir meinen Anzug ruinierst."

Das scharfe Prasseln des Wassers brach Augenblicke später ab. Dem nun folgenden Gespräch lauschten die vier Freunde in atemloser Erregung.

„Zigarette?" fragte Strader.

„Klar."

Ein Feuerzeug schnappte.

„Bist du sicher, daß uns keiner hören kann, Paul?"

„Alles paletti, Chef. Rieger und Frankheim sind draußen bei ihren Wagen, und der kleine Wippke ist schon nach Hause. Wir haben also die ganze Halle ganz für uns. Was steht denn an?"

„Eine Sonderfuhre."

„Ach nee", erwiderte Pistazien-Paule gedehnt.

„Ich nehme an, das paßt dir gut in den Kram, oder?" fragte Friedhelm Strader.

„Gegen gutbezahlte Überstunden habe ich nichts einzuwenden. Gehöre ja nicht zum arbeitsscheuen Gesindel." Pistazien-Paule lachte spöttisch. „Was springt denn diesmal für mich dabei raus?"

312

„Das Übliche."

„Das Übliche ist mir allmählich ein bißchen zu dünn, Chef."

„Was willst du damit sagen, Paul?"

„Daß Sie ruhig noch einen Schein draufpacken können. Immerhin bin ich es ja, der den Laden in Schwung hält und diese Sonderfahrten macht. Schätze, das ist 'ne Zulage wert."

„Ich will mich nicht mit dir streiten", brummte Friedhelm Strader.

„Also von heute an einen Lappen mehr pro Fuhre?"

„Ja."

„Ich hab's ja immer gesagt, Chef. Wir beide geben ein unschlagbares Team ab", sagte Pistazien-Paule selbstzufrieden. „Wann soll's losgehen?"

„Um halb zwölf", antwortete der Firmenchef. „Am besten bist du um elf hier. Wir werden bestimmt eine halbe Stunde brauchen."

„Um elf hier. Ist mir recht. Und wie sieht's mit dem Wetter aus, Chef?"

„Hab mich beim Wetterdienst erkundigt. Wir haben mal wieder Glück. Die Gewitterfront wird gegen elf Sommerberg und Umgebung erreicht haben. Es ist zwar nicht mit schweren Unwettern zu rechnen, dafür aber mit vereinzelten Gewittern und anschließendem Regen."

„Wie für uns gemacht!" meinte Paule. „Und was ist das für eine Fuhre?"

Der Firmenchef kam nicht mehr dazu, ihm eine Antwort zu geben. Vom anderen Ende der Halle kam der Ruf eines Angestellten: „Telefon! Herr Strader, Telefon! Ein

313

Ferngespräch aus München!"

„Ich komme, Dielmann!" rief Strader zurück und sagte zu Pistazien-Paule leise: „Also, es bleibt dabei. Um elf Uhr treffen wir uns hier. Alles Weitere besprechen wir dann."

„Klar, Chef."

Friedhelm Strader entfernte sich, und das Prasseln des aus dem Schlauch schießenden Wassers setzte wieder ein. Ebenso das unmelodiöse Pfeifen, das jetzt jedoch fröhlicher klang.

Tommi nahm das Ohr von der Wand und blickte seine Freunde an. „Heilige Spinatrolle! Habt ihr das gehört?" stieß er aufgeregt hervor.

TH machte eine energische Handbewegung, bevor Milli oder Schräubchen ihm antworten konnten. Beide machten den Eindruck, als könnten sie es nicht erwarten, über das Gehörte zu reden.

„Hier ist nicht der richtige Ort für eine Diskussion! Machen wir, daß wir von hier verschwinden. Quatschen können wir, wenn wir in Sicherheit sind!" sagte er eindringlich. „Jetzt bloß nichts riskieren."

Schräubchen nickte. „Okay, verdünnisieren wir uns!"

So unbemerkt, wie sie gekommen waren, schlichen sie auch wieder zurück, zwängten sich durch den Spalt im Bretterzaun und zogen die Spanplatte wieder vor das Loch. Wenige Minuten später hockten sie hinter dem Gebüsch bei ihren Fahrrädern.

Aufgeregt redeten sie durcheinander. Sie waren von dem, was sie gehört hatten, so aufgewühlt, als hätten sie eine ganz sensationelle Entdeckung gemacht..., und so fühlten sie sich auch.

„Mensch, haben wir ein Glück gehabt!"

„Jetzt ist alles klar!"

„Der hat seinen Chef erpreßt!"

„Sonderfuhre! Diese Verbrecher! Das ist das Gift!"

„Denen werden wir das Handwerk legen!"

„Pistazien-Paule und sein sauberer Boß sind reif wie faule Birnen!"

„Jetzt können wir die Polizei einschalten und diese Umweltganoven auffliegen lassen!"

„Statt 'ner Sonderprämie werden Paule Handschellen verpaßt!"

So redeten sie durcheinander.

Es war Milli, die schließlich dem aufgeregten Durcheinandergerede ein Ende bereitete; sie sagte: „Machen wir uns doch nichts vor: Bewiesen ist noch gar nichts."

„He, bist du noch zu retten?" fragte Tommi ärgerlich, als hätte sie ihn persönlich beleidigt. „Nach dem, was wir da gehört haben, glaubst du noch immer..."

„Was ich glaube, ist doch schnurz, Tommi", erklärte Milli. „Ich meine nur, daß man uns auslachen würde, wenn wir zur Polizei gingen und dort wortwörtlich wiedergeben würden, was die beiden miteinander besprochen haben. Alles läßt sich doch so auslegen, daß es ganz harmlos wirkt. Was hat denn das Wort ‚Sonderfuhre' schon zu sagen? Wir machen daraus etwas Kriminelles, dabei kann es doch ebensogut nur ein normaler Auftrag nach Feierabend sein... oder eine besonders schwierige Grubenentleerung!"

„Milli hat recht", gab Schräubchen widerwillig zu. „Ich

gehe jede Wette ein, daß Paule und sein Chef Dreck am Stecken haben, aber Beweise haben wir noch nicht. Wenn wir mit unserem Wissen jetzt zur Polizei gehen, wird uns keiner ernst nehmen. Die Kripo wird garantiert keinen losschicken, der den beiden mal näher auf den Zahn fühlt."

„Da ist was Wahres dran", brummte TH. „Und dabei ist alles so sonnenklar. Heute nacht planen sie wieder eine Sonderfuhre – und da könnte man sie auf frischer Tat ertappen. Bloß wird uns das keiner glauben..."

„Und was ist die logische Schlußfolgerung daraus?" fragte Tommi, um die Antwort sofort zu liefern: „Daß *wir* die Sache in die Hand nehmen sollten! Wir müssen heute nacht um elf zur Stelle sein, wenn es hier losgeht."

Milli sah ihn verblüfft an. „Machst du Witze?"

„Überhaupt nicht."

„Ja, aber was können wir denn tun?" fragte auch Schräubchen verwundert. „Wir können Pistazien-Paule doch nie im Leben auf unseren Fahrrädern folgen."

„Das brauchen wir auch gar nicht", erklärte Tommi. „Erinnert ihr euch noch daran, als Strader sagte, sie müßten sich schon um elf treffen, weil sie noch etwas vorzubereiten haben, was mindestens eine halbe Stunde dauert?"

„Klar, Tommi", knurrte TH, ungehalten darüber, daß er nicht kapierte, worauf Tommi hinauswollte. „Wir gehören ja nicht zum Club der Ohrlahmen!"

„Na also! Die halbe Stunde genügt uns doch", setzte Tommi ihnen seinen Plan auseinander. „Wenn Pistazien-Paule und sein Chef wirklich Umweltverbrecher sind, dann brauchen sie die halbe Stunde, um irgendein neues krummes Ding vorzubereiten. Wir schauen uns das an, merken uns alles und geben der Polizei dann einen Tip, der Hand und Fuß hat. Dann müssen sie handeln. Haben wir uns dagegen getäuscht, verziehen wir uns wieder klammheimlich... und ohne Blamage."

Milli nickte zustimmend. „Tommi hat den Nagel auf den Kopf getroffen!" sagte sie anerkennend. „Entweder wir verfolgen die Geschichte auf eigene Faust weiter, oder wir vergessen sie völlig. Aber jetzt zur Polizei zu gehen, das bringt nichts."

„Nicht übel, Tommi", sagte TH widerstrebend. „Hätte glatt von mir stammen können."

„Danke für die Großzügigkeit", erwiderte Tommi ironisch. „Ich fühle mich regelrecht geehrt."

TH ging auf Tommis Spott nicht ein. „Daß wir weder zur Polizei gehen noch jetzt unsere Ermittlungen einstellen können, das war eigentlich von vornherein klar", behauptete er. „Wir bleiben am Ball, das ist sonnenklar! Nur muß uns jetzt etwas einfallen, wie wir alle vier heute nacht von zu Hause unbemerkt den großen Abflug machen können."

Tommi verzog das Gesicht. „Das wird bei mir schwierig. Wenn wir um elf hier sein wollen, muß ich ja schon eine halbe Stunde eher weg. Und dann gehen meist die letzten Gäste. Meine Eltern brauchen nur in mein Zimmer zu schauen, und schon ist der Teufel los... von Nele mal ganz abgesehen."

„Bei mir sieht es nicht besser aus", sagte Schräubchen. „Heute abend läuft im Fernsehen dieser Drei-Stunden-Film. Den schauen sich meine Eltern bestimmt an."

„Mhm, es sieht düster aus, stelle ich fest", sagte TH und dachte daran, daß auch er sich nur unter großem Risiko davonstehlen konnte.

„Ich hab die Lösung! Ihr kommt alle zu mir!" verkündete Milli. „Wir grillen noch mal, und ihr bleibt die Nacht wieder auf dem Hof. Wir schlafen im Heu. Aus der Scheune können wir uns ohne Schwierigkeiten absetzen. Meine Eltern gehen immer früh ins Bett, weil sie ja auch früh wieder raus müssen. Und die paar Kilometer mehr schaffen wir leicht."

Tommi, Schräubchen und TH waren begeistert. Das war *die* Idee! Auf dem Maierhof gingen oftmals schon um neun die Lichter aus, spätestens jedoch um zehn. Vom Hof aus konnten sie also unbemerkt zu ihrem nächtlichen Abenteuer aufbrechen.

„Aber was ist mit der Gewitterfront, von der Strader gesprochen hat?" fragte Tommi.

„Was soll schon sein?" meinte Schräubchen. „Wir nehmen unsere Regenjacken mit."

„Genau! Ein bißchen Regen und Gewitter haut uns nicht aus dem Sattel!" meinte TH forsch. „Außerdem muß man für so eine wichtige Sache auch ein Opfer bringen. Hauptsache, wir kommen Pistazien-Paule auf die Schliche."

„Hast recht. Hoffentlich machen meine Eltern nicht zuviel Theater, daß ich schon wieder die Nacht woanders bin", sagte Tommi. „Aber irgendwie kriege ich das schon hin."

„Am besten kommen wir mit..., denn dann können die Eltern schlecht nein sagen", schlug Schräubchen schlau vor. „Und dann fahren wir zu uns. Für alle Fälle. Ihr wißt ja: Wenn Milli dabei ist, bringt Vater es nicht übers Herz, ihr eine Bitte abzuschlagen."

TH machte eine großspurige Geste und hob sein Rad aus dem Gras. „Das kriegen wir hin, Freunde! Wäre doch gelacht. Wir, die Pizza-Bande, lassen uns von nichts aufhalten, wenn wir uns einmal etwas in den Kopf gesetzt haben. Und jetzt laßt uns 'ne Düse machen!"

TH in Gefahr

Es klappte wie am Schnürchen. Ihre Überredungsaktion, der sie den Namen „Lügen für einen guten Zweck" gegeben hatten, verlief planmäßig. Wenn Tommis und Schräubchens Eltern erst auch Bedenken hatten, ob eine Nacht im Heu schon wieder nötig sei, so waren sie letztlich der geballten Überredungskunst der Pizza-Bande nicht gewachsen und gaben ihre Zustimmung.

Wie um ihr schlechtes Gewissen zu beruhigen, halfen die vier auf dem Maierhof ordentlich. Zu tun gab es da ja immer etwas. Doch die Stimmung war gedrückt. Millis Eltern war deutlich anzumerken, daß sie sich große Sorgen um ihr Vieh machten. Sie waren bedrückt und schweigsam. Die vier von der Pizza-Bande waren daher ganz froh, als die Arbeiten erledigt waren und sie sich in die Scheune zurückziehen konnten.

Die vier Freunde machten sich wieder ihr Lager im Stroh und hörten noch Musik, die Tommi von seinem kleinen Kassettenrecorder abspielte. Schließlich stellte

Milli den Wecker auf zehn Uhr. Die Taschenlampen wurden gelöscht, und sie versuchten ein wenig zu schlafen.

„Ich glaube, ich kriege kein Auge zu", seufzte Tommi im Dunkeln, er sprach damit aus, was die anderen auch dachten. Doch keine halbe Stunde später waren sie alle eingeschlafen. Als der Wecker schrillte und sie aus dem Schlaf riß, hatten sie das Gefühl, gerade erst vor ein paar Minuten die Augen zugemacht zu haben.

„Haben wir nicht noch eine Viertelstunde Zeit?" brummte TH verschlafen und wäre am liebsten nicht aus seinem warmen Schlafsack herausgekrochen.

„Raus aus der Falle!" sagte Tommi. „Wir müssen bis zum Industriegebiet noch ein ganzes Stück radeln!" Er zog seine Regenjacke über und steckte den kleinen Kassettenrecorder in die Tasche. Und zu Milli, die sich die Sofortbildkamera ihres Bruders ungefragt ausgeliehen hatte, sagte er: „Und vergiß bloß die Kamera nicht!"

Sie kletterten über die Leiter vom Heuboden, holten ihre Räder und schoben sie aus der Scheune. Der Himmel war bezogen. Es regnete noch nicht, doch in der Ferne rollte Donnergrollen heran. Das Gewitter würde nicht mehr allzu lange auf sich warten lassen.

„Mann, ist das dunkel", sagte Milli, als sie die Landstraße erreicht hatten und sich auf die Räder schwangen. Sie war froh, daß Tommi, Schräubchen und TH bei ihr waren. Eine unheimliche Stimmung lag über der Landschaft. Die Bäume warfen tiefschwarze Schatten, ab und zu klangen seltsame Tierrufe aus der Dunkelheit zu ihnen.

Sie sprachen nicht viel, während sie Richtung Sommerberg radelten. Jeder hing seinen Gedanken nach. Die Frage, welchen Ausgang ihr nächtliches Unternehmen haben würde, beschäftigte sie. Würde es ihnen endlich die Beweise bringen, die nötig waren, um die Polizei zum Eingreifen zu bewegen? Oder hatten sie sich vielleicht in eine Idee verrannt, die mit der Wirklichkeit nichts zu tun hatte?

Nicht ein einziges Auto begegnete ihnen auf dem Weg in die Stadt. Es war halb elf, als sie die Hauptstraße erreichten. Um diese Zeit herrschte nicht mehr viel Verkehr in der Stadt, aber immerhin waren die Straßen beleuchtet.

Kurz vor der Eisenbahnunterführung näherte sich ihnen plötzlich von hinten ein brauner Kombiwagen. Der Fahrer überholte sie jedoch nicht, sondern blieb mit ihnen auf gleicher Höhe und hupte zweimal kurz.

Tommi schaute nach links. Zwei Männer saßen im Wagen. Sie kamen ihm bekannt vor. Als das Fenster des Beifahrersitzes heruntergekurbelt wurde, bekam er einen Heidenschreck.

„Heiliges Suppenhuhn, Inspektor Hecht auf Zivilstreife!" raunte er seinen Freunden warnend zu.

„Was habt ihr denn noch zu so später Stunde auf der Straße zu suchen?" wollte Inspektor Bruno Hecht wissen und bedeutete seinem Kollegen hinter dem Steuer anzuhalten.

„Wir?" fragte Tommi gedehnt, um Zeit zu gewinnen.

„Ja, ihr! Oder schiele ich seit neuestem?" fragte der Inspektor, der für seine aufbrausende Art bekannt war.

TH schob sich vor. „Wir fahren zu meinem Vater zur Keksfabrik, Herr Inspektor", log er und gab sich Mühe, ganz höflich und freundlich zu reden.

321

„Jetzt um halb elf?" fragte Hecht skeptisch.

„Wieso? Die Fabrik ist doch hier gleich um die Ecke, Herr Inspektor", untertrieb TH.

„Und was wollt ihr da?"

Jetzt war TH mit seinem Latein am Ende. „Ja... also, das ist so..." Der Schweiß brach ihm aus, weil ihm einfach keine vernünftige Erklärung einfallen wollte.

Milli rettete die Situation. „Walthers Vater hat vorhin angerufen und uns gebeten, ihm seine Sofortbildkamera zu bringen!" Sie zog die Kamera aus ihrer Jackentasche. „Sie haben da eine kleine Feier und möchten gern ein paar Erinnerungsfotos machen."

„So", sagte Bruno Hecht so gedehnt, als glaubte er ihnen kein Wort.

„Ja, ein Kollege von meinem Vater gibt seinen Ausstand", beteuerte TH.

Bruno Hecht sah sie einen langen Moment lang forschend an. „Mhm", machte er dann. „Daran hätte er auch eher denken können. So spät solltet ihr nicht mehr unterwegs sein. Vielleicht sollten wir euch zur Fabrik begleiten."

„Das ist richtig nett von Ihnen", sagte Milli mit einem zuckersüßen Lächeln, „ist aber wirklich nicht nötig. Wir sind ja nicht allein. Und bis zur Keksfabrik ist es doch nicht weit. Die Straßen sind hell erleuchtet, Herr Inspektor."

Bruno Hecht überlegte einen Augenblick. „Na gut, wie ihr meint. Aber fahrt dann auf dem kürzesten Weg wieder nach Hause!" ermahnte er sie.

„Das machen wir!" versprach die Pizza-Bande im Chor.

322

dann radelten sie schnell weiter.

„Puh!" stieß Tommi hervor, als sie außer Hörweite waren. „Das war aber knapp. Um Haaresbreite hätte Bruno uns alles versalzen!"

„Gut, daß dir das mit der Kamera eingefallen ist", sagte TH zu Milli.

„Bruno Hecht als Begleitschutz zur Keksfabrik hätte uns gerade noch gefehlt", meinte TH grinsend.

„Na, ist ja noch mal gutgegangen", sagte Tommi und trat kräftig in die Pedale. „Laßt uns zusehen, daß wir nicht zu spät auf dem Hof von Friedhelm Strader sind!"

Auf der Fahrt durch das Industrieviertel begegneten ihnen nur wenige Wagen. Als die Keksfabrik und das Sägewerk hinter ihnen lagen, wirkten die Straßen noch ausgestorbener und immer dunkler.

Sie wählten nicht den Weg durch die Neue Werkstraße, sondern fuhren den Otto-Hahn-Weg hoch, der parallel zur Neuen Werkstraße verlief und ebenso als Sackgasse im unbebauten Gelände endete.

Schräubchen blieb plötzlich stehen und blickte die dunkle Straße zurück.

„Was ist?" fragte Tommi.

„Ich weiß nicht", sagte Schräubchen. „Ich hatte das dumme Gefühl, als wäre uns ein Wagen gefolgt."

„Ein Wagen?" rief TH. „Sieht irgend jemand von euch einen Wagen? Nicht ein einziger Scheinwerfer weit und breit!"

„Aber mir war so…"

„Das sind die Nerven", sagte TH. „Komm jetzt weiter."

Sie schoben ihre Räder durch das hohe Gras und bahn-

323

ten sich einen Weg durch große Gruppen wilder Sträucher. Sie hatten beschlossen, die Räder nicht irgendwo in einem Gebüsch zurückzulassen, weil sie befürchteten, sie in der Dunkelheit später nicht wiederzufinden. Es war zwar mühsam, sich mit den Fahrrädern im Dunkel über dieses unebene Gelände zu bewegen, aber das mußten sie in Kauf nehmen.

TH fluchte unterdrückt, als er zum drittenmal in ein Erdloch trat und beinahe mit dem Fahrrad zu Boden gegangen wäre. Sie trauten sich jedoch nicht, ihre Taschenlampen einzuschalten. Die Lichter hätten sie verraten können. Zu allem Unglück begann es nun auch noch zu regnen. Die Gewitterfront hatte Sommerberg erreicht.

„Verdammt ungemütliche Nacht", sagte Tommi mit gedämpfter Stimme und blickte zum verhangenen Himmel. In der Ferne zuckten grellweiße Blitze aus den Wolken. Das Gewitter entlud sich offenbar über dem See.

„Hoffentlich lohnt sich unser Einsatz auch", erwiderte TH und schlug die Kapuze seiner Regenjacke hoch. Zwar goß es nicht in Strömen, aber so ein Nieselregen konnte auch ganz schön ungemütlich sein.

Milli sagte gar nichts. Sie fragte sich im stillen, ob das Ganze wirklich eine so gute Idee gewesen war. Sie hatte auf einmal ihre Zweifel, als sie so durch die regennasse Nacht stolperte.

Endlich tauchte der lange Bretterzaun wie eine schwarze Wand vor ihnen auf. „Gott sei Dank", murmelte Milli erleichtert.

Das von der Platte verdeckte Loch war schnell gefunden. Sie lehnten die Fahrräder gegen den Zaun, dann machten sich TH und Tommi an der Platte zu schaffen und schoben sie zur Seite.

TH spähte durch die Öffnung im Zaun auf den Hof. Alles lag in tiefer Dunkelheit. Es gab zwar auch auf diesem Teil des Firmengeländes Außenlampen, doch sie waren nicht eingeschaltet. Auf dem Hof brannte überhaupt nur eine einzige Leuchte, und die war ganz vorn am Eingangstor.

TH fühlte sich ein wenig unwohl, als er seinen Blick über den vor ihm liegenden dunklen Hof schweifen ließ. Das aufgestapelte Baumaterial und die Maschinen wirkten jetzt bei Nacht merkwürdig beklemmend. Wie unheimliche Wesen, die plötzlich erstarrt waren. Dazu kam noch das ungemütliche Wetter. Der Regen hüllte die Welt um sie her in einen feuchten Schleier, der viele Konturen verschwimmen ließ. Nein, es war alles andere als angenehm, sich durch den Spalt zu zwängen und zur Halle zu schleichen. Aber jetzt konnten sie die Aktion nicht mehr abblasen, dazu war das Ganze zu wichtig. Sie brauchten nur an das kranke Vieh zu denken. Einer von ihnen mußte den Anfang machen.

Da TH sich gern als Anführer der Pizza-Bande sah, gab er sich einen Ruck. Es war jetzt zwölf Minuten vor elf und somit Zeit, den Plan auszuführen. Er holte tief Luft und sagte dann mit betont forscher Stimme: „Freunde, es kann losgehen!"

Milli hielt ihn zurück. „Warte mal! Wir wissen überhaupt nicht, ob es hier Wachhunde oder einen Nachtwächter gibt", flüsterte Milli.

„Milli hat recht", murmelte Schräubchen und wünschte,

sie läge zu Hause in ihrem warmen, kuscheligen Bett. „Daran haben wir gar nicht gedacht!"

Tommi schluckte heftig. „Vielleicht sollten wir es uns noch mal überlegen", sagte er unsicher.

TH schluckte schwer, als könnte er sich auf diese Weise von seinem Unbehagen befreien. „Als ob Strader einen Nachtwächter rumlaufen lassen würde, wo er doch ein krummes Ding vorhat! Als ob er jemanden auf den Hof lassen würde, der mitkriegen könnte, was er so treibt. Ein Nachtwächter würde garantiert Wind von seinen Verbrechen bekommen. So doof ist er nicht!"

„Das mit dem krummen Ding ist ja immer noch nur eine Vermutung von uns!" wandte Milli ein.

„Pistazien-Paule und Strader haben mehr Dreck am Stekken, als in so einen Tankwagen paßt!" TH war unerschütterlich.

„Aber was ist mit Hunden?" fragte Schräubchen leise. „Hunde sind keine Zeugen, aber dafür um so bessere Bewacher!"

TH schwieg einen Augenblick. „Quatsch!" entschied er schließlich. „Die Luft ist rein. Ich krieche jetzt durch. Wer nicht mitkommen will, soll bei den Fahrrädern warten!" Ohne eine Antwort abzuwarten, zwängte er sich durch den Spalt.

„Er spielt den Mutigen, und dabei flattern auch ihm die Hosen ganz schön", murmelte Schräubchen.

Keiner blieb bei den Fahrrädern zurück. Einer nach dem andern kroch durch die Lücke im Zaun. Auf den ersten zehn, zwanzig Metern sprachen sie kein Wort. Mit gespannten Nerven und klopfendem Herzen lauschten sie in die Nacht und warteten voller Angst darauf, daß doch plötzlich Wachhunde aus der Dunkelheit auftauchen und sie anspringen würden. Doch nichts dergleichen geschah, und die fast unerträgliche Spannung löste sich ein wenig.

„Mensch, da ist ja niemand", murmelte Tommi enttäuscht, als sie die Halle erreichten, in der die Tankwagen eingestellt waren und die auch als Werkstatt diente.

Die Freunde schlichen um das Gebäude herum. Nirgends brannte ein Licht. Auf dem Parkplatz vor dem kleinen Bürotrakt stand auch kein Wagen. Das Firmengelände wirkte total ausgestorben.

Die Freunde hockten sich unter den dürftigen Schutz eines Wellbleches, mit dem die Bauarbeiter einen Stapel Zementsäcke abgedeckt hatten.

„Eine schöne Bescherung!" schimpfte Tommi. „Wir schlagen uns die Nacht um die Ohren und lassen uns vom Regen durchweichen, und was ist der Lohn? Fehlanzeige!"

Es war schon elf. Weder Pistazien-Paule noch sein Chef hatten sich blicken lassen. Das war eine bittere Enttäuschung. Sie wollten schon zu ihren Fahrrädern zurückkehren, als sie Motorengeräusch vernahmen. Ein blauer Wagen hielt vor dem Tor, gefolgt von einem grünen Kleintransporter mit geschlossenem Laderaum.

„Mensch, das sind sie!" rief Milli aufgeregt.

Der Mann, der aus dem Opel stieg und das Tor öffnete, war Pistazien-Paule. Er stieg wieder ein, fuhr in den Hof, ließ den Kleintransporter passieren und verriegelte das Tor wieder.

Der grüne Kleintransporter kam vor dem hinteren Rolltor der Halle zum Stehen. Friedhelm Strader saß hinter dem Steuer. Er zündete sich eine Zigarette an und wartete.

Die vier Freunde hasteten an der Rückfront der Halle entlang und schlichen dann um einen Stapel Metallstangen. Hinter einer großen Betonmischmaschine gingen sie in Deckung. Von hier aus hatten sie einen guten Blick auf das letzte Drittel der Halle.

Pistazien-Paule kam gelaufen; er steckte einen Schlüssel in ein Außenschloß, drehte ihn nach rechts – und das Tor aus Metallamellen hob sich. Strader fuhr den Transporter in die Halle und hielt neben einem der drei Tankwagen, die dort abgestellt waren.

„Laß das Tor einen Spalt offen!" rief Strader jetzt Paule zu, der dabei war, das Tor wieder zu schließen. „Wir brauchen bei der Arbeit frische Luft."

„Was für ein Mistzeug haben Sie denn diesmal angekarrt?" wollte Pistazien-Paule wissen.

„Nichts, was dir Sorgen machen könnte, Paul", versicherte Strader. „Frische Luft ist einfach immer gut, schon wegen der Auspuffgase."

Die Pizza-Bande beobachtete, wie sich das metallene Lamellentor wieder herabsenkte und dann etwa dreißig Zentimeter über dem Boden anhielt. Pistazien-Paule hatte von innen auf die Stopptaste gedrückt. Ein schwacher Lichtschein drang aus der Halle in die Nacht.

„Und was machen wir jetzt?" wollte Milli wissen.

„Jetzt gehen wir ran an den Speck und beziehen Spähposten an der Torkante!" verkündete Tommi. „Ich will sehen, was die beiden da drinnen machen!"

„Und wenn sie uns bemerken?" wandte Schräubchen ein

„Wie denn?" fragte Tommi zurück. „Wir müssen nur aufpassen, daß wir aus dem Lichtschein bleiben. Dann kann uns überhaupt nichts passieren."

„Dein Wort in das Ohr aller Schutzheiligen", murmelte Milli.

Tommi sollte recht behalten. Sie konnten bedenkenlos neben dem stählernen Seitenpfeiler hocken und unter das Tor hindurch in die Halle blicken. Pistazien-Paule und Strader hatten nämlich aus verständlichen Gründen darauf verzichtet, die großen Neonstrahler an der Decke einzuschalten. Das einzige Licht in der Halle kam von einer Wandleuchte. Sie reichte völlig aus, um die Szene zwischen dem Kleintransporter und dem Tankwagen zu beleuchten. Und schon mehrere Meter vor dem Tor war die Dunkelheit stärker als die Leuchtkraft der Glühbirne.

Tommi holte seinen kleinen Kassettenrecorder hervor, drückte die Aufnahmetaste und schob den Recorder um die Torkante herum in die Halle.

Mit atemloser Spannung beobachteten die vier Freunde, wie die beiden Männer Kanister um Kanister aus dem Kleintransporter schleppten und neben dem Tankwagen aufreihten. Es waren schwarze 20-Liter-Plastikkanister. Sie trugen eine rote Aufschrift, die die Freunde aus der Entfernung jedoch nicht lesen konnten. Sie zählten dreiundzwanzig Kanister, die die beiden Männer ausluden.

„Was da wohl drin ist?" raunte TH.

„Bestimmt irgendeine giftige Chemiesuppe", flüsterte Tommi, „die sie irgendwo hinkippen wollen. Vermutlich bei euch in der Gegend, Milli."

„So eine Gemeinheit!" Milli ballte die Fäuste.

329

„Aber warum machen die denn das?" fragte Schräubchen.

„Weil es ein Riesengeschäft ist", erklärte TH leise. „Gefährlicher Industriemüll und Chemikalien müssen nämlich auf besondere Müllplätze oder zu speziellen Abfallbeseitigungsanlagen gebracht werden. Das kostet einen Haufen Geld. Billiger ist es natürlich, das Zeug einfach klammheimlich verschwinden zu lassen."

„Diese Verbrecher!" stieß Schräubchen zornig hervor. „Wie kann man nur so etwas tun? Die müssen doch wissen, daß sie die Natur damit kaputtmachen und auch Menschen in Gefahr bringen!"

TH gab ein geringschätziges Schnauben von sich. „Das kümmert diese Kerle da doch einen Dreck, so lange sie nur ihren Profit machen."

Pistazien-Paule schraubte einen Schlauch auf den Ansaugstutzen der Pumpe seines Tankwagens, schaltete die Pumpe ein und pumpte einen Kanister nach dem anderen leer. Es dauerte gar nicht lange, dann erstarb das Rattern der Tankwagenpumpe. Über vierhundert Liter giftiger Brühe schwappten nun im Tank.

„Am besten verdünnst du das Zeug noch mit ein paar hundert Liter Wasser", hörten sie Strader sagen.

„Klar doch, Chef. Aber bevor ich losfahre, will ich wissen, was für 'ne Chemiesoße ich da hinten im Tank habe."

„Steht doch auf den Kanistern, Paul", sagte der Firmenchef spöttisch. „Fixierlauge. Aus einem Foto-Großlabor. Ein neuer Kunde. Ich sage dir, wir werden uns dumm und dämlich verdienen."

„Hab nichts dagegen einzuwenden", erwiderte Pistazien-

330

Paule und holte nun aus dem Transporter ein mehr als zwei Meter langes Gestänge aus Aluminiumrohr. Von dem fast armdicken Längsrohr gingen zu beiden Seiten jeweils ein Dutzend Rohre ab, die jedoch nur fingerdick und etwa dreißig Zentimeter lang waren. Pistazien-Paule legte sich unter den Wagen und zog das Gestänge zu sich heran.

„Was ist denn das für ein Ding?" fragte Tommi verwundert. „Kann mir mal einer verraten, was die damit vorhaben?"

„Bin ich bei einem Hellseher in die Lehre gegangen?" fragte TH zurück.

„Sie müssen mal mit anpacken, Chef!" rief Paul. „Allein kriege ich den Zerstäuber nicht in die Halterung."

„Schon gut", sagte Strader und kniete sich hin.

TH schlug sich vor die Stirn. „Zerstäuber! Jetzt ist mir alles klar!"

„Was ist dir klar?" wollte Milli wissen.

„Wie sie das Giftzeug loswerden, ohne daß jemand etwas davon merkt..., und warum sie so scharf auf Gewitter und Regen sind!" sprudelte TH hervor. „Dieses Gestänge ist garantiert an einem Abflußventil an der Unterseite des Tanks angeschlossen und besteht aus vielen Rohren, die unzählige kleine Löcher haben. Während der Fahrt öffnet Paul das Abflußventil, die Giftbrühe fließt in den Zerstäuber und spritzt in ganz feinen Strahlen aus den winzigen Löchern. Niemand kann davon etwas merken, schon gar nicht, wenn es regnet und die Straßen sowieso schon naß sind! Und er fährt so lange durch die Gegend, bis der Tank leer ist. Das dauert zwar ein paar Stunden, aber was

331

macht ihm das schon?"

„Mensch, das ist genial!... Hundsgemein genial!" fügte Tommi hinzu. „Doch wenn es nicht regnet, klappt es nicht!"

„Doch", widersprach TH. „Im Sommer verdunstet die Feuchtigkeit schnell. Die Ganoven brauchen den Zerstäuber bloß auf minimale Düsenstärke einzustellen. So, jetzt wissen wir, woher die Giftstoffe kommen, die man auf den Weiden bei euch draußen gefunden hat. Die Chemiestoffe sind von den Straßen gespült worden, in den Boden eingesickert und haben dann das Gras ungenießbar gemacht. So ist euer Vieh krank geworden, Milli!"

Milli war stumm vor Empörung.

„Ich finde, wir haben genug rausgekriegt. Hauen wir ab, und alarmieren wir die Polizei", schlug Schräubchen vor.

Tommi zögerte noch. „Warum denn so schnell? Wir sind doch hier so sicher wie auf Millis Heuboden. Vielleicht können wir uns irgendein Beweisstück unter den Nagel reißen."

„Beweisstück? Was denn?" fragte Schräubchen, die nasse Füße hatte.

„Na, so einen Kanister zum Beispiel."

„Seid mal ruhig!" zischte TH. „Die bereden da was!"

„... wieder die alte Route fahren", sagte Pistazien-Paule gerade und kroch unter dem Wagen hervor.

Strader schüttelte den Kopf. „Nein, wir haben in letzter Zeit die abgelegenen Landstraßen um die Höfe da draußen schon zu oft befahren. Die Bauern könnten mißtrauisch werden, wenn du ständig da rumfährst. Nein, ich habe eine neue Route ausgearbeitet, die genauso verkehrsarm

332

und noch sicherer ist. Komm mit, ich zeig sie dir auf der Karte im Büro."

„Da bin ich ja gespannt", brummte Paul.

Die beiden Männer entfernten sich und verschwanden Augenblicke später hinter der Tür, die die Halle mit dem Büroanbau verband.

„Mensch, das ist unsere Chance!" rief TH begeistert. „Jetzt holen wir uns die Beweise, die wir brauchen. Milli, schnell! Die Sofortbildkamera! Ich kriech unter den Tankwagen und mach ein paar Bilder von dem Zerstäuber. Und einer von euch schnappt sich einen Kanister!" Er nahm Milli die Sofortbildkamera ab, die ein automatisches Blitzlicht besaß und kinderleicht zu bedienen war: Man mußte nur auf den Auslöser drücken.

„Ich hol den Kanister!" rief Tommi, er war Feuer und Flamme.

„Nein, das ist zu riskant!" warnte Schräubchen. „Laß das lieber!"

„Du kannst ja hier hockenbleiben, wenn du Schiß hast", erwiderte Tommi und merkte in seiner Begeisterung gar nicht, daß er ihr gegenüber ungerecht war. Schräubchen war nie ein Hasenfuß gewesen. Auch jetzt nicht. Als er und TH sich unter das Tor zwängten, zögerten die Mädchen nur einen Augenblick und folgten ihnen dann.

TH rannte zum Tankwagen; er legte sich bäuchlings auf den kalten Betonboden der Halle und richtete die Kamera auf das Gestänge. Der erste Blitz flammte auf, und das Bild schoß vorn aus dem Schlitz. „Hier, halt das!" Er reichte es Milli, die neben ihm stand. Er machte noch eine zweite und dritte Aufnahme.

333

„TH, schieß mal ein Bild von den vielen Kanistern, und dann laß uns verschwinden!" drängte Tommi.

TH hatte Milli Kamera und Bilder gereicht und kroch gerade unter dem Tankwagen hervor, als es passierte. Eine Gestalt tauchte plötzlich hinter dem zweiten Tankwagen auf, blieb eine Sekunde lang verdutzt stehen und stürzte dann mit einem wütenden Aufschrei heran. Es war Pistazien-Paule. Sie hatten nicht gehört, daß er zurückgekommen war.

„Halt! Hiergeblieben!" brüllte er. „Verdammtes Blagenpack! Sofort stehenbleiben! Ihr entkommt mir nicht!"

Die vier von der Pizza-Bande ergriffen in panischer Angst die Flucht. Schräubchen und Milli waren zuerst beim Tor und gelangten auch unangefochten ins Freie. Tommi hatte ebenfalls Glück. Doch TH entkam dem Ganoven nicht. Wäre er nicht über den Kanister gestolpert, den Tommi bei seiner Flucht blindlings hinter sich und genau vor die Füße seines Freundes geworfen hatte, TH hätte vielleicht auch noch entwischen können. So aber nicht.

Er stürzte zu Boden, rutschte über den Beton und riß sich die Hose auf. Benommen blieb er liegen. Im nächsten Moment packten ihn zwei derbe Hände und rissen ihn unsanft hoch.

Pistazien-Paule zerrte TH zum Tor, ließ es bis auf Kopfhöhe hochsteigen und rief dann mit bellender Stimme auf den dunklen Hof hinaus: „Los, kommt raus, ihr drei! Ich habe euch gesehen! Wenn ihr nicht freiwillig kommt, erlebt euer Freund hier sein blaues Wunder! Ich warne euch!"

Tommi, Milli und Schräubchen kauerten hinter einer

334

Baumaschine; sie wußten nicht, wie sie sich jetzt verhalten sollten.

„Der Mistkerl blufft doch nur!" flüsterte Tommi, war aber nicht sicher.

„Und wenn nicht!" fragte Milli.

„Mist, verdammter!" fluchte Tommi.

„Hättet ihr doch auf mich gehört!" zischte Schräubchen.

„Wir können TH jetzt nicht im Stich lassen!" sagte Milli. „Paul ist bestimmt gewalttätig!"

„Los, kommt raus!" brüllte Pistazien-Paule über den Hof. „Das ist eure letzte Chance!"

„Meinst du, er hat gesehen, daß wir Fotos gemacht haben?" fragte Milli.

„Nein, bestimmt nicht. Das ging alles viel zu schnell", sagte Tommi. „Paßt auf: Laß Kamera und Bilder hier zurück, Milli. Dann zeigen wir uns Pistazien-Paule. Viel kann er uns nicht tun. Immerhin sind wir zu viert. Ich glaube, der weiß überhaupt nicht, daß wir ihm auf die Spur gekommen sind." Er sagte das, um sich selbst Mut zu machen. Dann trat er hinter der Baumaschine hervor und rief dem Ganoven zu: „Okay, wir kommen!" Milli und Schräubchen raunte er hastig zu: „Wir müssen aufpassen, was wir ihm für eine Geschichte auftischen. Überlaßt mir das. Ich hab schon was auf Lager."

Sie traten in den Lichtschein, der aus dem offenen Tor auf den Hof fiel. TH stand noch immer im stählernen Griff von Pistazien-Paule. Er war kalkweiß im Gesicht und sah richtig elend aus. TH hatte Angst.

„Was hat das zu bedeuten?" rief Friedhelm Strader, der durch die Halle geeilt kam.

335

„Das möchte ich auch gern wissen, Chef!" knurrte Pistazien-Paule. Dann fügte er drohend hinzu: „Aber keine
Sorge, das werden wir schon rauskriegen. Ich kenne da
eine gute Methode."

SOS-Signale

Friedhelm Strader und Paul Zander führten die vier von
der Pizza-Bande in ein Zimmer im Bürotrakt. Der Firmenchef ließ die Jalousien herunter, steckte sich eine Zigarette an und starrte die vier Kinder feindselig an.

„Wer hat euch geschickt?" fragte er scharf.

Tommi ergriff das Wort. „Geschickt? Keiner hat uns
geschickt! Ich kann alles erklären..." Er warf TH einen
Blick zu und hoffte, daß sein Freund sofort schaltete, erst
einmal den Mund hielt und ihn reden ließ.

„Irgendwie kommen mir diese Blagen bekannt vor", sagte Pistazien-Paule mit gefurchter Stirn; er griff in seine
Hosentasche, holte eine Pistazie hervor, entfernte die har-
te Schale und steckte die Nuß in den Mund. „Die Gesichter hab ich doch schon mal gesehen..."

„Das ist bestimmt ein Irrtum", sagte Tommi und atmete
im stillen erleichtert auf. Pistazien-Paule hatte wie viele
Erwachsene offenbar Schwierigkeiten, Kindergesichter
auseinanderzuhalten. Daß er sie nicht wiedererkannte, lag
aber vielleicht auch daran, daß er sie damals auf der Landstraße gar nicht erst zu nahe an seinen Tankwagen hatte
herankommen lassen – und daß sie jetzt in Regenjacken

336

und mit zersaustem Haar ganz anders aussahen.

Aber noch viel wichtiger war, daß Pistazien-Paule nichts von der Kamera und den Aufnahmen wußte, die jetzt da draußen auf der Baumaschine in einer kleinen Ausbuchtung lagen. Keinen blassen Schimmer hatte er davon! Sonst hätte er sofort danach gefragt und die Fotos verlangt. Immerhin waren das ja hochbrisante Beweisstücke. „Wir sind nämlich nur wegen der Mutprobe hier..."

„Mutprobe?" fragte der Chef mißtrauisch.

TH hatte blitzschnell begriffen, was Tommi vorhatte, und faßte wieder Mut. „Ja, bei uns im Viertel gibt es einen Club, der sich *Club der Mutigen* nennt. Und wenn man da aufgenommen werden will, muß man eine Mutprobe ablegen", sprudelte er hervor.

Tommi nickte. „Ja, das stimmt. Eddy, der Anführer der Gruppe, hat von uns verlangt, daß wir nachts irgend etwas Riskantes tun..., irgendwo einsteigen und irgend etwas als Beweis mitbringen."

„So, ihr gebt also zu, daß ihr einbrechen und etwas klauen wolltet?" fragte Strader schneidend, doch seine Haltung entspannte sich.

„Nicht klauen", beteuerte Milli, sie gab sich zerknirscht. „Wir brauchten doch was, um Eddy und die anderen davon zu überzeugen, daß wir wirklich was ganz Mutiges gemacht haben. Und daß so ein teurer Kanister nicht einfach draußen herumsteht, hätte sogar Eddy zugeben müssen!"

„Und wir hätten ihn hinterher wieder zurückgebracht", versicherte Schräubchen, die wie ihre Freunde spürte, daß die gefährlichste Klippe erfolgreich umschifft war. „Wir

337

hätten mit dem Kanister doch gar nichts anfangen können."

„Und wie seid ihr ausgerechnet auf diese Firma gekommen?" fragte Friedhelm Strader.

TH zuckte die Achseln. „Na ja, durch Zufall. Wir haben uns hier im Industrieviertel umgesehen. Und der Hof
lag am günstigsten. Keine große Beleuchtung, kein Nachtwächter, keine Hunde und dann so abgelegen am Ende der
Sackgasse. Wir dachten, daß wir hier bestimmt leichtes
Spiel haben würden..."

„Und als wir dann über den Zaun geklettert waren, sahen
wir, daß das Tor ein Stück offenstand und niemand in der
Halle war", fuhr Tommi mit gesenktem Blick fort, wie ein
Erwachsener es von einem ertappten, reumütigen Kind erwartet. „Und da niemand in der Halle war, dachten wir,
daß das unsere Chance sei, auf die schnelle zu einem guten
Beweisstück für unsere Mutprobe zu kommen."

„Mhm", machte Strader erneut. Er überlegte und rauchte.

„Ich weiß nicht, Chef", sagte Paule leise. „Ich hab so ein
dummes Gefühl, als würde da 'ne ganze Menge mehr hinter dem Auftauchen dieser Typen stecken!"

Friedhelm Strader warf ihm einen Blick zu, der ihn zum
Schweigen brachte. „Paule! Das sind Kinder! Zwölfjähri-
ge!" hielt er ihm mit gedämpfter, zugleich zurechtweisen-
der Stimme vor. „Du wirst doch wohl nicht unter Verfol-
gungswahn leiden, oder?"

„Nein, Chef, aber wir sollten vorsichtig sein!"

Strader fiel ihm ins Wort. „Es sind Kinder!" sagte er in
einem Tonfall, als wollte er sagen: Mein Gott, Paul! Diese

338

Kinder kapieren doch gerade das große Einmaleins. Wie können die von unseren Geschäften eine Ahnung haben! Die sind uns so gefährlich wie eine Tüte Wattebäusche!

„Können wir gehen?" fragte TH bewußt zaghaft.

„Nun mal ganz langsam!" antwortete Strader. „Eigentlich müßte ich ja die Polizei benachrichtigen und euch wegen versuchten Diebstahls anzeigen!"

„Bitte tun Sie das nicht!" flehte Milli. „Wenn unsere Eltern davon erfahren, ist zu Hause der Teufel los."

„Und bei einer Anzeige erfährt doch auch die Schule davon", gab Tommi sich ängstlich. „Vielleicht werden wir dann von der Schule gewiesen. Bitte nicht! Das dürfen Sie nicht tun! Wir wollen es auch wiedergutmachen!"

Strader sah sie spöttisch an. „Ihr und wiedergutmachen? Wie denn?"

„Indem wir uns verpflichten, für den Rest der Sommerferien täglich kostenlos für Sie zu arbeiten", schlug TH geistesgegenwärtig vor. „Den Hof kehren, aufräumen und solche Arbeiten."

„Mhm, das wäre zu überlegen. Ich werde darüber nachdenken. Setzt euch da hinten in die Ecke", forderte Strader sie auf. „Ich hab erst noch eine geschäftliche Angelegenheit zu erledigen, dann entscheide ich, was mit euch geschehen soll."

Die vier von der Pizza-Bande zogen sich wie befohlen in die hintere Ecke des Raumes zurück, während Strader und Pistazien-Paule sich aufgeregt unterhielten.

Sosehr sich die Freunde anstrengten, das Gespräch zu belauschen, sie bekamen doch nur wenige Wortfetzen mit.

„... Kanister weg ... mit dem Tankwagen losfahren ... ja,

Landstraße nach Kirchheim... ein, zwei Stunden... unbedingt Tank spülen...", hörten sie Strader sagen.

Pistazien-Paule erwiderte etwas, er deutete mit dem Kopf auf die vier und zuckte auf eine wortreiche Erwiderung seines Chefs hin schließlich mit den Achseln. Als er auf dem Weg zurück in die Halle an ihnen vorbeikam, warf er ihnen einen bösen Blick zu, als ahnte er, daß die vier ganz und gar nicht so harmlos waren, wie sie taten. Dann verschwand er in der Halle. Wenig später verließ der Kleintransporter den Hof. Pistazien-Paule schaffte die Kanister zurück.

„So ein Mist", ärgerte sich Tommi. „Wir haben zwar unsere Haut gerettet, sitzen jetzt aber hier fest, während Paule alle verräterischen Spuren vernichtet."

„Aber wir haben doch die Fotos!" wandte Milli ein.

„Die nützen uns gar nichts", stellte auch TH fest. „Wir haben nichts weiter als Fotos von einem merkwürdigen Gestänge und zwei Dutzend Kanistern. Aber *was* in den Kanistern war und aus den Löchern des Gestänges auf die Straße gesprüht wird, darüber sagen die Fotos natürlich gar nichts."

„Wenn Strader uns hier ein, zwei Stunden festhält und wir niemanden auf uns aufmerksam machen können, ist die Sache für die beiden gelaufen", sagte Tommi grimmig. „Dann hat Pistazien-Paule das Giftzeug versprüht, den Tank garantiert wieder gesäubert und den Zerstäuber abmontiert. Die Fotos können wir dann wegwerfen. Und ich glaube nicht, daß wir so eine Chance noch einmal kriegen werden."

„Aber was können wir tun?" fragte Schräubchen.

340

„Uns etwas einfallen lassen, wie wir hier rauskommen können, bevor Pistazien-Paule seinen Tank leer hat", erwiderte TH.

„Mund halten!" herrschte Strader sie an. „Hört auf, miteinander zu tuscheln! Ihr bleibt still da sitzen. Und wenn ihr quatscht, überlege ich es mir doch noch anders und zeige euch bei der Polizei an!"

„Und wann können wir nach Hause?" wollte Milli wissen.

„So, auf einmal habt ihr es eilig, ja?" höhnte Strader. „Aber ihr werdet gefälligst noch etwas Geduld haben. Ich setze gleich ein Geständnis auf, das ihr dann unterschreibt. Dann könnt ihr gehen. Und jetzt will ich nichts mehr von euch hören. Haltet den Mund!"

Die Zeit verstrich. Die Pizza-Bande hörte, wie Pistazien-Paule mit dem Kleintransporter zurückkehrte. Die verräterischen Kanister hatte er also schon beiseite geschafft. Kurz darauf sprang der Motor vom Tankwagen an. Pistazien-Paule brach zu seiner verbrecherischen Giftsprühtour auf.

„Ich muß mal aufs Klo!" platzte Tommi wenig später heraus.

Strader blickte von seinem Kreuzworträtsel auf. „Die Toilette ist gleich rechts von euch. Aber komm bloß nicht auf dumme Gedanken. Das WC-Fenster ist vergittert!"

Tommi nickte nur und verschwand hinter der Tür.

Ein paar Minuten verstrichen.

Tommis Freunde fragten sich schon, warum er so lange brauchte. Auch Strader fiel auf einmal auf, daß der Junge noch immer nicht zurück war. Er stand von seinem

Schreibtisch auf, ging zur Tür und hämmerte dagegen.

„He, willst du da übernachten?"

„Nein."

„Komm da raus, aber ein bißchen schnell!"

„Augenblick", drang Tommis Stimme zu ihnen.

Die Wasserspülung rauschte, der Klodeckel klappte, und dann wurde der Hahn am Waschbecken aufgedreht. Es dauerte noch eine ganze Weile, bis Tommi endlich die Tür öffnete. Er grinste verlegen und mit gerötetem Gesicht. „Hat etwas gedauert", sagte er achselzuckend. „Außerdem kann man da drin ja nichts sehen. Die Glühbirne ist kaputt."

Strader schaute ins WC und schaltete den Lichtschalter an. Sein Mißtrauen legte sich. „Setz dich wieder hin, und seid ruhig!" knurrte er und kehrte hinter seinen Schreibtisch zurück.

Tommi beantwortete die fragenden Blicke seiner Freunde mit einem Augenzwinkern. Sie wußten, daß er irgend etwas auf dem Klo getan hatte, das mit ihrer jetzigen Situation zusammenhing. Doch was nur?

Er setzte sich neben Milli, stieß sie an und raunte mit fast geschlossenem Mund: „Geh auch aufs Klo! Leg Jacke auf Boden vor Türspalt, steig aufs Klo und schraub die Birne wieder fest! Alles Weitere auf Spiegel!" Er mußte seine Nachricht zweimal wiederholen, erst dann kapierte Milli, was sie tun sollte.

Sie wartete noch ein paar Minuten. Dann sagte sie laut: „Ich muß auch mal!"

Strader blickte nicht einmal auf. „Du weißt ja, wo die Tür ist."

342

„Danke", sagte Milli. Sie war gespannt, was es mit der locker geschraubten Glühbirne und dem Spiegel auf sich hatte.

Sie schloß die Tür, zog schnell ihre Regenjacke aus und legte sie vor den Türschlitz, so daß kein Licht ins Büro dringen konnte. Dann stieg sie auf die WC-Schüssel und schraubte die Glühbirne wieder in die Fassung. Sie leuchtete in ihrer Hand auf.

Als Milli zum Spiegel blickte, sah sie, daß Tommi auf dem Glas eine Nachricht hinterlassen hatte. Mit Seife hatte er geschrieben: *Gib SOS-Lichtsignale! Dreimal kurz, dreimal lang, dreimal kurz! Vielleicht sieht es jemand!*

Milli lachte leise. Wenn das keine gute Idee war! Mit einem Satz war sie beim Schalter und gab die SOS-Lichtsignale. Es dauerte ein bißchen, bis sie den richtigen Rhythmus fand, doch dann klappte es gut. Sie blickte auf die Uhr. Nach genau fünf Minuten hörte sie auf, schaltete das Licht aus und schraubte mit Hilfe eines Tempotuches die Glühbirne wieder locker, damit Strader nicht zufällig die Seifennachricht auf dem Spiegel entdeckte.

Tommi hatte indessen TH informiert, der nun an der Reihe war, Lichtsignale zu geben.

„Ich glaube, ich hab mir die Blase verkühlt", meldete sich TH, kaum daß Milli wieder neben ihnen am Boden Platz genommen hatte. „Ich muß auch mal."

Bevor Strader etwas sagen konnte, klopfte jemand draußen an die Bürotür. „Aufmachen! Sofort aufmachen!" rief eine energische Stimme. „Hier ist die Polizei! Aufmachen oder wir schlagen die Tür ein!"

Strader sprang auf. Er war blaß geworden. Fassungslos

343

ging er zur Tür und öffnete.

Inspektor Bruno Hecht und ein Kollege stürmten herein. Sie hielten Strader ihre Dienstausweise unter die Nase. „Wer hat hier die SOS-Lichtsignale gegeben?" fragte Bruno Hecht scharf. Er blickte sich im Büro um, entdeckte die vier von der Pizza-Bande und stemmte die Fäuste in die Hüften. „Hatte ich es mir doch gedacht! Von wegen Keksfabrik!"

„Gut, daß Sie kommen, meine Herren!" sagte Friedhelm Strader mühsam beherrscht, der nicht verstand, wovon der Inspektor sprach. Doch er reagierte geistesgegenwärtig. „Ich nehme an, mein Fahrer hat Sie angerufen und gebeten, zu kommen. Auch ich wollte gerade das Polizeirevier anrufen, um Ihnen diese Einbrecher zu übergeben!" Er wies auf die vier Freunde.

Die vier widersprachen lautstark und redeten aufgeregt durcheinander.

„Das ist gelogen!"

„Strader und Pistazien-Paule sind gemeine Verbrecher!"

„Sie haben die Weiden vom Sanderhof vergiftet!"

„Sie versprühen mit ihren Tankwagen giftige Chemikalien!"

„Ruhe!" donnerte Inspektor Hecht. „Ich verstehe überhaupt nichts mehr. Was für Chemikalien?"

Friedhelm Strader stellte sich dem Inspektor in den Weg und hielt ihn am Ärmel fest. „Hören Sie nicht auf die Kinder! Die wollen sich doch nur interessant machen und davon ablenken, daß sie auf mein Gelände eingedrungen sind, um zu stehlen. Sie haben es schon gestanden!"

„Ja, weil wir Angst hatten, er und sein Komplize, der

344

Fahrer vom Tankwagen, könnten uns etwas antun!" rief Milli. „Wir haben wirklich Beweise für diesen Umweltskandal, Inspektor! Draußen vor der Halle steht eine große Baumaschine! Dort liegen unter dem Motor eine Sofortbildkamera und drei Fotos, die alles beweisen!"

Tommi erinnerte sich plötzlich an sein Tonbandgerät, das irgendwo rechts vom Tor liegen mußte. „Und wir haben ihr Gespräch mit einem Kassettenrecorder aufgenommen!"

„Sie müssen sofort nach Paul Zander fahnden!" rief TH aufgeregt. „Er ist mit einem Tankwagen voll giftiger Fixierlauge unterwegs, Richtung Kirchheim. Er will das Gift während der Fahrt durch einen Zerstäuber ablassen, den sie unter dem Tank montiert haben! Davon haben wir auch Fotos gemacht!"

Bruno Hecht blickte verblüfft drein; er kannte die vier von der Pizza-Bande inzwischen aber gut genug, um zu wissen, daß sie so etwas kaum erfinden würden. Außerdem war die ganze Situation mehr als verdächtig: die SOS-Lichtsignale und dieser Firmeninhaber, der auf einmal kalkweiß geworden war.

„Das ist ja hochinteressant! Tommi, du gehst mit meinem Kollegen und zeigst ihm, wo ihr alles versteckt habt!" befahl der Inspektor.

Friedhelm Strader dämmerte, daß er die vier Jugendlichen wohl unterschätzt hatte. Sie hatten Fotos und Tonbandaufzeichnungen gemacht! Panik stieg in ihm auf. Er machte eine hastige Bewegung, um zu fliehen. Doch er kam nicht einmal bis zur Tür.

Inspektor Hecht erwischte ihn am Arm und riß ihn zurück. „Nur keine falsche Hast!" rief er scharf. „Gerade waren Sie doch noch so froh über unser Auftauchen! Offenbar haben Sie es sich jetzt anders überlegt. Nun, dem werden wir nachgehen!" Und mit veränderter, sachlich-dienstlicher Stimme fügte er hinzu: „Ich mache Sie darauf aufmerksam, daß alles, was Sie aussagen, vor Gericht gegen Sie verwendet werden kann! Sie haben das Recht, die Aussage zu verweigern und einen Anwalt Ihrer Wahl anzurufen!"

Friedhelm Strader starrte den Inspektor sprachlos an und sank dann kraftlos auf den nächsten Stuhl. Seine Hände zitterten, kalter Angstschweiß brach ihm aus allen Poren. Er konnte es nicht glauben: Er war verhaftet!

Ein großes Fest

Am Mittag des folgenden Tages.

Die Pizza-Bande saß in der Pizzeria *Mamma Gina* in der Nische, in der auch Pistazien-Paule gesessen und sein Mahl mit einem Schluck Pfeffer-Tomatensaft abgeschlossen hatte. Die vier Freunde waren an diesem Tag richtige Gäste. Sie hatten ihr restliches Taschengeld zusammengelegt, um das gute Ende ihres Abenteuers zünftig zu feiern: bei einer großen Familienpizza mit allen Extras, bei köstlichem Nachtisch und Limo.

„Ich kann es noch immer nicht glauben, daß wir so davongekommen sind", sagte Tommi und spähte zur Küche hinüber, ob seine Eltern auch nicht zuhörten.

TH nickte. „Bruno Hecht hätte uns ganz schön einen reinwürgen können. Ich glaube, mein Vater hätte mir für den Rest der Sommerferien Stubenarrest verpaßt, wenn er von unserem Abenteuer erfahren hätte!"

„Und meiner erst!" warf Schräubchen ein.

„Na ja, aus reiner Freundlichkeit hat er das ja nun auch nicht getan", meinte Milli, die insgeheim natürlich genauso froh war, daß ihre Eltern von den nächtlichen Ereignissen nichts erfahren würden. „Jetzt fällt doch der ganze Ruhm, diesen Umweltskandal aufgedeckt zu haben, allein auf ihn. Vielleicht wird er deshalb sogar befördert."

Der Inspektor hatte sich von den vier Freunden überreden lassen, über ihre Rolle bei der Aufdeckung dieses Verbrechens Stillschweigen zu bewahren und ihre Eltern nicht zu informieren. Vielleicht würden die vier Freunde ihren Eltern später alles erzählen.

Pistazien-Paule war auf frischer Tat ertappt worden und hatte gar nicht erst zu leugnen versucht. Auch Friedhelm Strader hatte alles gestanden. Sie brauchten deshalb auch nicht als Zeugen vor Gericht aufzutreten.

„Auf den Ruhm bin ich nicht neidisch", erklärte Tommi großzügig. „Mir reicht es völlig, daß ich weiß, wie gut wir sind!"

„Aber was ist, wenn einer von ihnen uns beim Prozeß erwähnt?" wandte Schräubchen ein.

„Das wird nicht passieren!" versicherte TH. „Auf dem Weg hierher hab ich den Inspektor getroffen. Die Aussagen der beiden werden nicht veröffentlicht werden, hat er gesagt."

„Das ist ja beruhigend", seufzte Tommi. „Hat er auch

was darüber gesagt, ob Millis Eltern und die Besitzer vom Sanderhof Schadenersatz bekommen?"

TH nickte. „Dieser Strader ist zum Glück kein armer Mann. Er hat mit seinen kriminellen Geschäften eine Menge Geld gemacht. Und jetzt muß er kräftig zahlen, um die Schäden wiedergutzumachen!"

„Dann ist ja alles in Butter!" rief Tommi fröhlich. „Ich sag's doch: Wir haben wirklich einen Grund zum Feiern!"

„Nun mal langsam", dämpfte Milli seine übersprudelnde Freude. „Alles ist noch nicht in Butter, Tommi. Oder hast du Warze und Tito, die beiden Straßenhaie, vergessen?"

Tommi stutzte, und sein Gesicht verdunkelte sich. Doch nur für einen Augenblick. Dann erwiderte er strahlend und mit entwaffnender Zuversicht: „Freunde, jedes Problem zu seiner Zeit. Außerdem: Wenn wir mit zwei so ausgebufften Typen wie Strader und Pistazien-Paule fertig geworden sind, dann werden wir doch auch mit diesen Kerlen klarkommen, oder?"

Tommis Selbstvertrauen war ansteckend, und TH stimmte ihm zu: „Logo! Wäre doch gelacht, wenn wir das nicht schaffen würden!"

„Übrigens, was ist denn nun mit deinem Auftritt, TH?" wechselte Schräubchen plötzlich das Thema. „Dieser Nachwuchswettbewerb ist doch schon in ein paar Tagen, und du hast gar nicht mehr geübt."

Milli blickte erstaunt. „Auftritt? Nachwuchswettbewerb? Wovon sprecht ihr überhaupt?"

TH winkte verlegen ab. „Ach, gar nichts, Milli. Ich wollte bei einer Talentshow mitmachen", sagte er hastig „Aber ich hab's mir anders überlegt. Ich bin Tommis Mei

348

nung: Auf Ruhm bin ich nicht scharf. Den gönne ich gern den anderen. Mir reicht's, daß ich weiß, wie gut ich bin!"

Er stimmte in das fröhliche Gelächter seiner Freunde ein. Warum auch nicht? Man mußte sich auch mal selbst auf den Arm nehmen können. An diesem Tag fiel es TH besonders leicht. War es denn nicht toll, Sommerferien zu haben und zur Pizza-Bande zu gehören?